U0560239

浙江省普通本科高校"十四五"第二批"四新"重点教材建设项目成果

浙江省"十四五"第二批本科省级教学改革项目成果

教育部2024年度虚拟教研室试点建设典型教研成果

知识图谱版

高等学校外国语言文学类专业
"讲好中国故事"系列教材

总主编 李 媛

Chinesische Geschichten gut erzählen
Öffentliches Reden aus interkultureller Perspektive

# 讲好中国故事
# 跨文化演讲

## 中德双语
Chinesisch-Deutsch

主编 李 媛
编者 李 媛 练 斐 邵 勇

ZHEJIANG UNIVERSITY PRESS
浙江大学出版社
· 杭州 ·

图书在版编目（CIP）数据

讲好中国故事：跨文化演讲：汉、德 / 李媛主编. --
杭州：浙江大学出版社，2025. 5. --（高等学校外国语
言文学类专业"讲好中国故事"系列教材 / 李媛总主编
）. -- ISBN 978-7-308-26330-6

Ⅰ. G125；H331.9

中国国家版本馆 CIP 数据核字第 2025XF5048 号

## 讲好中国故事：跨文化演讲（中德双语）

李　媛　主编

| | |
|---|---|
| 策划编辑 | 包灵灵 |
| 责任编辑 | 包灵灵 |
| 责任校对 | 史明露 |
| 封面设计 | 林智广告 |
| 出版发行 | 浙江大学出版社 |
| | （杭州市天目山路148号　邮政编码310007） |
| | （网址：http://www.zjupress.com） |
| 排　　版 | 杭州林智广告有限公司 |
| 印　　刷 | 杭州高腾印务有限公司 |
| 开　　本 | 787mm×1092mm　1/16 |
| 印　　张 | 17 |
| 字　　数 | 430千 |
| 版 印 次 | 2025年5月第1版　2025年5月第1次印刷 |
| 书　　号 | ISBN 978-7-308-26330-6 |
| 定　　价 | 69.00元 |

浙江大学出版社市场运营中心联系方式：0571 - 88925591；http://zjdxcbs.tmall.com

2021 年 5 月 31 日，中共中央政治局就加强我国国际传播能力建设进行第三十次集体学习。中共中央总书记习近平在主持学习时强调，讲好中国故事，传播好中国声音，展示真实、立体、全面的中国，是加强我国国际传播能力建设的重要任务。① 2022 年 10 月，党的二十大报告将"增强中华文明传播力影响力"作为"推进文化自信自强，铸就社会主义文化新辉煌"的重要组成部分。② 国际传播能力建设相继写入国家文件及法律，成为国家重点建设的新领域。高校外语专业作为培养国际传播人才的主要阵地，肩负的新使命是培养学生"讲好中国故事、传播好中国声音"的中华文化国际传播能力。

中华文化博大精深，中国故事源远流长。要将这些故事讲好，首要任务是了解中国。不仅要了解中华传统文化与历史故事，更要了解中国发展所取得的成就，领会当代中国的发展智慧。讲好中国故事还需要精通外语，并且要用国际社会能理解的方式讲好并讲懂中国故事。正如习近平总书记在 2021 年 9 月 25 日给北京外国语大学的老教授们回信中所指出的，我们需要培养大批具有家国情怀、全球视野、专业本领的复合型人才，以推动中国更好走向世界，世界更好了解中国。③

高等学校外国语言文学类专业"理解当代中国"系列教材（以下简称"理解当代中国"系列教材）"旨在将习近平新时代中国特色社会主义思想融入外语类专业听、说、读、写、译等核心课程，帮助学生夯实外语基本功，在提高读写、演讲与翻译能力的同时，掌握中国特色话语体系，提高用外语

---

① 习近平主持中共中央政治局第三十次集体学习并讲话，2021 年 5 月 31 日，http://www.gov.cn/xinwen/2021-06/01/content_5614684.htm，访问日期：2025 年 1 月 16 日。

② 习近平：高举中国特色社会主义伟大旗帜 为全面建设社会主义现代化国家而团结奋斗——在中国共产党第二十次全国代表大会上的报告，2022 年 10 月 16 日，http://www.gov.cn/xinwen/2022-10/25/content_5721685.htm，访问日期：2025 年 1 月 16 日。

③ 勇担新时代外语院校使命——深入学习习近平总书记给北京外国语大学老教授回信精神，中国高校人文社会科学信息网，2021 年 9 月 30 日，www.sinoss.net/c/2021-09-30/566497.shtml，访问日期：2025 年 1 月 26 日。

讲好中国故事、用中国理论解读中国实践的能力"。① "理解当代中国"系列教材中各语种演讲教程重点培养学生用外语讲好中国故事的能力，这是一种综合能力，涵盖听、说、读、写、译等外语基本知识与技能，演讲策略，自主学习能力，跨文化思辨能力和话语建构能力。

为了能更好地理解并使用"理解当代中国"系列教材之"德语系列教材"（以下简称"理解当代中国"德语系列教材）《德语演讲教程》，我们组织教材编写团队，邀请资深专业教师参与，于2024年初推出慕课"德语演讲——讲好中国故事"（以下简称"德语演讲"慕课）。"德语演讲"慕课以"德语演讲探新路，语言思想共进步"为目标，将外语演讲视为对口语表达、逻辑思维、交际能力、研究能力等方面的综合训练。本教材是该慕课的配套教材，也是高等学校外国语言文学类专业"讲好中国故事"系列教材之一。

本教材重点讨论《德语演讲教程》涉及的主题：中国梦（第一单元）、改革开放（第二单元）、脱贫攻坚与共同富裕（第三单元）、美丽中国建设（第四单元）、文化自信（第七单元）、中国特色大国外交（第八单元）及"一带一路"与人类命运共同体（第九单元与第十单元）。每个单元共四讲，涵盖治国理政、演讲策略和圆桌点评三大部分。每讲均配有视频讲解，可扫码观看，为学生提供多模态的数学化学习资源。

每个单元前三讲为中德双语，以实施语言与内容融合教学，是基于《德语演讲教程》延伸拓展的解析性内容，聚焦中国实践、中外比较，从多角度阐释并分析每个单元治国理政思想的历史、背景和发展过程，既有历史背景分析、国情分析和文化分析，又有机融入中德文化元素、科学统计数据和学术前沿研究，同时辅以学生熟悉的人物、事件、案例，将宏观概念具象化、生活化，以帮助学生建构自己的知识及话语体系。其中，每个单元第三讲还对《德语演讲教程》相应单元的演讲策略部分进行了拓展，以教材内容为引领，新增实际案例、分析和阐释，从跨文化视角为学生提供策略建议。每个单元第三讲结尾分别配有针对该单元的演讲实践和课后思考题，希望启发学生进行课后练习、思考、延伸阅读及讨论。

第四讲圆桌点评分为学生演讲实例和演讲点评两个部分。《德语演讲教程》的编写以文秋芳教授的"产出导向法"为指导，各单元均设有"我的演讲"实践环节，活动情境贴近学生的跨文化社会生活。本教材以此为基础，

---

① "理解当代中国"系列教材编委会：总序。载李媛等编：《德语演讲教程》（"理解当代中国"德语系列教材），外语教学与研究出版社，2022，第Ⅲ页。

引导学生在主题内容、语言表达和演讲技巧多维输入的基础上进行产出实践。每单元展示两位学生的演讲实录，学生与教师共同参与圆桌点评，讨论演讲表现，阐述演讲构思，以自评、互评及师评的方式分享实用建议，以练代讲、以评促学。

特别值得一提的是，本教材既有纸质版，还有数字版，纸质版中也植入了知识图谱和视频，体现了新技术深度融入课程的新文科理念。教材利用 AI 技术，由教师主导，人机协同构建了课程图谱，包括知识、问题和能力三大体系，并整合多模态教学资源，将知识结构以及各知识点之间的关联进行了可视化呈现。教师可以因材施教，实现差异化分版本教学；学生可以"按图索骥"，实现个性化自主学习。本教材内容及知识图谱已接入"德语演讲——讲好中国故事"AI智慧慕课，以此实现了数字化教学新形态，可以推动个性化学习、精准化教学，提升德语演讲教学的智能化水平。该慕课开课仅一年多即吸引了来自 130 余学校的 6000 余人选课。

本教材和慕课借助数字化和智能化技术，从家国情怀、全球视野、跨文化能力、跨专业能力、演讲技巧五大方面补充了《德语演讲教程》的内容。我们真诚希望通过增强文化自信、构建自主话语体系，帮助学习者成为有中国灵魂、有世界胸怀、替中国发声、为世界解忧的青年人才。

由于课程建设的时间安排，"德语演讲"慕课录制工作先行开展，而本教材编写在其后，我们在编写教材时对慕课的数据和内容进行了全面更新。如果视频与教材出现不一致之处，请以本教材内容为准。

本教材获批浙江省普通本科高校"十四五"第二批"四新"重点教材建设项目，以本教材为核心的改革与实践项目获批浙江省"十四五"第二批本科省级教学改革项目，本教材的知识图谱成功入选教育部 2024 年度虚拟教研室试点建设典型教研成果。

本教材及配套视频中所引用的内容，均已明确标注出处。若有存在涉及版权争议的素材，烦请及时与本教材的编者取得联系，我们将妥善处理相关事宜。

借此机会，我们衷心感谢"理解当代中国"系列教材编委会主任、北京外国语大学孙有中教授的悉心指导，他的专业见解和高瞻远瞩为教材的编写指明了方向。感谢浙江大学本科生院院长、人工智能研究所所长、人工智能教育教学研究中心主任吴飞教授对课程和教材数智化建设的悉心指导。感谢浙江大学刘雨涵、郑雅文和李世炜三位研究生认真负责的校对工作，感谢浙江大学出版社包灵灵老师中肯的修改意见。感谢南京工业大学刘玲玉老师、浙江大学朱更生老师对"德语演讲"慕课的大力支持，感谢浙江大学、南京工业大学等多所高校德语专业师生使用慕课、试用本教材，并提出优化意见。由于时间仓促和编者能力有限，本教材难免有不尽如人意之处。编写团队恳请使用本教材的老师和同学提出宝贵意见，以便我们在后续的工作中不断改进。

希望本教材可以支持全国各院校德语师生更好地理解《德语演讲教程》中的议题内容，为教师备课、授课提供新动能，同时也为学生提高演讲能力、自主学习能力、跨文化思辨能力和话语建构能力发挥积极作用。

李　媛

2025 年 5 月 1 日

## Lektion 2    Reform und Öffnung
# 第二单元    改革开放

## Lektion 3    Armutsbekämpfung und Förderung gemeinsamen Wohlstandes
# 第三单元    脱贫攻坚与共同富裕

## Lektion 4　Aufbau eines schönen Chinas
# 第四单元　美丽中国建设

## Lektion 5　Vertrauen in die eigene Kultur
# 第五单元　文化自信

## Lektion 6　Die Diplomatie chinesischer Prägung und Global Governance
## 第六单元　中国特色大国外交与全球治理

## Lektion 7　„Ein Gürtel und eine Straße" und die Schicksalsgemeinschaft der Menschheit
## 第七单元　"一带一路"与人类命运共同体

# Einleitung

## 导　论

0-1 引言

Erkunden wir neue Wege durch öffentliches Reden!

Bringen wir Sprache und Gedanken gemeinsam voran!

**德语演讲探新路，语言思想共进步！**

Zu Beginn des Kurses möchten wir Sie bitten, darüber nachzudenken: Was ist eine öffentliche Rede?

在开始学习本教程前，我们想请大家思考一下，什么是演讲？

Eine öffentliche Rede ist eine kommunikative Tätigkeit, bei der eine Rednerin oder ein Redner ihre oder seine Gedanken und Meinungen mit Hilfe von Worten und Gesten in einem bestimmten Kontext klar und vollständig darstellt. In öffentlichen Reden nutzt eine Rednerin oder ein Redner Fakten, Gedanken und Emotionen, um das Publikum zu überzeugen und um das Ziel der Kommunikation, Aufklärung und Öffentlichkeitsarbeit zu erreichen.

演讲是在特定的场合环境中，演讲者借助语言和态势，清晰、完整地当众陈述自己的主张和看法的一种语言交流活动。演讲者通过演讲以事实、思想、情绪感染征服听众，达到沟通、澄清、宣传等效果。

Im Deutschunterricht haben wir uns seit jeher auf die Entwicklung des Hörverstehens, der Sprechfertigkeit, des Leseverstehens und des schriftlichen Ausdrucks konzentriert, aber die Kompetenz des öffentlichen Redens wurde leider nur selten in die Lehr- und Lerninhalte einbezogen. In der heutigen Gesellschaft haben wir immer mehr Gelegenheiten für öffentliches Reden, Meinungsäußerungen und das Zeigen der persönlichen Ausstrahlung, z. B. ein Referat in einem Seminar zu halten, für internationale Gäste eine Führung durch eine Ausstellung zu veranstalten, an einer TV-Talkshow teilzunehmen oder eine Rede auf einem großen Forum zu halten...

德语教学一直注重听、说、读、写能力的培养，但演讲能力鲜少被纳入教学内容。当今社会，在学习、工作、交往中需要当众演讲、表达观点、展示风采的机会越来越多，比如，在课堂上作报告展示、在参观展览时为外国朋友解说内容、参加电视台的访谈节目、在一个大规模的论坛上作主题发言……

Das öffentliche Reden stellt eine Form des Outputs vom Fremdsprachenlernen dar. Dadurch können nicht nur unsere mündlichen Ausdrucksfähigkeiten verbessert, sondern auch das logische und kritische Denken, die kommunikative, insbesondere die interkulturelle kommunikative Kompetenz und die Forschungskompetenz gefödert werden.

演讲作为外语学习的产出形式，不仅能培养口语表达能力，更是对逻辑思维、批判性思维、交际能力，特别是跨文化交际能力和研究能力的综合训练。

China rückt immer mehr in den Mittelpunkt der Weltbühne. Im neuen Zeitalter wird uns eine neue wichtige Aufgabe für das Erlernen von Fremdsprachen gegeben. Chinas Vorreiterrolle in der Welt sollte sich nicht nur in seinem eigenen Wirtschaftswachstum widerspiegeln, sondern auch in seinem Beitrag zum weltweiten Wirtschaftswachstum, zur Global Governance und zur Entwicklung der menschlichen Zivilisation. Wir sollten also chinesische Geschichten gut erzählen, Chinas Stimme gut verbreiten und der Welt ein reales, dreidimensionales und umfassendes China präsentieren. Damit können wir ein glaubwürdiges, liebenswertes und respektables Bild Chinas aufbauen, unser kulturelles Selbstvertrauen stärken, ein selbstständiges Diskurssystem Chinas schaffen und den Austausch zwischen verschiedenen Zivilisationen sowie deren gegenseitiges Lernen fördern.

中国日益走向世界舞台中央，新时代又赋予我们外语学习新的重大使命。中国对世界的引领作用不应该仅仅体现在自身的经济增长，更应该体现在对世界经济增长的贡献和对全球治理的贡献、对人类文明发展的贡献上。因此，我们应该讲好中国故事，传播好中国声音，向世界展示真实、立体、全面的中国。这样才能塑造可信、可爱、可敬的中国形象，增强我们的文化自信，构建中国自主话语体系，促进人类文明交流互鉴。

Wenn wir eine öffentliche Rede vorbereiten, sollten wir folgende Punkte beachten: Erstens, „Zu wem soll ich sprechen?", zweitens, „Was soll ich sprechen?" und drittens, „Wie soll ich sprechen?", d. h. wir müssen die

Zielgruppe, den Inhalt und die Methode analysieren.

我们在准备演讲时要考虑以下几个问题：一是"对谁说"，二是"说什么"，三是"怎么说"，也就是分析受众、内容与方法。

„Zu wem soll ich sprechen?" ist die Schlüsselfrage, die bei der Vorbereitung des Inhalts einer öffentlichen Rede zu berücksichtigen ist: Wer ist die Zielgruppe meiner Rede? Wie alt sind sie? Was sind sie? Woher kommen sie? Zu unterschiedlichen Zielgruppen sollten wir unterschiedliche Strategien nutzen und unterschiedliche Inhalte vorbereiten. Nur wenn wir vorher den kulturellen Hintergrund, die Lebenserfahrungen, den Wissensstand und das Interesse usw. der Zielgruppe präzise analysieren, können wir unsere Reden gezielter und effektiver entwerfen und dadurch kommen unsere Botschaften beim Publikum gut an.

"对谁说"是开始准备演讲内容时首先要思考的关键问题：我的演讲受众是谁？他们多大年龄？职业是什么？来自哪些地区？等等。不同受众将决定我们采用不同的演讲策略，设计不同的演讲内容。只有事先精准分析受众的文化背景、生活阅历、知识储备、兴趣点等，才能让我们的演讲有的放矢，入脑入心。

„Was soll ich sprechen?", diese Frage bezieht sich auf die sozialen und kulturellen Themen in einer Rede. Wir leben in China, aber wenn wir chinesische Geschichten erzählen und chinesische Themen auf Deutsch diskutieren wollen, würden wir vielleicht feststellen, dass wir nicht unbedingt viel über die Gegebenheiten unseres Landes, unserer Partei, unserer Gesellschaft und unseres Volkes wissen und erst recht nicht, wie wir sie auf Deutsch ausdrücken können. Besonders wenn unsere ausländischen Freunde Missverständnisse über chinesische Praktiken und Theorien haben, fällt es uns schwer, sie argumentativ und überzeugend zu widerlegen, in einer Sprache, die sie verstehen, und auf eine Weise, die sie leicht nachvollziehen können. Dieser Zustand ist in akademischen Kreisen als „kulturelle Aphasie" bekannt.

"说什么"是指演讲涉及的社会文化主题。我们生活在中国，但当我们想用德语讲述中国故事、讨论中国主题时可能就会发现，我们其实对国情、党情、社情和民情不一定特别了解，也不一定知道该如何用德语表达。特别是当外国朋友对中国实践、中国理论存在误解时，我们很难用他们听得懂的语言、容易理解的方式，有理有据地进行反驳。这种状态在学界被称为"文化失语症"。

In den folgenden Lektionen werden wir uns mit Hilfe des Lehrbuchs: *Verstehen vom heutigen China – Öffentliches Reden* intensiv mit den sozialen und kulturellen Themen über China beschäftigen. Durch die Diskussionen über die Themen: Chinesischer Traum, Reform und Öffnung, Armutsbekämpfung und Förderung gemeinsamen Wohlstandes, Aufbau eines schönen Chinas, Vertrauen in die eigene Kultur, die Diplomatie chinesischer Prägung und Global Governance sowie „Ein Gürtel und eine Straße" und die Schicksalsgemeinschaft der Menschheit usw. versuchen wir Ihnen, lieben Studierenden, zu helfen, den Code der erfolgreichen Entwicklung Chinas und dessen Schlüssel zur Lösung der Entwicklungsprobleme der Welt zu verstehen, das heutige China kennenzulernen und die chinesischen Praktiken zu begreifen. Damit sollen Sie alle in die Lage versetzt werden, das heutige China besser zu kennen, dessen Diskurssystem zu erlernen und durch öffentliche Reden Chinas Geschichten gut zu erzählen.

在以下各单元中，我们将依托"理解当代中国"系列教材《德语演讲教程》，重点聚焦社会文化领域，通过对中国梦、改革开放、脱贫攻坚与共同富裕、美丽中国建设、文化自信、中国特色大国外交与全球治理以及"一带一路"与人类命运共同体各主题的讨论，帮助同学们发现中国成功发展的密码以及解决当今世界发展问题的钥匙，了解当代中国、理解中国实践，从而具备讲述当代中国的知识储备、话语体系和演讲能力。

„Wie soll ich sprechen?", diese Frage bedeutet, eine Rede ist keine einseitige Informationsausgabe, nur um andere zu überzeugen. Die Menschen haben Gedanken, Einstellungen und Überzeugungen. Sie sind eher bereit, an Ansichten und Argumente zu glauben, die ihren eigenen Neigungen und Präferenzen entsprechen, und neigen dazu, Ansichten, die mit ihren eigenen Wahrnehmungen und Werten unvereinbar sind, skeptisch zu betrachten und abzulehnen. Dieses Phänomen ist als „kognitive Verzerrung" bekannt.

"怎么说"指演讲不应该是单方面的信息输出，只是为了说服别人。人是有思想、态度和信仰的，人们更愿意相信那些符合自己倾向和偏好的观点和论据，而对那些与自己认知和价值观不一致的观点往往持怀疑和排斥态度，这就是"认知偏见"。

Die begrenzten kognitiven Fähigkeiten und der beschränkte Horizont des Menschen erlauben es ihm oft, nur einen Teil dessen zu sehen, was er kennt und versteht, während es ihm oft schwer fällt, unbekannte und ungewohnte Dinge zu verstehen und zu akzeptieren. Dies wird als „kognitive Begrenzung" bezeichnet.

人的认知能力和视野有限，往往只能看到自己熟悉和了解的一部分，而对于陌生和不熟悉的事物常难以理解和接受，这就是"认知限制"。

Die Zielgruppe der öffentlichen Reden auf Deutsch sind Menschen aus deutschsprachigen Ländern und Regionen. Wir sollten in Bezug auf die Methodik und den Inhalt beim öffentlichen Reden mehr Aufmerksamkeit auf interkulturelle Kommunikationsstrategien richten. Anstatt den Inhalt der Reden einfach wörtlich oder sogar steif aus dem Chinesischen ins Deutsche zu übersetzen, sollten wir uns der Fakten, Daten, Fallbeispiele bedienen und uns in die Lage der Zuhörer versetzen. Außerdem sollten wir aus der interkulturellen Perspektive das Interesse, die Empathie, das Verständnis und die Reflexion der Zielgruppe wecken. Vermeiden sollten wir steif formulierte oder inhaltsleere Phrasen und Fachjargons. In den folgenden Lektionen werden wir Ihnen in enger Verbindung mit den jeweiligen Themen übliche Strategien beim öffentlichen Reden vermitteln.

德语演讲的目标受众是有德语文化背景的外国人，我们在演讲的方法和内容上应注重跨文化沟通策略和技巧，通过事实、数据、案例，善于换位思考，从跨文化视角激发受众的兴趣、共情、理解和反思，而不能将汉语直译或硬译为德语，切忌语言生硬、内容空洞、术语堆砌。在以下各单元中，我们将结合主题内容，讲授常用的演讲策略。

Wir sind überzeugt, dass Sie alle durch die Beschäftigung mit den folgenden Lektionen nützliche Anregungen gewinnen und davon profitieren können. So werden Sie alle schließlich in der Lage sein, das heutige China gut zu verstehen, vor Ihrem Publikum Ihre eigenen Meinungen und Ansichten klar und vollständig darzustellen, Chinas Geschichten gut zu erzählen und Chinas Stimme gut zu verbreiten.

我们相信，通过学习以下各单元的内容，大家都能有所启发和收获，都能够理解当代中国，清晰、完整地当众陈述自己的主张和看法，讲好中国故事，传播好中国声音。

# Lektion 1
# Chinesischer Traum

# 中国梦

第一单元
# 中国梦

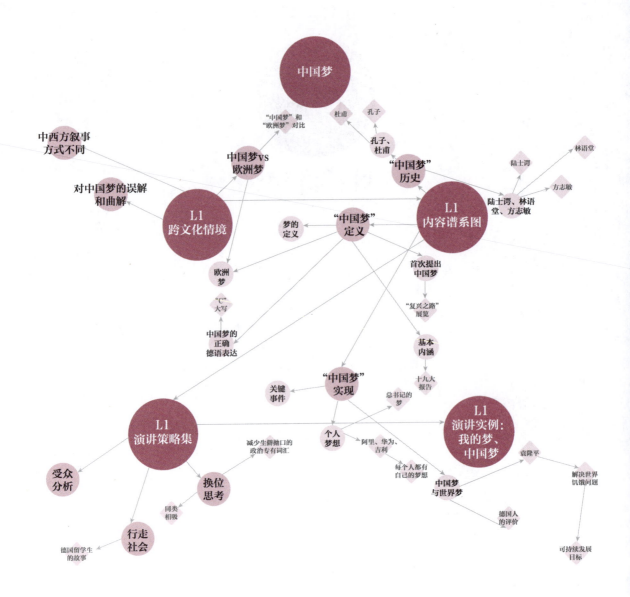

中国梦

"中国梦"和
"欧洲梦"对比

杜甫    孔子

中西方叙事
方式不同

中国梦vs
欧洲梦

孔子、
杜甫

林语堂

陆士谔

方志敏

对中国梦的误解
和曲解

L1
跨文化情境

梦的
定义

"中国梦"
定义

L1
内容谱系图

"中国梦"
历史

陆士谔、林语
堂、方志敏

欧洲
梦

首次提出
中国梦

"复兴之路"
展览

基本
内涵

"C"
大写

中国梦的
正确
德语表达

关键
事件

"中国梦"
实现

总书记的
梦

十九大
报告

L1
演讲实例:
我的梦、
中国梦

减少生僻拗口的
政治专有词汇

个人
梦想

阿里、华为、
吉利

袁隆平

L1
演讲策略集

每个人都有
自己的梦想

解决世界
饥饿问题

受众
分析

换位
思考

中国梦
与世界梦

同类
相吸

德国人
的评价

行走
社会

可持续发展
目标

德国留学生
的故事

## 第一讲 传承中国梦——历尽沧桑 初心不改

1-0 引言

Am 29. November 2012 hat Generalsekretär XI Jinping auf der Großausstellung „Weg des Wiederauflebens" zum ersten Mal „den Chinesischen Traum" als Konzept vorgestellt. Das Wiederaufleben der chinesischen Nation zu verwirklichen, ist für das chinesische Volk der größte Traum seit den letzten Jahrhunderten.

2012 年 11 月 29 日，习近平总书记在参观"复兴之路"展览时首次提出"中国梦"❶。实现中华民族伟大复兴，是中华民族近代以来最伟大的梦想。

Dieser Traum drückt in konzentrierter Form die Hoffnungen mehrerer Generationen der Chinesen aus, spiegelt die gemeinsamen Interessen aller Bevölkerungsgruppen und Nationalitäten des Landes wider und bildet die gemeinsame Erwartung aller Chinesen. Der Kerngehalt des Chinesischen Traums liegt in dem Wohlstand und der Erstarkung des Landes, dem Aufschwung der Nation und dem Wohlergehen des Volkes begründet. Der Chinesische Traum ist der gemeinsame Traum des gesamten Staates, der gesamten chinesischen Nation und jedes einzelnen Chinesen. Der Chinesische Traum ist damit der Traum des gesamten chinesischen Volkes. Der Chinesische Traum ist ein Traum von Frieden, Entwicklung, Zusammenarbeit und gemeinsamem Gewinnen, seine Verwirklichung soll nicht nur dem chinesischen Volk, sondern auch den Völkern aller anderen Länder der Welt Glück und Wohlstand bescheren.

这个梦想凝聚了几代中国人的夙愿，体现了中华民族和中国人民的整体利益，是每一个中华儿女的共同期盼。中国梦的基本内涵是实现国家富强、民族振兴、人民幸福。中国梦是国家的、民族的，是每一个中国人的，是全体中国人民的梦。中国梦是和平、发展、合作、共赢的梦，不仅造福中国人民，也同各国人民的美好梦想息息相通。❷

❶ 楚向红，安东华：党的十九大：确立习近平新时代中国特色社会主义思想的历史地位，载《学习时报》，2022 年 9 月 16 日，https://paper.cntheory.com/cntheory/2022-09/16/content_996757.html，访问日期：2024 年 1 月 26 日。

❷ 中国外文出版发行事业局：《中国关键词：十九大篇（汉德对照）》，新世界出版社，2019，第 26-29 页。

Also, wie erzählen wir unseren deutschsprachigen Zuhörern vom Chinesischen Traum? Im Folgenden werden wir Ihnen alles rund um den Chinesischen Traum erläutern.

那么如何向我们的德语国家受众讲好中国梦呢？下面我们来为大家逐点剖析。

1-1 中国梦与欧洲梦

# 1 Dieser „Traum" ist nicht der andere „Traum": der Chinesische Traum und der europäische Traum
## 此"梦"非彼"梦"：中国梦与欧洲梦

Die Sprache ist der Träger des öffentlichen Redens. Die perfekte Beherrschung der deutschen Sprache bildet die Grundlage und auch den Schwerpunkt des öffentlichen Redens auf Deutsch. Eine anspruchsvolle Aufgabe dabei ist die Auswahl eines geeigneten deutschen Wortschatzes zur Übersetzung von chinaspezifischen Begriffen und Konzepten. Das ist auch ein Weg, interkulturelle Missverständnisse zu vermeiden und eine schnelle und effiziente interkulturelle Kommunikation zu erreichen.

语言是演讲的载体，熟练精准地掌握德语表达是德语演讲的基础和重点。在演讲中，如何选择合适的德语词汇来翻译具有中国特色的概念是德语演讲的难点之一，这也是避免跨文化误解、迅速高效达成跨文化沟通的重要途径。

Nehmen wir das Thema von dieser Lektion als Bespiel: Chinesischer Traum. Im Deutschen hat das Wort „Traum" auch die Bedeutung von „Wunsch" oder „Sehnsucht". Ist das deutsche Verständnis von Chinesischem Traum wirklich dasselbe wie unser Verständnis?

以本单元的主题"中国梦"为例：与中文相同，德语中的"梦"也有"愿望"或"渴望"的含义。转换成德国视角，德国人对中国梦的理解与我们对"梦"的理解真的一致吗？

❶ DWDS (www.dwds.de) 是德语数字词典（Digitales Wörterbuch der deutschen Sprache）的缩写，亦是大规模德语语料库，涵盖了不同时期、不同语体的真实德语文本，是德语学习和科研的重要资源。

Wenn wir im DWDS (Digitales Wörterbuch der Deutschen Sprache) das Wort „Traum" nachschlagen, können wir die übertragene Bedeutung von dem Wort und seine typischen Verbindungen erkennen (siehe Abbildung 1-1):

查询德国DWDS（在线德语词典）语料库❶，我们可以了解"梦"的引申义和典型搭配（见图 1-1）：

## Bedeutungsübersicht

1. Erscheinung, Vorstellung, die sich während des Schlafes einstellen kann [übertragen]...

2. starker Wunsch, sehnliche Hoffnung

3. etwas Wunderbares, traumhaft Schönes

Albtraum  Alptraum  Erfüllung

Geisterseher  Kelte  Phantasie  Realität

Schaum  Schlaf  Sehnsucht  Trauma

Vision  Wache  Wirklichkeit

Wunscherfüllung  amerikanisch  böse

feucht  gehegt  georgisch  geplatzt

hochfliegend  kühn  langgehegt  süß

unerfüllbar  unerfüllt  unruhig  uralt  vergessen

图 1-1　Typische Verbindungen zu ›Traum‹

Wenn Deutsche den Begriff „Chinesischen Traum" hören, würden sie ihn vielleicht unbewusst mit dem Begriff „europäischem Traum" im deutschen Kontext vergleichen. Der „europäische Traum", wie ihn der deutsche Soziologe Ulrich Beck definiert hat, bedeutet eine offene Gesellschaftsordnung und ein offenes politisches System. In einer solchen Gesellschaft würden alle Menschen Freiheit, Demokratie und soziale Sicherheit genießen und hätten eine offene Weltanschauung. Der europäische Traum wird einerseits mit interkultureller Toleranz und nachhaltiger Entwicklung assoziiert und ist andererseits ein Begriff mit einem gewissen utopischen Beigeschmack. ❶

❶ Assmann, Aleida (2018): Der europäische Traum: Vier Lehren aus der Geschichte. München: Beck.

听到 "Chinesischer Traum" 这一概念，德国人也许下意识将其与德语语境中 "欧洲梦" 这一概念进行类比。德国社会学家乌尔里希·贝克界定的 "欧洲梦" 是一个开放的社会秩序和政治体系。在这个社会中，人人享有自由民主、社会安全以及开放的世界观。欧洲梦一方面与跨文化包容、可持续发展相关，另一方面是一个具有一定乌托邦意味的词汇。

Für uns Chinesen? Sie werden sicherlich sagen: Nein, nein, nein, „Chinesischer Traum" und „europäischer Traum" sind völlig verschieden. Unser Chinesischer

Traum ist gar keine unrealistische Utopie, sondern ein Ziel, das wir jetzt gerade zu erreichen versuchen und sicherlich erreichen werden.

　　作为中国人，同学们会马上说：不对不对，中国梦和欧洲梦完全不同。我们的中国梦可不是虚幻缥缈的乌托邦，而是我们正在努力实现，也必将实现的目标。

Bei der Gegenüberstellung der beiden Begriffe „Chinesischer Traum" und „europäischer Traum" stellen wir fest, wie relevant es ist, aus interkultureller Sicht unsere deutschen Sprachkenntnisse zu verbessern.

　　比较"中国梦"与"欧洲梦"两个词，我们就能从跨文化角度理解学习德语语言知识的重要性。

Bei der schriftlichen Formulierung von „Chinesischem Traum" sollten wir noch auf die korrekte Schreibweise besonders achten. In deutschen Texten sind verschiedene Schreibweisen wie „Chinesischer Traum", „der Chinesische Traum", „chinesischer Traum" und „der chinesische Traum" usw. zu finden. Was ist der Unterschied zwischen der Großschreibung des Anfangsbuchstaben „C" und dessen Kleinschreibung „c"? Im Deutschen muss der erste Buchstabe des Adjektivs nicht großgeschrieben werden, wenn es sich um ein gewöhnliches Adjektiv handelt. Handelt es sich jedoch um einen Eigenbegriff, dann wird der erste Buchstabe des Adjektivs großgeschrieben. Im chinesischen Kontext ist der „Chinesische Traum" zu einem Eigennamen geworden, deshalb wird der Anfangsbuchstabe C großgeschrieben. Würde an der Stelle ein kleines c verwendet, dann müsste der chinesische Begriff nur auf die übliche Weise ins Deutsche übersetzt werden, ohne dass auf seine Besonderheit geachtet wird. Dies zeigt, dass die Verwendung von Wörtern auch eine Möglichkeit ist, Haltungen und Positionen auszudrücken.

　　在表达"中国梦"时，特别是在书写时，我们也要注意表述的精确性。在德文文本中，大家可能会看到 „Chinesischer Traum" „der Chinesische Traum" „chinesischer Traum" „der chinesische Traum" 等不同的写法。首字母C是否大写的区别是什么呢？在德语中，如果是普通的形容词加名词结构，形容词首字母无须大写；但如果是专有概念，那就会将形容词首字母大写。在中国语境中，"中国梦"已经成为专有名词，所以首字母C大写；假如用的是小写的c，那么作者可能只是将中文概念按照常规方法翻译成了德文，而没有意识到它的特殊性。由此可见，用词也是表达态度、立场的一种方式。

## 2 Historischer Hintergrund des Chinesischen Traums
## 中国梦的历史背景

1-2 中国梦的历史背景

Die erste Lektion des Lehrbuchs *Verstehen vom heutigen China – Öffentliches Reden* [1]: „Chinesischer Traum" soll uns anhand verschiedener Beispiele verständlich machen, was der „Chinesische Traum" ist und warum die Menschen aller Volksgruppen in China denselben Traum haben und gemeinsam daran arbeiten, ihn zu verwirklichen. Der Kern des Chinesischen Traums besteht darin, das Wiederaufleben der chinesischen Nation zu verwirklichen.

[1] 以下简称 Öffentliches Reden（《德语演讲教程》）。

《德语演讲教程》第一单元"中国梦"的设计就是要通过各种实例让我们理解什么是中国梦，以及为什么全国各族人民都有同一个梦，并齐心协力地实现它。中国梦的核心内涵是实现中华民族的伟大复兴。

Im deutschen Kontext wird „das Wiederaufleben der Nation" leicht missverstanden, daher sollte sich die öffentliche Rede auf das Wesentliche des Chinesischen Traums konzentrieren, d.h. auf den Wohlstand und die Erstarkung des Landes, den Aufschwung der Nation und das Wohlergehen des Volkes. Das Schicksal der chinesischen Nation hat sich im letzten Jahrhundert dramatisch verändert. Ganz gleich, wie schwach das Land oder wie schwierig die Lage gerade war, das chinesische Volk hatte zu allen Zeiten einen Chinesischen Traum.

在德语语境下"民族的复兴"容易引起误读，因此应该把演讲重点放在中国梦的本质上，即国家富强、民族振兴、人民幸福。[2] 一百多年来，中华民族的命运发生波澜壮阔的变化。无论国家曾如何衰弱，形势曾如何艰难，各个时期的中国人都有一个中国梦。

[2] 中国梦的本质是国家富强、民族振兴、人民幸福，中国共产党新闻网，2018 年 8 月 27 日，http://cpc.people.com.cn/big5/n1/2018/0827/c223633-30253433.html，访问日期：2024 年 9 月 1 日。

Im Jahr 1910 schrieb der Schriftsteller LU Shi'e aus der späten Qing-Dynastie in seinem Buch *Das neue China* seinen Chinesischen Traum auf und sagte voraus, dass die Weltausstellung hundert Jahre später in Shanghai stattfinden sollte: „Bis dahin wird Shanghai längst die Konzessionen zurückerhalten haben, die Anwälte im Gerichtssaal werden alle Chinesen sein, an Ufern des Huangpu-Flusses durch Shanghai werden die große Pujiang-Brücke und der

Unterwassertunnel zur Erleichterung der Geschäftsreisen gebaut werden, und es wird über dem Huangpu-Fluss noch eine riesengroße Eisenbrücke geben, die das gegenüberliegende Ufergebiet Pudong erreicht."

1910 年，清末文人陆士谔在他的著作《新中国》里写下了他的中国梦。他预测百年之后世博会将在上海举办："上海的租界到那时早已收回，法庭上的律师也皆为华人，上海滩建成了方便商旅的浦江大桥和越江隧道，还有一座很大的铁桥，跨着黄埔，直筑到对岸浦东。" ❶

❶ 介子平:《民国文事》，北岳文艺出版社，2009，第166 页。

1933 drückte LIN Yutang in „China's Future in My Dreams" seinen Traum von der Zukunft Chinas aus: „Ich wünschte, dass es einen kleinen Teil des Landes geben würde, in dem es keine Kriege, keine harten Abgaben gäbe [...], und in dem die Menschen in Frieden und Zufriedenheit leben und arbeiten könnten, ohne ständig in die Konzessionen laufen zu müssen."

1933 年，林语堂在《梦想的未来中国》一文中这样表达他的中国梦："只希望国中有小小片的不打仗，无苛税……人民不必跑入租界而可以安居乐业地生活。" ❷

❷ 林语堂:《梦想的未来中国》，《意林》，2013 年第 5期，第 57 页。

1935, noch bevor der Kommunist FANG Zhimin hingerichtet wurde, schrieb er im Werk „Lovely China" über seinen Chinesischen Traum: „Zu dieser Zeit wird es überall schöpferische Kraft und überall zunehmenden Fortschritt geben, und freudige Lieder werden an die Stelle von Klagen treten, und lächelnde Gesichter werden an die Stelle von weinenden Gesichtern treten, und Wohlstand wird an die Stelle von Armut treten, und Gesundheit und Wohlbefinden werden an die Stelle von Krankheit und Leid treten..."

1935 年，共产党人方志敏临刑前在遗作《可爱的中国》中这样描述他的中国梦："到那时，到处都是活跃的创造，到处都是日新月异的进步，欢歌将代替了悲叹，笑脸将代替了哭脸，富裕将代替了贫穷，康健将代替了疾苦……" ❸

❸ 百年初心为人民而跳动——人民网，http://dangshi.people.com.cn/n1/2021/0626/c436975-32141428.html，访问日期：2024 年 7 月 22 日。

Was ist durch all die Opfer und Kämpfe in den letzten hundert Jahren erbracht worden? Es ist das, was Generalsekretär XI Jinping sagt: Das Streben des Volkes nach einem besseren Leben ist das Ziel unseres Kampfes. Das ist eben unser Chinesischer Traum! Unser Leben ist in der Tat immer besser geworden (siehe Abbildung 1-2, 1-3).

一百多年来，无数牺牲，所有奋斗，为了什么？就是习近平总书记说的："人民对美好生活的向往，就是我们的奋斗目标。"❶这就是我们的中国梦！我们的生活确实变得越来越美好！（见图1-2、图1-3）

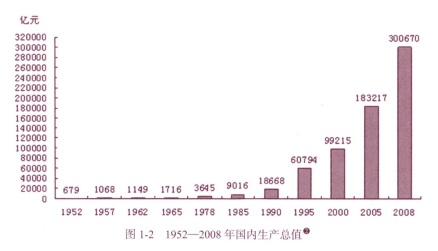

图 1-2　1952—2008 年国内生产总值❷

图 1-3　2005—2024 年国内生产总值❸

Das Krisenbewusstsein, der Widerstandsgeist und der Sinn für nationale Einheit finden sich in der chinesischen Kultur. Diese sind für Deutsche nicht schwer zu verstehen, weil sie das Ähnliche erlebt haben. Aber historische Hintergründe muss man trotzdem darstellen, damit die Zuhörer verstehen, dass der Chinesische Traum ein Hoffnungsschimmer im Zuge der Leiden der chinesischen Nation seit den letzten 100 Jahren bleibt.

中华文化表现出的命运危机感、抗争精神和民族团结意识对德国人来说并不难理解，因为他们有着相似的经历。但是讲述中国梦还是离不开对其历史背景的阐释说明，让受众理解中国梦是一百多年来中华民族苦难历程中的希望之光。

❶ 习近平：人民对美好生活的向往，就是我们的奋斗目标（习近平2012年11月15日在十八届中央政治局常委同中外记者见面时讲话），载中央文献研究室《十八大以来重要文献选编（上）》，中央文献出版社，2014，第69-72页。

❷ 新中国60周年：经济社会发展成就，2009年9月11日，https://www.gov.cn/test/2009-09/11/content_1415037_2.htm，访问日期：2024年1月26日。

❸ 国家统计局，https://data.stats.gov.cn/ks.htm?cn=C01，参见指标"国民经济核算"，访问日期：2025年2月11日。

1-3 中国梦是中国文化
的传承

# 3 Der Chinesische Traum ist das Erbe der chinesischen Kultur
## 中国梦是中国文化的传承

Als einzige Zivilisation der Welt mit einem ungebrochenen Erbe ist der Geist des Chinesischen Traums seit Tausenden von Jahren unverändert geblieben.

作为世界上唯一传承没有中断的文明，数千年来中国梦的精神从未改变。

Der Traum von einer Gesellschaft der allergrößten Harmonie wird im *Buch der Riten* beschrieben: „Wenn das höchste Prinzip waltet, gehört die Welt allen. Wählt die Tugendhaften und die Tüchtigen, achtet auf die Ehrlichkeit und pflegt die Harmonie [...] Damit die Alten einen gesicherten Lebensabend haben, die Starken einen Nutzen haben, die Jungen ein Wachstum haben, die Zurückhaltenden, die Witwen, die Waisen, die Einsamen, die Invaliden und die Kranken alle Unterstützung haben, [...] Dies wird die allergrößte Harmonie genannt."

《礼记》中描写了理想中的大同社会：“大道之行也，天下为公。选贤与能，讲信修睦。……使老有所终，壮有所用，幼有所长，鳏、寡、孤、独、废疾者皆有所养，……是谓大同。”❶

❶《礼记》，https://so.gushiwen.cn/mingju/juv_748b92d61241.aspx，访问日期：2024年7月22日。

Vor 1 300 Jahren beschrieb der Dichter DU Fu aus der Tang-Dynastie seinen Traum folgendermaßen: „Hätte ich nur Tausende von großen Häusern, wo alle Armen auf Erden selig lächelnd ein Zuhause finden! So fest gegen jeden Sturm, so sicher wie ein Berg."

1300 年前，唐代诗人杜甫这样描写他的梦想：“安得广厦千万间，大庇天下寒士俱欢颜！风雨不动安如山。”❷

❷《茅屋为秋风所破歌》，https://so.gushiwen.cn/mingju/juv_0166e62dcc3d.aspx，访问日期：2024年7月22日。

Die chinesische Nation ist ein friedliebendes Volk. So stark wie die Han- und die Tang-Dynastie und so turbulent wie die Fünf-Dynastien, der Wunsch des Volkes war nichts anderes als genug zu essen, Kleidung zu haben und in Frieden zu leben. Die Kernaussage des Chinesischen Traums – die Verwirklichung des Wiederauflebens der chinesischen Nation – wird außerhalb Chinas oft falsch oder absichtlich falsch interpretiert. Das historische Erbe des Chinesischen Traums kann diese Ansicht durchaus widerlegen.

中华民族是爱好和平的民族，强盛如汉唐，动乱如五代，人们的希冀无非是吃饱穿暖，生活和平。中国梦的核心内涵——实现中华民族的伟大复兴——在境外常常被误读或者故意曲解。从中国梦的历史传承这一视角就可以很好地反驳这种观点。

# Teil 2 Realisierung des Chinesischen Traums – Unbegrenzte Möglichkeiten für die innovationsfreudige Generation im heutigen Zeitalter

## 第二讲 实现中国梦——长风破浪正当时

Liebe Studierende, im letzten Teil haben wir die Kernaussage und den historischen Hintergrund des Chinesischen Traums kennengelernt. Der Chinesische Traum ist anders als der europäische Traum und er ist das Erbe der chinesischen Kultur. Heute ist gerade die Ära für Chinesen, den Chinesischen Traum zu verwirklichen.

在第一讲中，我们了解了中国梦的内涵与历史背景。同样是梦，中国梦不同于欧洲梦，中国梦是中国文化的传承。今天正是中国人实现中国梦的时代。

1-4 中国梦是人民的梦

## 4 Der Chinesische Traum ist ein Traum des Volkes
### 中国梦是人民的梦

Neben diesen begeisternden Momenten aus den Videofilmen in diesem Teil sind auf Seite 11 von dem Lehrbuch *Öffentliches Reden* noch mehrere Bilder zu sehen, wie z. B. fortschrittliche Fertigung, Luft- und Raumfahrttechnik, klare Flüsse und grüne Berge, das Logo „Schneeflocke" bei der Eröffnungsfeier der Olympischen Winterspiele usw. Diese können wir natürlich mit Stolz in unseren Reden als Symbole für die Verwirklichung des Chinesischen Traums verwenden.

除了本讲视频中这些振奋人心的时刻以外，大家在《德语演讲教程》第 11 页上还可以看到几张图片，如先进制造业、航空航天科技、绿水青山，冬奥会开幕式上"雪花"设计理念等。我们当然可以在演讲中自豪地选取这些作为中国梦实现的标志。

Eine Erzählung auf der Makroebene kann den Hintergrund und das Gesamtziel des heutigen Zeitalters gut wiedergeben, aber wenn sie in einer öffentlichen Rede nicht durch detaillierte Beschreibungen auf der Mikroebene ergänzt wird, wird die Rede hohl wirken und die Zuhörer entfremden. Der Chinesische Traum setzt sich aus den Träumen von Millionen Chinesen zusammen und soll von allen Chinesen verwirklicht werden. Wir schlagen deshalb vor: Wenn Sie den „Chinesischen Traum" als Thema der Rede auswählen, können Sie Ihren persönlichen Traum als einen Einstiegspunkt nehmen. Dabei können Sie ausführlich beschreiben, wie das Wachstum und die Entwicklung eines Einzelnen im Prozess der Verwirklichung des „Chinesischen Traums" gefördert wird. So können Sie als Redner die Zuhörer mitreißen und ihr Mitgefühl wecken.

　　宏大叙事能很好地渲染当今时代的背景和总体目标，但在演讲中如果不辅之以微观细描，那么演讲会显得空洞，让受众有疏离感。中国梦是由千千万万中国人民的梦组成的，是由全体中国人民共同实现的。我们建议以"中国梦"为演讲主题时，可以从个人梦想切入，讲述中国梦的实现过程如何带动个人的成长和发展。这样更能打动听众，唤起共鸣。

Befragen Sie Ihre Großeltern, deren Traum es vielleicht war, nur nicht zu verhungern. Befragen Sie noch Ihre Eltern, deren Traum es vielleicht war, einen bescheidenen Wohlstand zu erreichen. Haben sich ihre Träume erfüllt? Wie haben sie ihre Träume verwirklicht? Der Kampf eines jeden Chinesen um seinen persönlichen Traum hat dazu beigetragen, dass der Chinesische Traum des Wiederauflebens der Nation verwirklicht worden ist, und jeder kann dabei mit seinem persönlichen Traum noch schneller und weiter vorangehen.

　　去采访一下我们的祖辈，他们曾经的梦想也许只是不饿肚子；采访我们的父辈，他们的梦想也许是过上小康生活。他们的梦想实现了吗？如何实现的？每个中国人为了个人梦想的拼搏共同成就了伟大复兴的中国梦，而时代的浪潮也推动个人梦想走得更快更远。

Es war einmal ein junger Mann, der davon träumte, eine Welt ohne schwierige Geschäfte zu schaffen. Er gründete ALIBABA, das im Laufe des rasanten Wirtschaftswachstums und der digitalen Transformation Chinas zu einem der größten E-Commerce-Unternehmen der Welt geworden ist.

　　曾经有个年轻人的梦想是"让天下没有难做的生意"，他创立的阿里巴巴，随着中国经济的迅猛发展和数字化转型，成为世界上最大的电商公司之一。

Es war einmal ein junger Mann, der einen Traum hatte: die zwischenmenschliche Kommunikation zu erleichtern und damit das Leben der Menschen zu verbessern. Er gründete HUAWEI, das sich zum weltweit führenden Technologieunternehmen entwickelt hat und China im Bereich der Elektronik- und Kommunikationstechnologie an die Spitze der Welt gebracht hat.

曾经有个年轻人的梦想是"让人与人之间的沟通变得便捷"，并让生活更美好，他创立的华为已成长为世界领先的科技公司，让中国电子和通信技术领先世界。

Es war einmal ein Landwirt, der 1997 davon träumte, „gute Autos zu bauen, die sich alle Menschen leisten können". Er gründete GEELY, übernahm 2010 VOLVO und wurde 2018 der größte Einzelaktionär der Muttergesellschaft der Mercedes-Benz Group – Daimler AG.

曾经有个农民在 1997 年的梦想是"造老百姓买得起的好车"，他创立的吉利汽车在 2010 年收购了沃尔沃，2018 年成为奔驰母公司戴姆勒集团的最大单一股东。

Hochgeschwindigkeitsbahn, zivile Luft- und Raumfahrt, Elektrofahrzeuge, elektronischer Handel... Unzählige Hightech- und Weltunternehmen glänzen in der Krone des Chinesischen Traums. Es sind auch die rasante Entwicklung der chinesischen Wirtschaft, der schnelle Fortschritt in Wissenschaft und Technologie und der immer reger werdende internationale Austausch, die die unentbehrliche Grundlage für die Entwicklung dieser Hightech- und Weltunternehmen bilden.

高速铁路、民用航空航天、电动汽车、电子商务……中国梦的皇冠上闪烁着无数高新技术和世界企业。同时，中国经济的迅猛发展、科学技术的飞速进步和越来越活跃的国际交流为这些世界级企业和高新技术提供了发展土壤。

Die Entwicklung einer Zeit anhand des Schicksals eines Einzelnen im Kleinen nachzuzeichnen, ist in der westlichen Kultur eine übliche Erzählweise. Damit kann der Redner die Zuhörer in einer kurzen Redezeit von wenigen Minuten für sich gewinnen und ihre Empathie wecken. Nehmen wir als Beispiel Text 1 der Lektion 1 des Lehrbuchs *Öffentliches Reden*: „Der Chinesische Traum ist ein Traum des Volkes". Bei dem Text handelt es sich um eine Rede, die der chinesische Staatspräsident XI Jinping bei einem offiziellen Begrüßungsbankett während seines Besuchs in den USA im Jahr 2015 gehalten hat. Indem er von seinen persönlichen Erfahrungen in Liangjiahe berichtete, zeigte Staatspräsident XI Jinping dem amerikanischen Publikum die rasante Entwicklung der chinesischen Gesellschaft und die Veränderungen im Lebensstandard der Menschen. Seine anschaulichen persönlichen Geschichten halfen den amerikanischen Zuhörern, den Kern des Chinesischen Traums besser zu verstehen.

以小见大，从个人的命运映射时代的发展，是西方文化常用的叙事方式，也确实能在短短数分钟的演讲过程中快速拉近与受众的心理距离，唤起受众的共鸣。以《德语演讲教程》第一单元课文1 "Der Chinesischer Traum ist ein Traum des Volkes" 为例，[1] 这是习近平主席 2015 年访美时在一次正式欢迎宴会上发表的讲话。习近平主席通过分享自己在梁家河的亲身经历，向美国听众展现了中国社会的快速发展与人民生活水平的变化。生动的个人亲历故事帮助美国听众更好地理解了中国梦的核心。

In Warming-up auf Seite 4 des Lehrbuchs *Öffentliches Reden* werden mehrere historische Ereignisse aufgezählt:

- die Gründung der Volksrepublik China
- der erfolgreiche Start des ersten künstlichen Satelliten
- die Wiederaufnahme der Hochschulaufnahmeprüfung
- die Rückgabe Hongkongs an China
- die umfassende Vollendung des Aufbaus einer Gesellschaft mit bescheidenem Wohlstand...

《德语演讲教程》第 4 页 "热身练习" 中列举了几个历史事件：中华人民共和国成立、成功发射第一颗人造卫星、恢复高考、香港回归、全面建成小康社会……[2]

All dies sind wichtige Ereignisse auf dem Weg zur Verwirklichung des Chinesischen Traums und gleichzeitig sind sie der Anfang oder der Wendepunkt für die Verwirklichung der persönlichen Träume vieler Chinesen geworden.

这些都是中国梦实现过程中的重大事件，同时也成为许多中国人个人梦想实现的发端或转折点。

[1] 李媛等编：《德语演讲教程》（"理解当代中国" 德语系列教材），外语教学与研究出版社，2022，第 5-6 页。

[2] 李媛等编：《德语演讲教程》（"理解当代中国" 德语系列教材），外语教学与研究出版社，2022，第 4 页。

Kennen Sie weitere Schlüsselereignisse bei der Verwirklichung des Chinesischen Traums? Welche Auswirkungen hatten sie auf Ihren Traum oder die Träume der Menschen in Ihrer Umgebung? Können Sie diese persönlichen Erfahrungen zu einem Fallbeispiel für Ihre Rede zum „Chinesischen Traum" zusammenstellen?

你还知道哪些中国梦实现过程中的关键事件？其对你或身边的人的梦想产生了哪些影响？你能把这些个人经历编写为"中国梦"的演讲案例吗？

1-5 中国梦 天下梦

## 5 Der Chinesische Traum kommt allen Völkern der Welt zugute
## 中国梦 天下梦

Der Chinesische Traum ist ein Traum des chinesischen Volkes und er kommt allen Völkern der Welt zugute. Wie in Text 2 der Lektion 1 des Lehrbuchs *Öffentliches Reden* die deutsche Journalistin Ulrike Hecker schrieb: „Die chinesische Wirtschaft blüht und wächst, das wirkt sich positiv auf die Wirtschaft der Welt aus." [1] Gleichzeitig ist sie auch der Meinung, „die sogenannte westliche Welt sollte nicht auf einer Demokratisierung Chinas im europäischen Sinne pochen, sondern China auf seinem eigenen Weg, bei der Verwirklichung des Chinesischen Traums unterstützen". Nur so kann die Welt besser vom Chinesischen Traum profitieren.

[1] Hecker, Ulrike (2013): Der chinesische Traum aus deutscher Sicht. In: Beijing Rundschau, http://german.beijingreview.com.cn/german2010/zhuanti/txt/2013-08/28/content_564011.htm, 访问日期：2024 年 1 月 26 日。

中国梦是中国人民的梦，也造福世界人民。正如《德语演讲教程》第一单元课文 2 中德国记者乌尔里克·赫克所写："中国经济蓬勃发展，对世界经济产生积极影响。"同时她也认为，"所谓的西方世界不应坚持欧洲意义上的中国民主化，而应该支持中国在实现中国梦的过程中走自己的道路"。唯有这样，世界才能更好地从中国梦中获益。

Haben Sie Ihre Eltern und Großeltern nach ihren Träumen in ihrer Jugend gefragt? Ich bin gespannt, welche Antworten Sie gesammelt haben.

各位同学是不是已经询问了父母及祖父母青年时期的梦想？不知道大家收集的回答都有哪些？

In Text 1 der Lektion 1 des Lehrbuchs *Öffentliches Reden* lesen Sie eine

Geschichte von Staatspräsident XI Jinping in Liangjiahe: Ende der 1960er Jahre war XI Jinping gerade im Teenageralter. Er kam von Beijing nach Yan'an in der Provinz Shaanxi, wo er sich als Bauer in einem kleinen Dorf namens Liangjiahe niederließ. Dort hat er insgesamt sieben Jahre verbracht. Damals lebte er wie die lokalen Bauern in einer Höhlenwohnung, schlief in einem beheizbaren Bett aus Ziegelsteinen und führte ein sehr ärmliches Leben. Monatelang bekamen die Bauern kein einziges Stück Fleisch zu essen.❶

❶ 李媛等编:《德语演讲教程》("理解当代中国"德语系列教材)，外语教学与研究出版社，2022，第 5-6 页。

《德语演讲教程》第一单元课文 1 描述了习近平主席在梁家河的故事：在 20 世纪 60 年代末，习近平只有十几岁，他就从北京到陕西省延安市一个叫梁家河的小村庄插队当农民，在那儿度过了 7 年时光。习近平和乡亲们一起住在土窑里、睡在土炕上，他看到乡亲们生活十分贫困，经常是几个月吃不到一块肉。

XI Jinping wurde deshalb nur allzu gut bewusst, was die Bevölkerung am meisten brauchte. Später wurde er Sekretär der Parteizelle dieses Dorfes und führte die Dorfbewohner zur Feldarbeit. Er wusste, was die Dorfbewohner brauchten und hegte den sehnlichsten Wunsch, dass sie einmal genügend Fleisch zu essen hätten und dass oft Fleisch auf den Tisch kommen würde. Zur damaligen Zeit aber lag die Erfüllung dieses Traums noch in weiter Ferne.

因此，习近平非常清楚人民最需要的是什么。后来，他当了这个村子的党支部书记，带领乡亲们发展生产。他深刻了解老百姓需要什么，想让乡亲们饱餐一顿肉，并且经常吃上肉。但是，这个梦想在当时是很难实现的。

Zum Frühlingsfest 2015 ist Staatspräsident XI Jinping abermals in das Dorf Liangjiahe gereist. Eine Asphaltstraße war mittlerweile dort angelegt worden und die Einwohner haben bereits Ziegelhäuser mit Internetzugang bezogen. Die Senioren verfügen über eine grundlegende Altersversicherung, alle Dorfbewohner sind krankenversichert und den Kindern ist eine gute Schulbildung zuteilgeworden.

可是，当 2015 年春节，习近平主席再次回到这个小村子时，村里已经修起了柏油路，乡亲们住上了砖瓦房，用上了互联网，老人们享有基本养老待遇，村民们有医疗保险，孩子们可以接受良好的教育。

Nahrungsmittelknappheit war einst eine große Herausforderung für das chinesische Volk. Dieses Problem erfolgreich zu lösen ist der große Beitrag Chinas zur Weltentwicklung. Wenn wir auf unseren heutigen reich gedeckten Tisch schauen, haben wir es unzähligen Menschen zu verdanken. Einer davon ist YUAN Longping. Der Traum von YUAN Longping, einem Agrarwissenschaftler, wird in Übung 4 auf Seite 7 des Lehrbuchs *Öffentliches Reden* vorgestellt. Er hatte zwei Träume: Im Schatten der Reispflanzen auszuruhen und den Hybridreis weltweit zu verbreiten. „Im Traum stieß ich gemeinsam mit meinen Mitarbeitern auf riesige Reispflanzen: Die Rispen waren so üppig wie Besen und die Reiskörner so groß wie Erdnüsse. Wir legten uns unter diesen riesigen Reispflanzen in den Schatten."❶

❶ 李媛等编：《德语演讲教程》（"理解当代中国"德语系列教材），外语教学与研究出版社，2022，第 7 页。

粮食短缺曾一度是中国人民面临的巨大挑战。该问题的解决也是中国对世界发展的贡献。看看我们现在丰盛的餐桌，有无数人值得我们感谢、致敬，其中一个不得不提的名字就是袁隆平。农业科学家袁隆平的梦想出现在《德语演讲教程》第 7 页练习 4 中。他有两个梦想：一个是禾下乘凉梦，一个是杂交水稻覆盖全球梦。"我梦见，我和我的同事们看到了高高的水稻，穗子像扫把那么长，颗粒像花生那么大，而我则和助手坐在稻穗下面乘凉。"

YUAN Longping hat Hybridreis gezüchtet, der es China ermöglicht hat, mit weniger als 9 Prozent der weltweiten Anbaufläche fast ein Fünftel der Weltbevölkerung zu ernähren. Während China seine eigene Nahrungsmittelproduktion steigerte, hat es sich stets offen und verantwortungsbewusst gezeigt und seine Hybridreis-Technologie großzügig mit dem Rest der Welt geteilt. 1979 war das erste Jahr, in dem China der Welt Hybridreis-Saatgut zur Verfügung stellte. Heute wird der chinesische Hybridreis in Dutzenden von Ländern und Regionen in Asien, Afrika und Amerika auf einer jährlichen Anbaufläche von 8 Millionen Hektar angebaut.

袁隆平培育了杂交水稻，使得中国用不到世界 9% 的耕地，养活了世界近 1/5 的人口。在自身粮食增产增收的同时，中国也始终秉持开放和负责任的态度，向世界各国慷慨分享杂交水稻技术。1979 年，中方首次对外提供了杂交水稻种子。如今，中国杂交水稻已在亚洲、非洲、美洲的数十个国家和地区推广种植，年种植面积达 800 万公顷。

Am 14. November 2023 besuchten die Vertreter der afrikanischen Länder, die am „2nd Forum on China-Africa Cooperation in Agriculture" teilnahmen, den „Sanya Paddy Field National Park". Vor der Statue von YUAN Longping pflanzten ausländische Gäste hybride Reissämlinge, um des „Vaters des Hybridreises" zu gedenken. Im afrikanischen Land Burkina Faso betrug der Reisertrag pro Hektar in der Vergangenheit nur zwei bis drei Tonnen, das Erreichen von 5 Tonnen war schon sehr hoch. Nach der Einführung von Hybridreis aus China kann der Ertrag pro Hektar über 10 Tonnen betragen. Laut Gaoussou Sanou, stellvertretender Minister für Landwirtschaft, Tierressourcen und Fischerei Burkina Fasos, gab das Land früher jährlich über 16 Millionen USD für den Import von Reis aus. Nach der Einführung von Hybridreis aus China hat sich der Getreideertrag deutlich erhöht und das Land hat im Wesentlichen den „Null-Import" von Reis erreicht. „Das eingesparte Geld kann für andere Projekte zur Verbesserung der Lebensgrundlage verwendet werden, und alle Menschen können davon profitieren."

2023 年 11 月 14 日，参加第二届中非农业合作论坛的非洲国家代表来到三亚水稻国家公园，在袁隆平铜像前，纷纷插下杂交水稻秧苗，缅怀这位"杂交水稻之父"。在非洲国家布基纳法索，过去水稻每公顷的产量通常仅两三吨，达到 5 吨已是很高水平。从中国引进杂交水稻后，每公顷的产量能达 10 吨以上。布基纳法索农业、动物和渔业资源部副部长高苏·萨努说，过去该国每年需花费 1600 多万美元进口大米。从中国引进杂交水稻后，粮食产量大幅提高，基本实现了大米"零进口"。"节省下来的钱可以用于其他民生改善项目，所有民众都能受益。"❶

Staatspräsident XI Jingping träumte davon, dass die Dorfbewohner oft Fleisch essen konnten und YUAN Longping träumte davon, den Hybridreis auf der ganzen Welt zu verbreiten, denn die Beseitigung von Hunger und Armut ist sowohl ein wesentlicher Bestandteil des Chinesischen Traums, als auch das Ziel der SDGs von den UN. In diesem Sinne ist der Chinesische Traum eng mit der weltweiten Entwicklung verbunden.

让乡亲能吃上肉是习近平主席的梦想，让杂交水稻覆盖全球是袁隆平的梦想。没有饥饿和贫困既是中国梦的组成部分，也是联合国可持续发展目标。中国梦与世界发展息息相关。

❶ "杂交水稻之父"的梦想正在非洲实现，2023 年 11 月 15 日，http://www.xinhuanet.com/world/2023-11/15/c_1129976686.htm，访问日期：2024 年 1 月 26 日。

第三讲 讲好中国梦——
居高声自远　润物细无声

## 6 Redestrategie 1: Zielgruppe analysieren
演讲策略（一）受众分析

1-6 演讲策略（一）
受众分析

Wie bereits erwähnt, wenn wir ein Thema gefunden haben und mit der inhaltlichen Vorbereitung der Rede beginnen, müssen wir über eine wichtige Frage nachdenken: Wer ist die Zielgruppe meiner Rede? Der Grund dafür ist, dass für unterschiedliche Zielgruppen unterschiedliche Strategien und Inhalte mit jeweils gezielten Argumenten angewendet bzw. vorbereitet werden sollen. Wenn wir z.B. eine Rede über „chinesische Schriftzeichen" halten, sollten wir selbstverständlich unterschiedliche Inhalte und Methoden verwenden, je nachdem, ob die Zielgruppe GrundschülerInnen oder SinologInnen sind.

我们曾在前文指出：当我们拿到一个主题，开始准备演讲内容时，首先要思考的一个关键问题是：我的演讲受众是谁？因为受众不同将决定我们采用不同的演讲策略，设计不同的演讲内容，包括提出更有针对性的论点。试想，假如都是讲"汉字"相关话题，当我们的受众是小学生或是汉学家时，我们所讲的内容和方法势必会有所差异。

Konkret gesagt, sollten wir folgende Fragen beantworten:

- An wen richtet sich diese Rede?
- Wie viele Zuhörerinnen und Zuhörer gibt es?
- Wie alt sind sie?
- Welches Wissen oder welche Vorkenntnisse über das Thema haben sie bereits?
- Wo wird diese Rede gehalten?[1]

具体而言，我们需要回答的问题包括：

- 受众是谁？
- 有多少人？

❶李媛等编:《德语演讲教程》（"理解当代中国"德语系列教材），外语教学与研究出版社，2022，第16页。

- 多大年龄？
- 受众有哪些主题相关的背景知识？
- 演讲在哪里进行？

Text 1 der Lektion 1 des Lehrbuchs *Öffentliches Reden*: „Der Chinesischer Traum ist ein Traum des Volkes" stammt von einer Rede von Staatspräsident XI Jinping bei einem offiziellen Begrüßungsbankett in den USA im Jahr 2015. Die Zuhörerschaft bestand hauptsächlich aus Vertretern der amerikanischen Politik und Wirtschaft. Anstatt offizielle diplomatische Worte und Phrasen zu verwenden, erzählte Staatspräsident XI Jinping vom Chinesischen Traum, indem er seine eigenen persönlichen Erfahrungen in Liangjiahe schilderte und dem amerikanischen Publikum die rasante Entwicklung der chinesischen Gesellschaft und die großen Veränderungen im Lebensstandard der Menschen vor Augen führte. Dies hat uns ein hervorragendes Beispiel geliefert, wie man eine chinesische Geschichte gut erzählt.

《德语演讲教程》第一单元课文 1 "Der Chinesischer Traum ist ein Traum des Volkes"是习近平主席 2015 年访美时在一次正式欢迎宴会上发表的讲话，其受众主要是来自美国政界、商界的代表。习近平主席没有用官方外交辞令，而是通过分享自己在梁家河的亲身经历，将中国梦娓娓道来，向美国听众展现了中国社会的快速发展与人民生活水平的巨大变化，向我们示范了讲好中国故事的绝佳案例。

Handelt es sich dabei um denselben Redner: Staatspräsident XI Jinping und um das gleiche Thema über den „Chinesischen Traum", aber um eine andere Zielgruppe: junge chinesische Talente in verschiedenen Bereichen in China, dann verändern sich der Inhalt und die Strategie der Rede von Staatspräsident XI Jinping. Sehen wir uns die Rede in Text 3 der Lektion 1 des Lehrbuchs *Öffentliches Reden* an: „Der Chinesische Traum beflügelt die Träume der Jugend". In dieser Rede kommen viele Parallelismen vor:

同样是习近平主席的演讲，也同样是与"中国梦"相关的主题，但当受众变成中国各领域的青年人才时，习近平主席的演讲方式也发生了改变。让我们来看《德语演讲教程》第一单元课文 3《在实现中国梦的生动实践中放飞青春梦想》❶ 这篇演讲稿。在文章中出现大量排比句式：

❶ 李媛等编：《德语演讲教程》（"理解当代中国"德语系列教材），外语教学与研究出版社，2022，第 12-15 页。

„Der Chinesische Traum ist Teil der Geschichte, der Gegenwart sowie auch der Zukunft."

„Der Chinesische Traum ist der Traum eines Landes, unserer Nation und auch eines jeden Chinesen."

„Der Chinesische Traum ist unser Traum, aber noch mehr auch der Traum von euch, der jungen Generation."

"中国梦是历史的、现实的，也是未来的。"

"中国梦是国家的、民族的，也是每一个中国人的。"

"中国梦是我们的，更是你们青年一代的。"

Der begeisternde Redeinhalt und die steigenden Gefühlsäußerungen, damit werden die Ermutigung und die Hoffnung für die jüngere Generation ausgedrückt. Die Zuhörer der Rede werden begeistert sein und sich ermutigt fühlen.

内容鼓舞人心，情感层层递进，表达了对青年一代的鼓励和期许，读来令人心情激动，备受激励。

1-7 演讲策略（二）
换位思考，行走社会

# 7 Redestrategie 2: sich in die Lage der Anderen versetzen, an der gesellschaftlichen Praxis teilnehmen
## 演讲策略（二）换位思考，行走社会

Wenn wir öffentliche Reden auf Deutsch halten, haben wir es nicht immer mit Menschen zu tun, die China freundlich gesinnt sind. Viele Menschen sind von den westlichen Medien beeinflusst und haben viele Missverständnisse und Vorurteile gegenüber China. Von daher sollten wir bei der Entwerfung des Redeinhalts und der Auswahl der Redestrategie einseitige Informationsausgabe im Redestil vermeiden und uns mit den interkulturellen Konflikten und Missverständnissen auseinandersetzen. Wir sollten uns einer im deutschsprachigen Raum üblichen Erzählweisen und -gewohnheiten bedienen und uns in die Geisteshaltung der Menschen aus den deutschsprachigen Ländern versetzen, um eine bessere Wirkung des interkulturellen Verständnisses zu erzielen.

我们用德语演讲时，并非总是和对中国友好的人打交道，很多人受西方媒体影响而对中国有这样或那样的误解和偏见。因此，在演讲内容和演讲策略的设计中及在演讲风格上切忌单方面信息输出，要正视跨文化冲突和误解，从德语文化背景的叙事方式和人文理念来切入，以达到更好的跨文化理解效果。

Zum Beispiel legt das Publikum aus deutschsprachigen Ländern und Regionen aus historischen und kulturellen Gründen mehr Wert auf persönliche Entwicklung und persönliche Interessen. An nationaler Stärke liegt den Menschen dort jedoch nicht viel. Und ein Teil der Menschen dort hat möglicherweiser noch Skepsis gegenüber der rasanten Entwicklung von Chinas Wirtschaft, Wissenschaft und Technologie sowie militärischer Stärke. Zusätzlich zu dem oben genannten Vorschlag, das heutige Zeitalter und die Entwicklung des Landes mehr durch persönliche Erfahrungen darzustellen, können wir auch bewusst die Themen wählen, die Werte und Erzählweisen verwenden, die den deutschsprachigen Ländern und Regionen vertraut sind, nach dem Motto: Ähnlichkeiten ziehen sich an. Zum Beispiel:

　　例如，出于历史和文化的原因，德语文化区的受众更重视个人的发展、个人利益，而通常对国家强盛并不十分关注，部分公民可能对中国经济、科技、军事实力的飞速发展怀有疑虑。除了上文的建议，更多通过个人经历来体现时代和国家发展外，还可以有意识地选择德语文化区熟悉的主题，用他们熟悉的价值观和叙事方式来讲好中国故事。正如人们所说：同类相吸。例如：

- Kohlenstoffreduzierung – die Entwicklung der Solarenergie in China;
- Umweltschutz – Klare Flüsse und grüne Berge sind so wertvoll wie Berge aus Gold und Silber;
- Menschenrechte – umfassende Armutsbeseitigung;
- Nachhaltige Entwicklung – die Hilfe für die Länder der Dritten Welt mit der Technologie von Juncao und Hybridreisanbau...

　　减碳——中国太阳能的发展；

　　环保——绿水青山就是金山银山；

　　人权——全面脱贫；

　　可持续发展——菌草和杂交稻对第三世界国家的帮助……

In unseren öffentlichen Reden sollten wir schwer verständliche politische Terminologie möglichst vermeiden und den politischen Diskurs der Regierungschefs in unseren persönlichen Diskurs wechseln. Dazu müssen wir uns die betreffenden Kenntnisse der Geschichte und Kultur aneignen, unsere deutschen Sprachkenntnisse verbessern und in unserer eigenen Sprache über den eigenen Chinesischen Traum des Volkes erzählen. Nur so können wir als Botschafter des Volkes das interkulturelle Verständnis fördern.

在演讲用词上我们应尽量减少生僻拗口的政治专有词汇，要将领导人的政治话语转化为个人话语。为此我们要深入了解相关历史文化知识，提升德语能力，用自己的话讲述老百姓自己的中国梦，这样才能做好"民间大使"的工作。

Verlassen wir das Klassenzimmer, gehen wir hinaus in die Gesellschaft und lernen wir die Gesellschaft kennen. Das sich ständig verändernde China bietet unendlich viel Gesprächsstoff. Was wir brauchen, ist ein Paar Entdeckeraugen.

走出课堂，走向社会，了解社会。日新月异的中国为大家提供了无穷无尽的演讲素材，而我们要拥有的是一双懂得发现的眼睛。

2015 kam der junge Deutsche Jörg an die Zhejiang Universität, um China Studies im Masterprogramm zu studieren. Auf den Straßen von Hangzhou sah er Plakate über den Chinesischen Traum, aber er wusste weder, was der Chinesische Traum eigentlich ist, noch was dieser für das Volk bedeutet. Aus diesem Grund wählte er für seine Masterarbeit das Thema „Der Chinesische Traum des Volkes". So sah seine Forschungsmethode aus: Er fuhr mit dem Fahrrad von Mohe, Heilongjiang im Norden Chinas nach Sanya, Hainan im Süden Chinas und befragte Menschen unterschiedlichen Alters und unterschiedlicher Schichten nach ihrem Chinesischen Traum.

2015 年德国小伙岳哥来到浙江大学攻读中国学硕士。他在杭州街上看到中国梦的海报，但不清楚中国梦究竟是什么，也不知道它对中国普通群众意味着什么。为此，他把硕士论文题目选定为《老百姓的中国梦》❶，研究方法是从中国北边的黑龙江漠河骑自行车到南边的海南三亚，向不同年龄、不同阶层的人询问他们的中国梦。

❶浙大德国留学生毕业论文写"中国梦"骑行万里调研，2017 年 11 月 27 日，https://news.cctv.com/2017/11/28/ARTISlloYiHnXq5heqw1ALh8171128.shtml，访问日期：2024 年 10 月 27 日。

5 800 Kilometer, 12 Provinzen (Regionen, Städte), 100 Tage...

5800 公里，12 个省（区、市），100 天……

Jörg sagte: „Die über 5 000 km lange Reise hat mir ein reales und dreidimensionales China gezeigt. Das Streben der Chinesen nach einem glücklichen Leben hört nie auf. Jeder hat einen eigenen Traum."

岳哥说："5000多公里的跋涉，让我看到了一个真实、立体的中国，中国人追求幸福生活的脚步也从未停歇。每个人都有自己的梦想。"

„Im Nordpol-Dorf in der Stadt Mohe träumte eine Restaurantbesitzerin davon, den älteren Menschen zu helfen, ihr Leben zu verbessern und die jüngere Generation zu unterstützen. An einer Universität in Changchun träumte ein Student davon, seine persönlichen Ideale zu verwirklichen und einen Beitrag zur Gesellschaft zu leisten..."

"在漠河北极村，一位餐馆女老板的梦想是帮助老年人改善生活，减轻年轻一代的负担；在长春的一所大学，一位大学生的梦想是实现个人理想，为社会做贡献……"

Besonders in Erinnerung geblieben ist ihm die Begegnung mit einem über siebzig Jahre alten Mann aus dem ländlichen Henan. Er träumte davon, dass die Ernten seines Dorfes im ganzen Land verkauft würden, dass jede Familie ein eigenes Haus bauen würde und dass die jungen Leute, die zum Arbeiten hinausgegangen waren, eines Tages ihren Reichtum in ihren Heimatort zurückbringen würden.

最令他难忘的是一位年过七旬的河南农村老人。他的梦想是希望村里的庄稼能卖到全国，希望家家户户都盖起小楼，希望出外打工的年轻人有朝一日能把富足带回家乡。

Nach Jörgs Ansicht ist der Chinesische Traum in den Augen der meisten Menschen mit der Verbesserung des Lebensumfelds, dem Wohlstand und der Erstarkung des Landes, der sozialen Harmonie und den sozialen Reformen verbunden. Das Streben eines jeden Einzelnen nach Reichtum, Glück und Selbstwert ist auch eine Erkundung des Wiederauflebens des ganzen Landes und der ganzen Nation.

在岳哥看来，大多数普通老百姓眼中的中国梦与生活环境的改善、国家富强、社会和谐以及社会改革有关。个体对财富、幸福、自我价值的追求，也是对整个国家和民族复兴道路的探索。

Jörg sagte, der Chinesische Traum bildet den Rahmen für Chinas Entwicklung zur Modernisierung... Der wird auch in das Leben des Volkes integriert und das chinesische Volk verwirklicht dabei seine Träume.

岳哥说，中国梦构筑了中国向现代化发展的一个框架……中国梦融汇在普通中国人的生活中，中国百姓也在这个过程中实现自己的梦想。

Viele der Dinge und Ideen, die wir in China für selbstverständlich halten, sind für Jörg so anders und wertvoll, dass es sich für ihn lohnt, Geschichten über den Chinesischen Traum über soziale und traditionelle Medien weiter zu erzählen, auch seitdem er in Deutschland arbeitet.

很多我们在中国习以为常的事物和理念，在岳哥眼里是那样不同，那样珍贵。这些中国梦相关的故事值得他回到德国工作后，继续通过社交媒体和传统媒体讲述。

1-8 总结

# 8 Zusammenfassung
## 总结

In dieser Lektion geht es um den Chinesischen Traum verschiedener Menschen in verschiedenen Epochen der chinesischen Geschichte. Damit kann hoffentlich das Material für Ihre Reden über den „Chinesischen Traum" bereichert werden. Der Hauptzweck besteht jedoch darin, dass Sie durch die Beschäftigung mit der vorliegenden Lektion das Wesen des Chinesischen Traums tiefer und gründlicher verstehen können: der Wohlstand und die Erstarkung des Landes, der Aufschwung der Nation und das Wohlergehen des Volkes. So können Sie Ihre eigenen Erfahrungen oder die von anderen Menschen in Ihrer Umgebung nutzen, um eine Rede über den Chinesischen Traum zu halten, anstatt in der Rede nur politische Begriffe und propagandistische Phrasen zu verwenden.

本单元呈现了中国历史上不同时期、不同人物的中国梦，这也许能丰富同学们"中国梦"演讲的素材，但更主要的目的是让大家更深入透彻地理解中国梦的本质：国家富强、民族振兴、人民幸福，从而可能用自己或身边人的经历来讲好中国梦，而不是堆砌一些政治术语和宣传词汇。

Durch die vergleichende Gegenüberstellung des Chinesischen und des europäischen Traums sowie die Erläuterung zur Zielgruppenanalyse im Teil der Redestrategie ist Ihnen vermittelt worden, wie wichtig interkulturelle

Kompetenz ist. Nur durch einen geschickten Wechsel der kulturellen Perspektive und die Anwendung geeigneter interkultureller Kommunikationsstrategien können wir unsere Reden doppelt so effektiv halten und unsere chinesischen Geschichten gut erzählen.

　　本单元通过中国梦和欧洲梦的对比、演讲策略中对受众分析的阐释，告诉大家跨文化能力的重要性。只有善于转换文化视角，采取合适的跨文化沟通策略，才能让演讲事半功倍，讲好中国故事。

Schließlich ist anhand der Geschichte von Jörg, einem jungen Deutschen auf der Suche nach dem Chinesischen Traum, noch einmal die Bedeutung von der Feldforschung und der interkulturellen Perspektive hervorgehoben worden. Das kann Ihnen nicht nur helfen, eine gelungene Rede zu halten, sondern auch Ihrem weiteren Studium und Ihrer zukünftigen Berufstätigkeit großen Nutzen bringen.

　　通过德国青年岳哥寻觅中国梦的故事，再次强调了田野调查和跨文化视角的重要性。这不仅能帮助同学们完成一次成功的演讲，更能让大家在今后的学习和工作中受益无穷。

Wir hoffen, dass Sie durch die Beschäftigung mit dieser Lektion bei der Vorbereitung der Reden zum „Chinesischen Traum" Ihren Horizont erweitern können. Wir freuen uns darauf, Ihre Geschichten über den Chinesischen Traum zu hören!

　　希望大家通过本单元的学习拓展"中国梦"演讲的思路，我们期待听到同学们讲述的中国梦故事！

## 9　Meine Rede
## 　演讲实践

Sie werden bald eine Rede an einem Jugendgipfel halten. Die jungen Teilnehmerinnen und Teilnehmer, die aus China und den deutschsprachigen Ländern kommen, diskutieren über ihre persönlichen Träume und aktuelle gesellschaftliche Themen. Bitte bereiten Sie eine fünfminütige Rede zum Thema „Mein Traum, Chinesischer Traum" vor.[1]

　　您将在青年峰会上发表主题演讲，来自中国和德语国家的青年人将讨论个人梦想和当前社会的发展。请以"我的梦，中国梦"为主题准备五分钟的演讲。

❶ 李媛等编：《德语演讲教程》（"理解当代中国"德语系列教材），外语教学与研究出版社，2022，第17页。

# 10 Reflexionsaufgaben
## 课后思考

（1）什么是中国梦？中国梦的内涵是什么？

（2）如何从文化传承角度理解中国梦？

（3）中国梦只和中国有关吗？

（4）如何区别中国梦和欧洲梦？

（5）换位思考是演讲中常用的策略之一，哪些做法体现了换位思考？

## 第四讲 圆桌点评

—○ **演讲学生**：刘亦竣（浙江大学）、高昕（浙江大学）
—○ **点评教师**：练斐（浙江大学）、李媛（浙江大学）

1-9 学生演讲实例

1-10 演讲点评

**练　斐**：非常感谢两位同学精彩的演讲！下面我们来做一个回顾总结，看一看大家刚才的表现。首先请大家做一个自评。刘同学，你对刚才自己的表现满意吗？

**刘亦竣**：我觉得本次演讲中我还是有一些不足的，其中最突出的地方在于讲到重点词汇和疑难词汇时，我没有放慢节奏和突出语音，这可能会让听众难以跟上我的节奏，难以理解一些比较抽象的词汇。如果我能改进这点的话，可能会有很大的进步。

**练　斐**：那你觉得自己有什么做得好的地方吗？

**刘亦竣**：在准备本次演讲的过程中，我接触到了很多实例，像我自己的祖母和岳哥这样鲜活的生活例子，让我更加明白了个人梦想与中国梦之间的紧密联结，也体会到了在我们生活的方方面面——如学习和生活中——中国梦的引领作用。这能让我更好地理解中国梦这个看似抽象的词汇。

**练　斐**：刚才的演讲过程中，高昕同学也在现场。让我们来听听高昕同学是怎么评价你的演讲的。

**高　昕**：我觉得刘同学的演讲从祖母和岳哥两个视角出发，从不同国家的人的视角去看中国梦的变化，这是非常值得我学习的一点。如果在段落之间他可以有更多情感起伏的话，可能会让这个演讲更加完美一些。

**练　斐**：我们今天还邀请到了浙江大学的李媛教授，请李老师来做一下点评。

**李　媛**：谢谢刘同学刚才精彩的演讲，我觉得气势十足、信心满满，让我印象特别深刻。尤其是你讲到的两个故事：一个是你祖母的故事，一个是咱们浙江大学的德国留学生的故事。这两个故事都发生在我们身边，都是小人物的故事，但是它们都跟中国梦有紧密的联系，可以说是以小见大。尤其是你祖母的故事让我非常感动，因为从一个小人物的命运折射出时代的大变化，小切入引出大格局，非常值得学习。亦竣，你刚才讲的这两个故事本身都很精彩，但是故事之间似乎缺少衔接。如果我们能采取一些方式，使用一些过渡的句式和段落把两个故事串联在一起，相信会更加吸引听众，达到更好的效果。

练　斐：我非常同意李老师的观点。首先，刘同学刚才的整体表现气场十足，状态非常好，而且你选取的两个例子非常生动，外国听众能够很好地理解。另外，有一点你做得特别好：在结尾的时候邀请各国的青年到中国来走走看看。我觉得这是一个非常好的互动技巧，也推荐给各位同学。

　　　　但是在内容方面我有个小建议：我们的主题设定是"我的梦，中国梦"，但是演讲中你似乎把重点放在了后面部分，即中国梦上，没有提及你自己的梦想是什么。在座的听众可能会好奇，作为中国青年，你的梦想是什么呢？如果能加入这方面的内容，就会更加切题，效果也会更好。

　　　　这方面我觉得高昕同学做得特别好，她把个人梦想和中国梦结合得非常好。下面我们来听一听高昕同学对自己演讲的评价。

高　昕：在准备演讲的过程中，我觉得我对中国梦的理解越来越深入了，从抽象的概念到具体的事例；我也越来越关注身边的变化，比如家乡的发展、铁路的建设，这是我在整个过程中收获最大的地方，也是我想传达给听众的概念。但是，如果真的要在青年峰会上做这样的演讲的话，我可能需要向刘同学学习，加入更多国际化的例子，便于听众理解。

练　斐：刘同学，那你怎么评价高昕同学的演讲呢？

刘亦竣：我觉得高同学的演讲有很多值得我学习的点，比如她从家乡温州的变化入手，尤其是提到了高铁这个贴近生活的出行方式，能够让外国友人和听众更好地结合生活中的实例去理解中国梦这个抽象的概念。当然高昕的演讲也有一些美中不足的地方。我认为，如果在情感上有更多的起伏变化，语音语调能有更多的高低起伏，可能会更加完美。

练　斐：没错。高同学的演讲把我的梦与中国梦契合得很好。演讲以自己小时候的经历为开篇，结合了我们课上所学，比如习近平主席的梦想、袁隆平先生的两个梦，也谈到了家乡的变化，这些内容都非常生动具体。我特别喜欢的是，你在开场的时候就抛出了一个问题，问各国青年是不是都曾在小时候写下过自己的梦想。这种设问方式是很好的开篇选择，它能够很快地吸引听众的注意力。

但在语言组织方面，我有个小的建议，就是需要加强受众意识。你在演讲中提到了袁隆平先生，这个名字对中国人来说是再熟悉不过的了，但是外国听众未必认识袁隆平先生。因此在演讲的时候你需要介绍袁隆平是一位中国的农业学家，这样会更利于听众理解你所给出的这个事例。

**李　媛**：确实是这样。我们这个单元的演讲策略有两个，还记得是什么吗？

**高　昕**：是受众分析和……

**刘亦竣**：行走社会。

**李　媛**：是的，第一个是受众分析，第二个是换位思考、行走社会，就是我们到社会、到田野中去寻找我们的演讲素材。这两点要引起我们的高度重视。我们再回到高昕的演讲，我对她的演讲也印象极其深刻。尤其刚才听到高昕在自我评价时讲到，准备演讲的过程其实是自己成长的过程，对中国梦的理解越来越深刻了，对中国梦的内涵越来越了解了。这就是我们这个课程非常重要的目标，我很欣喜地看到这一点。

在演讲中，她列举了家乡的变化，其中包含两个事例：从杭州到温州的车程大幅缩短，从一天减少为 4 个小时；温州人的流向，很多年前温州人纷纷到国外去打拼，现在又纷纷回国，因为在中国有着更多的发展机遇。我觉得这样的前后对照和强烈对比，形成了很强的冲击力。尤其是高昕在讲两个故事之前都用了很好的一个句式：

Vor 50 Jahren... (die erste Geschichte)

und vor 50 Jahren... (die zweite Geschichte)

这又形成了一个前后的呼应和对比，甚至有一些排比的意味在里面，特别值得我们学习。

如果要进一步提高，可从以下角度来思考：这些故事都很生动，也都非常契合我们的演讲主题，但是这两个故事，也就是家乡的这种变化，跟中国梦核心的联系是什么？我们是否能够换位思考，帮助听众去提炼一下？让立意更加高远，让听众能够更快地代入，也许这样能达成更好的演讲效果，你认为呢？

练　斐：没错。另外我也想再问问两位同学，你们对我们的课程内容有什么期待？有什么你们特别想要学习的东西吗？

高　昕：我是在准备演讲的时候想好了思路，想好了故事，但是我却不知道怎么用德语的句式去表达，所以我觉得如果有这方面的帮助的话，我会准备得更加顺利一些。

刘亦竣：我也是在听了高同学的演讲和两位老师的点评之后才意识到，我们很多人在学习德语过程中对于发音、重音和一些节奏、韵律并没有很好地掌握，甚至在初学德语时养成了一些坏习惯。在这次演讲之后，我也很好奇如何在后续学习中改掉这些坏习惯呢？

李　媛：通过德语演讲课，我们希望同学们的语言和思想水平共同进步。大家刚才都在演讲中充分体现了自己的思想，语言上的一些不足之处两位同学也都提到了。我也留心到亦竣多次提到自己在一些核心词汇上没有用重音特别强调，以及中国学生在元音的长短上容易出错。不要紧，语音学习其实伴随我们德语学习的全过程，我们也会在演讲这门课里提供大量的语音练习材料来帮助解决在语音、语调、句重音、词重音还有旋律等方面可能存在的问题。

练　斐：还有刚刚高昕同学提到的句式问题，我也听很多同学说起。初学德语演讲，同学们非常希望能有一些常用的句式来帮助组织演讲稿。在这里我们也总结了一些常用于开篇的句式供大家参考（见表 1-1）。

表 1-1  Redemittel für die Rede

| Ziel | Redemittel |
|---|---|
| Begrüßung | • Sehr geehrte / Meine Damen und Herren,... <br> • Liebe Teilnehmerinnen und Teilnehmer,... <br> • Liebe Kommilitoninnen und Kommilitonen,... <br> • Liebe Freunde / Liebe Gäste, ··· <br> • ... ich freue mich über die Einladung, vor Ihnen zu sprechen. <br> • ... ich danke Ihnen für die Einladung und die Möglichkeit, zum Thema... sprechen zu können. |
| Nennen des Themas | • Mein heutiges Thema ist... <br> • Das Thema meiner Rede lautet:... <br> • In meiner Rede geht es um... <br> • In meiner heutigen Rede möchte ich über... sprechen. <br> • Ich möchte (Ihnen) heute / nun über... berichten. <br> • Ich möchte mit Ihnen gemeinsam versuchen herauszufinden / festzustellen, was / warum... |

再次感谢李老师和两位同学参加今天的讨论，谢谢大家！

# Lektion 2
## Reform und Öffnung

第二
单元

改革开放

改革开放

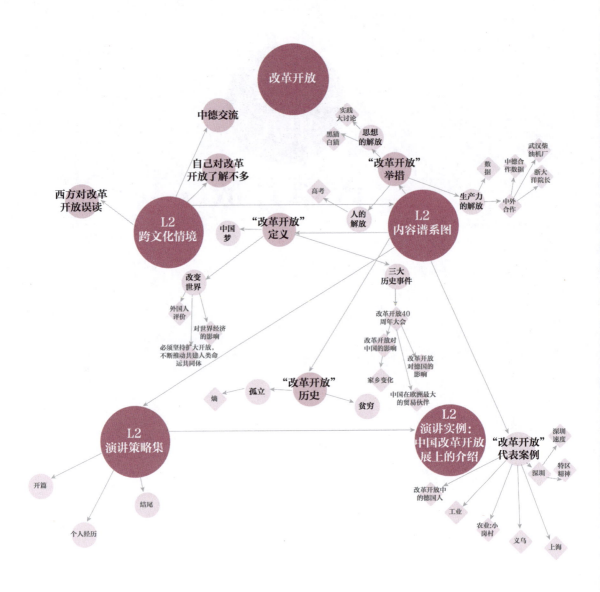

改革开放

中德交流

自己对改革
开放了解不多

西方对改革
开放误读

L2
跨文化情境

实践
大讨论

黑猫
白猫

思想
的解放

"改革开放"
举措

数据

中德合
作数据

武汉柴
油机厂

浙大
洋院长

中外
合作

生产力
的解放

高考

人的
解放

"改革开放"
定义

中国
梦

L2
内容谱系图

改变
世界

外国人
评价

对世界经济
的影响

三大
历史事件

必须坚持扩大开放,
不断推动共建人类命
运共同体

熵

孤立

"改革开放"
历史

贫穷

改革开放40
周年大会

改革开放对
中国的影响

家乡变化

改革开放
对德国的
影响

中国在欧洲最大
的贸易伙伴

L2
演讲实例:
中国改革开放
展上的介绍

"改革开放"
代表案例

深圳
速度

特区
精神

L2
演讲策略集

开篇

结尾

个人经历

改革开放中
的德国人

工业

农业:小
岗村

深圳

义乌

上海

## 第一讲 源起和破冰——梅花香自苦寒来

2-0 引言

Auf der Feier zum 40-jährigen Jubiläum der Einführung der Reform- und Öffnungspolitik im Jahr 2018 wies Generalsekretär XI Jinping darauf hin: „Die Reform und Öffnung bilden ein großes Erwachen unserer Partei, [...] Die Reform und Öffnung bilden eine große Revolution in der Geschichte der Entwicklung des chinesischen Volkes und der chinesischen Nation. Die Gründung der Kommunistischen Partei Chinas, die Gründung der Volksrepublik China sowie die Förderung der Reform und Öffnung und des Sozialismus chinesischer Prägung sind die drei wichtigsten historischen Ereignisse seit der Bewegung des 4. Mai und die drei wichtigsten Meilensteine bei der Verwirklichung des Wiederauflebens der chinesischen Nation seit den letzten Jahrhunderten."

在 2018 年 12 月 18 日庆祝改革开放 40 周年大会上，习近平总书记指出：“改革开放是我们党的一次伟大觉醒，……改革开放是中国人民和中华民族发展史上一次伟大革命……建立中国共产党、成立中华人民共和国、推进改革开放和中国特色社会主义事业，是五四运动以来我国发生的三大历史性事件，是近代以来实现中华民族伟大复兴的三大里程碑。”❶

❶ 习近平：在庆祝改革开放 40 周年大会上的讲话，2018 年 12 月 18 日，http://www.xinhuanet.com/politics/leaders/2018-12/18/c_1123872025.htm，访问日期：2024 年 1 月 27 日。

Würden sich unsere deutschen Freunde dafür interessieren?

我们的德国朋友会对此感兴趣吗？

Die Reform und Öffnung haben nicht nur China an sich verändert, sondern auch Deutschland viele positive Auswirkungen gebracht: 1984 gründete Volkswagen das erste chinesisch-ausländische Automobil-Joint-Venture in Shanghai. Deutsche Produkte, von Autos bis Bier, wurden seitdem in China populär und beliebt. Die Reform- und Öffnungspolitik hat China die Einfuhr von modernen Technologien, Kapitalanlagen und Managementsystemen aus Deutschland ermöglicht und gleichzeitig auch der wirtschaftlichen Entwicklung Deutschlands völlig neue Chancen angeboten.

改革开放不仅改变了中国，也为德国带来了很多益处：1984年大众汽车在上海建立中国首家中外合资汽车企业，从汽车到啤酒，德国产品开始风靡中国；改革开放政策使中国从德国引进了先进的技术、投资和管理模式，也为德国的经济发展提供了全新的机遇。

Seit 2012 ist Deutschland Chinas größter Handelspartner in Europa. Das gesamte Im-und Exportvolumen zwischen beiden Ländern hat von 2009 bis 2021 stetig zugenommen (siehe Abbildung 2-1) Laut Statistischem Bundesamt bildete China 2022 Deutschlands größte Importquelle. Der Wert der importierten Waren erreichte 191 Milliarden Euro, was einem Anstieg von 20,8% gegenüber dem Vorjahr entsprach. Gleichzeitig stellte China mit einem Exportwert von 107 Milliarden Euro den zweitgrößten Exporteur für Deutschland dar. Das gesamte Im- und Exportvolumen betrug 298 Milliarden Euro. Damit war China seit sieben Jahren in Folge der wichtigste Handelspartner Deutschlands.

自2012年起，德国就是中国在欧洲最大的贸易伙伴。2009—2021年，中德贸易进出口总额持续增长（见图2-1）据德国联邦统计局数据，2022年中国是德国最大进口来源国，进口货物额达1910亿欧元，同比增长20.8%。同时，中国也是德国第二大出口国，出口货物额达1070亿欧元。进出口总额合计2980亿欧元，中国连续第七年成为德国最重要的贸易伙伴。❶

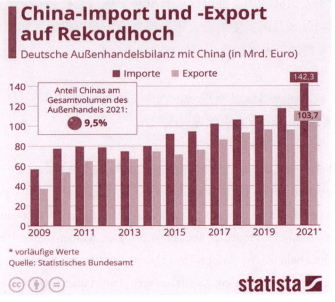

图 2-1　2009—2021 年中德贸易额（来源：联邦德国统计局）❷

❶ 驻德意志联邦共和国大使馆经济商务处：2022年中德贸易再创新高，2023年2月11日，http://de.mofcom.gov.cn/article/ywzx/202302/20230203384359.shtml，访问日期：2024年1月27日。

❷ Bocksch, René: China-Import und -Export auf Rekordhoch. Statista, 2022年10月27日，http://hamburg.mofcom.gov.cn/jmxw/art/2022/art_4533a401954d41bba0e87d04f14fd681.html，访问日期：2025年1月31日。

Deutschland ist das EU-Land mit den meisten Investitionmitteln und -projekten in China: mehr als 5 000 Unternehmen, fast 12 000 Investitionsprojekte und ein Gesamtinvestitionsvolumen von mehr als 40 Mrd. USD. Von 2019 bis 2022 machten die deutschen Investitionen in China 43% der gesamten europäischen Investitionen in China aus, 2021 sogar 46%.

德国是对华投资金额和项目最多的欧盟国家。超过 5000 家德国企业在华发展，投资项目近 1.2 万个，投资总额超过 400 亿美元。❶ 2019—2022 年德国在华投资额占欧洲在华总投资额的 43%，2021 年甚至高达 46%。❷

Zugleich ist China eines der wichtigsten Herkunftsländer für Investitionen in Deutschland. Nach Angaben des chinesischen Handelsministeriums belief sich das Gesamtvolumen der chinesischen Direktinvestitionen in Deutschland im Jahr 2022 auf 1,98 Mrd. USD, und bis Ende 2022 lag der Bestand an chinesischen Direktinvestitionen in Deutschland bei 18,55 Mrd. USD (siehe Tabelle 2-1).

同时中国也是对德投资重要的来源国之一。据中国商务部统计，2022 年中国对德国直接投资流量 19.8 亿美元。截至 2022 年底，中国对德国直接投资存量 185.5 亿美元（见表 2-1）。❸

表 2-1　2017—2022 年中国对德国直接投资情况（单位：万美元）❹

| 年份 | 2017 年 | 2018 年 | 2019 年 | 2020 年 | 2021 年 | 2022 年 |
|------|---------|---------|---------|---------|---------|---------|
| 年度流量 | 271 585 | 146 799 | 145 901 | 137 560 | 271 113 | 198 000 |
| 年末存量 | 1 216 320 | 1 368 861 | 1 423 399 | 1 454 958 | 1 669 749 | 1 85 5000 |

Nach Angaben von GTAI waren die Länder mit dem höchsten Anteil an Investitionen im Zeitraum 2015-2022, geordnet nach der Anzahl der Investitionsprojekte, die USA (19%), die Schweiz (11%), UK (9%) und China (7%).

按德国联邦外贸与投资署（GTAI）的统计，以在德投资项目数量排名，2015—2022 年占比最高的国家分别是美国（19%）、瑞士（11%）、英国（9%）和中国（7%）。❺

Die deutschen Freunde mit der Reform- und Öffnungspolitik vertraut zu machen, ist daher nicht nur bei der interkulturellen Kommunikation behilflich, sondern auch für die zukünftige chinesische-deutsche Zusammenarbeit von

❶《对外投资合作国别（地区）指南 德国》（2022 年版），2023 年 3 月，http://www.mofcom.gov.cn/dl/gbdqzn/upload/deguo.pdf，访问日期：2024 年 1 月 27 日。

❷ 德国对华投资占欧洲对华投资总额的近一半，2022 年 9 月 19 日，http://hamburg.mofcom.gov.cn/article/jmxw/202209/20220903349286.shtml，访问日期：2024 年 1 月 27 日。

❸ Bocksch, René: China-Import und -Export auf Rekordhoch. Statista, 2022 年 10 月 27 日，http://hamburg.mofcom.gov.cn/jmxw/art/2022/art_4533a401954d41bba0e87d04f14fd681.html，访问日期：2024 年 1 月 27 日。

❹ 中华人民共和国商务部，国家统计局，国家外汇管理局：《2022 年度中国对外直接投资统计公报》，中国商务出版社，2023。

❺ Germany counts among the world's leading foreign direct investment (FDI) destination countries. Germany Trade & Invest (GTAI). https://www.gtai.de/en/invest/business-location-germany/fdi/fdi-projects-stocks-770668，访问日期：2024 年 1 月 27 日。

großer Bedeutung.

因此，让德国的朋友们了解改革开放，不仅有助于跨文化沟通，而且对未来中德合作也有重大的意义。

# 1 Vor der Reform und Öffnung – die isolierte Insel hinter dem „Bambusvorhang"
## 改革开放前——"竹幕"后的孤岛

2-1 "竹幕"后的孤岛

Was trieb China zur Reform und Öffnung an? Das erste, woran wir denken, ist Armut und Rückständigkeit.

中国为什么要改革开放？我们首先想到的是贫穷落后。

1978 belief sich das BIP Chinas auf 147,3 Milliarden USD, was nur 1,8 Prozent des weltweiten BIP entsprach. 1978 betrug Chinas Bruttonationaleinkommen pro Kopf (BNE pro Kopf) etwa 190 USD, was nur 10,3% des Weltdurchschnitts entsprach, und China belegte in der von der Weltbank veröffentlichten BNE-Rangliste Platz 175 (von insgesamt 188 Volkswirtschaften). Nach dem aktuellen Armutsstandard gab es im selben Jahr 770 Millionen arme Menschen im Land, und die Armutsquote auf dem Land lag bei 97,5%.

1978 年我国国内生产总值（GDP）为 1473 亿美元，占世界 GDP 比重仅为 1.8%。[1] 1978 年，我国人均国民总收入（GNI）约 190 美元，仅相当于世界平均水平的 10.3%，在世界银行公布的 GNI 排名中，当年中国排名第 175 位（共计 188 个经济体）。[2] 按照现行贫困标准，同年全国贫困人口有 7.7 亿，农村贫困发生率高达 97.5%。

Damals war China eine „isolierte Insel", isoliert vom politischen und wirtschaftlichen System der Welt. 1978 machte der Anteil des chinesischen Import- und Exporthandels am internationalen Handelsmarkt mit 21,1 Milliarden USD nur 0,8% aus. Die ausländischen Direktinvestitionen (FDI) betrugen im gesamten Jahr nur 80 000 USD. Es gab 51 Häfen, die für die Außenwelt geöffnet waren. 5,66 Millionen Ein- und Ausreisen wurden im ganzen Jahr verzeichnet, dies entsprach lediglich der Zahl innerhalb von 6 Tagen im Jahr 2023. Es gab 12 internationale Fluglinien im Jahr 1978. Das internationale

❶ 改革开放 30 年报告之十六：国际地位和国际影响发生了根本性的历史转变，2008 年 11 月 17 日，https://www.stats.gov.cn/zt_18555/ztfx/jnggkf30n/202303/t20230301_1920475.html，访问日期：2024 年 1 月 27 日。

❷ 国际地位显著提高 国际影响力明显增强——改革开放 40 年经济社会发展成就系列报告之十九，2018 年 9 月 17 日，https://www.stats.gov.cn/zt_18555/ztfx/ggkf40n/202302/t20230209_1902599.html，访问日期：2024 年 1 月 27 日。

Passagierverkehrsaufkommen bezifferte sich auf nur 110 000 Menschen. Ende 2017 gab es in China 31 Fluggesellschaften, die 810 internationale Routen bedienten, mit einem jährlichen internationalen Passagierverkehrsaufkommen von 55,44 Millionen Menschen...

当年中国是游离于世界政治经济体系之外的"孤岛"。1978年进出口贸易总额为211亿美元，占国际市场份额的0.8%；全年外国直接投资仅为8万美元；对外开放口岸51个，全年出入境人员566万人次，❶约等于2023年6天内的总数量；❷1978年中国民航有国际航线12条，国际旅客运输量仅11万人；截至2017年底，我国共有31家航空公司经营810条国际航线，年国际旅客运输量达5544万人次……❸

Damals repräsentierte China ein mysteriöses Reich im Osten, das hinter dem „Bambusvorhang" verborgen war: verschlossen, rückständig und geheimnisvoll.

当年的中国是隐藏在"竹幕"之后的神秘东方国度：封闭、落后、神秘。

1949 gründeten 17 westliche Länder unter der Führung der USA das CoCom (Coordinating Committee for Export to Communist Countries), um den Export von Gütern und Technologien in sozialistische Länder einzuschränken, unter denen die Blockade gegen China die strengste war. Die Embargoliste gegen China umfasste über 500 Artikel mehr als die für die Sowjetunion und osteuropäische Länder. Alle Kanäle der externen Kommunikation Chinas wurden abgeschnitten und der Raum für die Entwicklung Chinas wurde blockiert.

1949年，以美国为首的17个西方国家成立巴黎统筹委员会，限制对社会主义国家输出物资和技术，其中对中国的封锁是最严苛的，禁运清单包括的项目比对苏联和东欧国家的还要多500余种。中国对外交流的一切渠道被切断，中国发展被卡住。

Nach dem zweiten Hauptsatz der Thermodynamik nimmt die Entropie eines isolierten Systems ohne Kommunikation mit der Außenwelt weiter zu, was zu einem Zustand des Chaos und der Unordnung führt. Der Sinn des Lebens liegt darin, die Abriegelung von der Außenwelt zu brechen und äußere Materie und Energie einzuführen, um so die Fähigkeit zu haben, die Entropie zu reduzieren.

❶ 口岸经济释放活力，2019年10月31日，https://www.gov.cn/xinwen/2019-10/31/content_5446945.htm，访问日期：2025年2月10日。

❷ 参考国家移民管理局数据自行计算：2023年上半年移民管理工作主要数据新闻发布会，2023年7月19日，https://www.nia.gov.cn/n741435/n1194535/n1589487/index.html，访问日期：2024年1月27日。

❸ 民航运输发展机场建设，2018年11月23日，http://www.caac.gov.cn/ZTZL/RDZT/MHGGKF/ZTXWFBH/201811/t20181123_193107.html，访问日期：2024年1月27日。

Das Gleiche gilt auch für Länder: Wenn ein Land für längere Zeit von der Welt isoliert ist, wird es schwierig, sich zu entwickeln.

根据热力学第二原理，与外界没有交流的孤立系统的熵将持续增加，走向混沌无序状态。生命的意义就在于打破外界封闭，引入外界物质和能量，从而具有熵减的能力。国家也是如此，当一个国家长期与世界隔绝，将很难得到发展。

China musste sich weiterentwickeln. Vorsitzender MAO Zedong sagte 1956: „Früher haben die anderen mit Recht auf uns herabgeschaut, weil wir keinen Beitrag geleistet haben, [...] Nun ist es eine Verantwortung für uns. Wir haben eine sehr große Bevölkerung und ein großes Land mit reichen Naturressourcen. Und wir bauen Sozialismus auf und dies soll Vorteile haben. Wenn wir 50 oder 60 Jahre daran arbeiten und die USA immer noch nicht übertreffen können, gehört es sich nicht. Da hätten wir kein Recht, weiter auf der Erde zu leben! [...] Könnten wir es nicht schaffen, so würde die chinesische Nation keinen Respekt von allen Völkern in der Welt verdienen und eben auch keinen großen Beitrag für die Menschheit leisten."

中国必须发展。1956年毛泽东主席说："过去人家看不起我们是有理由的。因为你没有什么贡献，……这是一种责任。你有那么多人，你有那么一块大地方，资源那么丰富，又听说搞了社会主义，据说是有优越性，结果你搞了五六十年还不能超过美国，你像个什么样子呢？那就要从地球上开除你的球籍！……如果不是这样，那我们中华民族就对不起全世界各民族，我们对人类的贡献就不大。" ❶

❶ 毛泽东：《毛泽东文集（第7卷）》，人民出版社，1999，第88-89页。

Mit der Instandsetzung der Rechte der Volksrepublik China in den UN, dem Besuch von dem US-Präsidenten Nixon in China, der Eskalation des Kalten Krieges zwischen den USA und der Sowjetunion und der Regierungsübernahme einer neuen Führungsgeneration um DENG Xiaoping wurden günstige Voraussetzungen für die Durchführung der Reform und Öffnung geschaffen. Dies eröffnete ein neues Kapitel in der Entwicklung Chinas.

随着中国恢复联合国合法席位、美国总统尼克松访华、美苏冷战升级、以邓小平为核心的新一代领导人执政，改革开放水到渠成，开启了中国发展的全新篇章。

# 2 Reform und Öffnung – die Befreiung des Denkens
## 改革开放——思想的解放

2-2 思想的解放

Denken Sie darüber nach: Wie können Sie Ihren deutschen Freunden das Wesen von mehr als 40 Jahren Reform und Öffnung in einem Satz erklären? Ist es der Fortschritt der Technologie? Ist es eine Verbesserung des Lebensstandards? Oder ist es die Erstarkung des Landes? Einer der Kernpunkte der Reform und Öffnung ist nämlich die Befreiung des Denkens.

　　大家想一想，如何用一句话向德国朋友说明 40 多年改革开放的实质？是科技的进步？是生活水平的提高？还是国力的增强？改革开放的实质之一是思想的解放。

Sie müssten den Text „Die Praxis ist der einzige Maßstab zur Überprüfung der Wahrheit" in der Oberschule gelernt haben, oder? Dieser Artikel wurde am 11. Mai 1978 in *Guangming Daily* veröffentlicht. Warum ist er so wichtig, dass er in das Lehrbuch des Chinesischunterrichts aufgenommen worden ist? Was steckt dahinter?

　　在高中时大家应该都学习过《实践是检验真理的唯一标准》这篇课文吧？该文刊载于 1978 年 5 月 11 日的《光明日报》。它为何如此重要，以至于被语文课本收录？它的背后有着怎样的历史故事呢？

Dieser Artikel löste in jenem Jahr eine Diskussion über den Maßstab zur Überprüfung der Wahrheit aus und bildete den Auftakt zur Befreiung des Denkens und damit zur Reform und Öffnung „Die Praxis ist der einzige Maßstab zur Überprüfung der Wahrheit", was heute selbstverständlich erscheint, war 1978 ein Tabu. Die Diskussion über den Maßstab zur Überprüfung der Wahrheit machte die Menschen klar, zur Entwicklung und zu dem Wohlstand sowie der Erstarkung eines Landes muss man praktische Probleme lösen, anstatt strikt Dogmen zu folgen.

　　这篇文章当年引发了对真理标准问题的讨论，拉开了思想解放和改革开放的序幕。"实践是检验真理的唯一标准"这个今天看来显而易见、不证自明的公理，在 1978 年却是一个不可碰触的观点。对真理标准的讨论让人们开始认识到国家的发展和富强需要做实事，而不是僵化地遵循教条。

Am 13. Dezember 1978 sagte DENG Xiaoping: „Befreit das Denken, strengt das Gehirn an, sucht die Wahrheit in den Tatsachen und blickt in Verbundenheit nach vorne. Zuallererst muss das Denken befreit werden. Nur wenn das Denken befreit ist, können wir unter der Anleitung von Marxismus-Leninismus und MAO-Zedong-Ideen die verbliebenen und eine Reihe neuer Probleme korrekt lösen." „Das Denken befreien und in den Tatsachen nach der Wahrheit suchen" ist schließlich zu einer unverwechselbaren ideologischen Prägung geworden, die sich durch den gesamten Reform- und Öffnungsprozess Chinas zieht.

1978 年 12 月 13 日邓小平说："解放思想，开动脑筋，实事求是，团结一致向前看，首先是解放思想。只有思想解放了，我们才能正确地以马列主义、毛泽东思想为指导，解决过去遗留的问题，解决新出现的一系列问题。" ❶ "解放思想，实事求是"也最终成为一个鲜明的思想印记，贯穿中国改革开放的整个进程。

DENG Xiaopings Worte: „Es spielt keine Rolle, ob eine Katze schwarz oder weiß ist, solange sie Mäuse fangen kann, ist sie eine gute Katze" sind ein anschaulicher Ausdruck von dem Satz „Praxis ist der einzige Maßstab zur Überprüfung der Wahrheit." Die Bedeutung dieses Satzes ist: Ob die Planung oder der Markt, beide sind Mittel zur Ressourcenallokation. Solange sie die Wegrichtung des Sozialismus nicht ändern, solange sie die Produktivkraft entwickeln können, dürfen sie beide in der Praxis eingesetzt werden.

邓小平的话 "不管白猫黑猫，会捉老鼠就是好猫" ❷ 是 "实践是检验真理的唯一标准" 的形象表达。这句话的意思是：无论计划还是市场，都是资源配置手段。只要不影响社会主义道路的方向，只要能够发展生产力，都可以在实践中使用。

1986 wurde DENG Xiaoping vom amerikanischen Magazin *Time* erneut zur Person des Jahres gekürt. Der Satz „weiße Katze, schwarze Katze" wurde im Magazin *Time* veröffentlicht und wurde zu einem geflügelten Wort, das man auf der ganzen Welt kennt. Im Jahr 2001 wurde dieser Satz auf dem APEC-Gipfel von dem malaysischen Premierminister Mahathir als Eröffnungssatz seiner Rede zitiert.

1986 年，邓小平再次成为美国《时代》周刊年度风云人物。"白猫黑猫" 这句话被摘登在《时代》周刊上，成为世界人民知晓的名言。2001 年，APEC首脑峰会上，这句话成为马来西亚总理马哈蒂尔的开场白。

❶ 邓小平：解放思想，实事求是，团结一致向前看（邓小平 1978 年 12 月 13 日在中央工作会议闭幕会议上的讲话），载《邓小平文选（第二卷）》，人民出版社，1994，第 140 页。

❷ 邓小平：不管白猫黑猫，会捉老鼠就是好猫，2013 年 8 月 19 日，http://cpc.people.com.cn/n/2013/0819/ c69710-22616439.html，访问日期：2024 年 7 月 30 日。

# 3 Reform und Öffnung – Schicksalswende Hochschulaufnahmeprüfung
## 改革开放——改变命运的高考

2-3 改变命运的高考

Entgegen dem Eindruck vieler Menschen begann die Reform- und Öffnungspolitik nicht im wirtschaftlichen und politischen Bereich. Der erste Schritt, das Eis zu brechen, erfolgte im Bildungsbereich – die Wiedereinführung der Gaokao (Hochschulaufnahmeprüfung) im Jahr 1977.

与很多人印象不同，改革开放政策并非开始于经济、政治领域，突破坚冰的改革第一步是在教育领域——1977年恢复高考。

Mit dem Beginn der Kulturrevolution im Jahr 1966 wurde die Gaokao zehn Jahre lang unterbrochen, und es bestand ein Generationsgefälle bei den Talenten. Viele Oberschulabsolventen konnten nirgendwo zur Hochschule gehen, wurden aufs Land geschickt und ließen sich als Bauern dort nieder. Diese jungen Menschen arbeiteten sehr hart, ihre Jugend und ihre Talente gingen auf den Feldern verloren und sie hatten keine Zukunft und keine Hoffnung.

从1966年"文化大革命"开始，高考中断了10年，中国的人才出现了整整一代人的断层。众多中学毕业生求学无门，被安排到农村插队。这些青年人胼手胝足，青春和才华流失在田亩间，没有前途也看不到希望。

Talente bilden die Grundlage der Entwicklung des Landes. DENG Xiaoping wurde Ende Juli 1977 wieder Entscheidungsträger des ganzen Landes und beschloss schon im August, die Gaokao sofort wiedereinzuführen. Das Land brauchte dringend Fachkräfte, und eine Generation junger Menschen erwartete eine Zukunft. Die Zeit lässt nicht auf sich warten. Im Winter 1977 und im Sommer 1978 fand in China jeweils die zahlenmäßig größte Aufnahmeprüfung in der Weltgeschichte bis dahin statt. Die Gesamtzahl der Prüfungskandidaten erreichte 11,6 Millionen.

人才是国家发展的基础。1977年7月底邓小平复出，8月就决定立刻恢复高考。国家急需人才，一代青年人期盼未来，时不我待。1977年冬和1978年夏的中国，迎来了当时世界历史上规模最大的考试，报考总人数达到1160万人。❶

❶ 39年前，中国迎来了世界史上规模最大的一次考试，2016年6月7日，http://news.haiwainet.cn/n/2016/0607/c3541083-29988149.html?nojump=1，访问日期：2024年1月27日。

Der chinesische Außenminister WANG Yi hatte sich von 1969 bis 1977 als Bauer in ländlichen Gebieten niedergelassen und wurde 1978 durch die Gaokao zum Studium an der Beijing International Studies University zugelassen.

王毅：中国外交部长，1969—1977 年在农村插队劳动，1978 年考入北京第二外国语大学。

Der berühmte Regisseur ZHANG Yimou hatte sich von 1968 bis 1971 als Bauer in einem Dorf niedergelassen und war von 1971 bis 1978 als Arbeiter in einer Baumwollspinnerei in Shaanxi tätig. Durch die Gaokao bekam er 1978 einen Studienplatz an der Beijing Film Academy.

张艺谋：著名导演，1968—1971 年在农村插队劳动，1971—1978 年在陕西棉纺厂当工人，高考恢复后，1978 年考入北京电影学院学习。

Heutzutage gibt es in China noch viele Wissenschaftler, Unternehmer und Politiker, deren Schicksalswende mit der Wiedereinführung der Gaokao im Jahr 1977 begann. Sie kennen sicherlich auch ältere Leute, deren Lebensschicksal durch die Wiedereinführung der Gaokao einen anderen Lauf genommen hat.

今天中国有许许多多的科学家、企业家、政治家，他们人生的改变始于 1977 年恢复的高考。同学们身边也一定有长辈因为这次恢复高考而"逆天改命"。

Die Wiedereinführung der Gaokao im Jahr 1977 veränderte nicht nur das Schicksal mehrerer Generationen, sondern legte vor allem eine gute Grundlage für die Entwicklung und den Aufschwung unseres Landes. Die Wiedereinführung der Gaokao ließ die Menschen glauben, dass ihr Lebensablauf durch persönliche Anstrengungen und Kämpfe verändert werden kann.Im Zeitraum von 1949 bis 2008 hat sich die Gesamtzahl der Studierenden an Hochschulen von 117.000 auf 20.21 Mio. erhöht (siehe Abbildung 2-2).

1977 年恢复高考，不仅改变了几代人的命运，尤为重要的是为我国发展和腾飞奠定了良好的基础。恢复高考让人们相信通过个人的努力和奋斗可以改变命运。1949 年到 2008 年，普通高等学校在校生人数从 11.7 万增长到 2021 万（见图 2-2）。

Bis Ende 2022 betrug die Gesamtzahl der Studierenden an Chinas Hochschulen 46,55 Millionen. Die Zahl der Hochschulabsolventen im Jahr 2022 betrug etwa 10,76 Millionen und 48% davon sind junge Ingenieure. Sie bilden ein wichtiges Fachkräftereservoir für das größte Industrieland der Welt und das Wiederaufleben der chinesischen Nation. Alles begann mit jener Prüfung im Jahr 1977.

❶ 2022 年全国教育事业发展统计公报，2023 年 7 月 5 日，http://www.moe.gov.cn/jyb_sjzl/sjzl_fztjgb/202307/t20230705_1067278.html，访问日期：2024 年 1 月 27 日。

　　截至 2022 年底，中国普通高校在校生总数为 4655 万人❶，当年应届大学毕业生约 1076 万人❷，其中年轻工程师约占 48%❸。这为中国成为世界最大的工业国，为中华民族伟大复兴打下了坚实的人才基础。这一切肇始于 1977 年的那场考试。

❷ 2022 届高校毕业生规模预计 1076 万人，同比增加 167 万，2021 年 12 月 28 日，http://www.moe.gov.cn/fbh/live/2021/53931/mtbd/202112/t20211229_591046.html?eqid=e6280370002afd3900000006642799ae，访问日期：2024 年 1 月 27 日。

❸ 普通本科分学科门类学生数，http://www.moe.gov.cn/jyb_sjzl/moe_560/2021/quanguo/202301/t20230103_1037969.html，访问日期：2024 年 1 月 27 日。

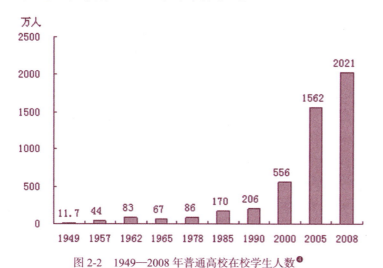

图 2-2　1949—2008 年普通高校在校学生人数❹

❹ 新中国成立 60 周年经济社会发展成就回顾系列之一，https://www.gov.cn/gzdt/2009-09/07/content_1410926.htm，访问日期：2024 年 1 月 27 日。

第二讲 改革大潮——忽如一夜春风来

## 4 Reform und Öffnung – die Befreiung der Produktivkraft
### 改革开放——生产力的解放

2-4 生产力的解放

In „Warming-up" der Lektion 2 des Lehrbuchs *Öffentliches Reden* werden fünf Datensätze zwischen 1979 und 2020 verglichen, darunter das Pro-Kopf-BIP, der Pro-Kopf-Anteil an Nahrungsmitteln und Baumwolle, die Pro-Kopf-Gesundheitsausgaben sowie die Pro-Kopf-Konsumausgaben der Landbewohner. Wir können die enormen Veränderungen, welche die Reform und Öffnung mit sich gebracht haben, durch einen anschaulichen Vergleich der Daten erfahren (siehe Tabelle 2-2).

　　教材《德语演讲教程》第二单元的"热身练习"对比了1979年和2020年的五组数据，包括人均国内生产总值、粮食人均占有量、棉花人均占有量、人均卫生费用和农村居民人均消费支出等方面，我们可以直观感受到改革开放带来的巨大变化（见表2-2）。

**❶** 李媛等编：《德语演讲教程》（"理解当代中国"德语系列教材），外语教学与研究出版社，2022，第23页。

表2-2　1979年和2020年生产数据对比❶

| 生产指标 | 1979 | 2020 |
|---|---|---|
| 人均国内生产总值/元 | 423 | 71828 |
| 粮食人均占有量/公斤 | 342.74 | 474.45 |
| 棉花人均占有量/公斤 | 2.28 | 4.19 |
| 人均卫生费用/元 | 12.94 | 5112.34 |
| 农村居民人均消费支出/元 | 135 | 13713 |

Die Stadt Shanghai ist in den Augen der Deutschen die Repräsentantin der Reform und Öffnung Chinas. Der nächtliche Blick auf den Bund, die Wolkenkratzer in Pudong, die lebhaften Geschäftsstraßen, die Mischung aus östlicher und westlicher Kultur... alles ist so schön und traumhaft, so zukunftsweisend. So wird Shanghai auch „die magische Stadt" genannt. Shanghai als internationale Metropole und internationales Finanzzentrum ist nur durch die Reform- und Öffnungspolitik ermöglicht worden.

上海是德国人眼中中国改革开放的代表，外滩的夜景、浦东的高楼大厦、生机勃勃的商业街、东西方文化的交融……一切都那么美丽梦幻，那么充满未来感，因此上海有"魔都"的别称。上海国际都市和国际金融中心的地位，是改革开放政策造就的。

Yiwu, ein Städtchen in einer Bergregion in der Mitte der Provinz Zhejiang, war arm und verschlossen. Um ihren Lebensunterhalt zu verdienen, zogen die Einwohner dort einstmals als Hausierer im ganzen Land herum. Heute, über 40 Jahre nach der Einführung der Reform und Öffnung, befindet sich dort das größte Kleinwaren-Handelszentrum der Welt, und Produkte aus Yiwu werden in jede Ecke der Welt exportiert. Im Jahr 2023 lebten 300 000 ausländische Geschäftsleute aus mehr als 100 Ländern und Regionen in dieser kleinen Stadt. Von Metallwaren bis hin zu Weihnachtsbäumen, von Küchenwaren bis hin zu Karnevalkostümen: Das tägliche Leben zahlreicher Haushalte in Deutschland ist quasi durch Produkte aus Yiwu geprägt. Aufgrund der Zahl der bestellten Souvenirs haben die Leute in Yiwu sogar die Ergebnisse der Fußball-WM-Spiele und Präsidentenwahlkämpfe in den USA richtig vorhergesagt.

义乌曾经是浙江中部山区中的一个小县城，贫穷而封闭。为了谋生，当地人曾走遍全国当小货郎。改革开放 40 多年后，这里有世界最大的小商品市场，产品销售到世界各个角落。2023 年，有 100 多个国家和地区的 30 万名外国商人居住在这个小城。❶ 从五金工具到圣诞树，从厨具到狂欢节服装，德国家庭的日常生活处处都能感受到义乌产品的影响。根据纪念品的订购量，义乌甚至曾经准确预测世界杯足球赛和美国大选的结果。

❶ 毛应勇：以提升科学文化素质开辟共同富裕新图景，2023 年 8 月 11 日，https://kx.cnyw.net/view.php?newsid=7534，访问日期：2024 年 1 月 27 日。

Die Verwandlung von Wasser in Wein ist kein Mythos und keine Legende mehr. Der Zauber daran liegt in der Befreiung der Produktivkraft. Mit der Befreiung des Denkens begannen die Chinesen, Tabus zu brechen und mutig alle Methoden auszuprobieren, welche die Produktivkraft befreien können.

麻雀变凤凰不再是神话传说，其中的魔法就是生产力的解放。随着思想的解放，中国人开始勇闯"禁区"，大胆尝试一切能解放生产力的方法。

Im November 1978 unterzeichneten 18 Landwirte im Dorf Xiaogang, Provinz

Anhui eine Vereinbarung, wonach das kollektive Ackerland des Dorfes unter den Haushalten vertraglich aufgeteilt werden sollte und ihnen der Rest gehören sollte, nachdem sie eine bestimmte Menge Getreide an den Staat und die Gemeinde abgetreten hatten.

1978 年 11 月，安徽省凤阳县小岗村的 18 位农民签订了一份协议，将村集体的农田分给各家庭承包，将一定数量的粮食交给国家和公社后，其余的归自己所有。

Damit wurde die Reform der chinesischen Landwirtschaft eingeläutet. Das Haushaltsvertragssystem fand bei den Landwirten im ganzen Land großen Anklang und bis 1983 hatten mehr als 90% der ländlichen Haushalte Chinas Pachtverträge unterzeichnet. 1978 lag die gesamte Getreideproduktion Chinas bei 300 Millionen Tonnen, mit einer durchschnittlichen Pro-Kopf-Produktion von 319 Kilogramm. 1984 stieg sie schon auf 400 Millionen Tonnen, mit einer durchschnittlichen Pro-Kopf-Produktion von 392 Kilogramm (siehe Abbildung 2-3). Die Reform und Öffnung haben die Produktivkraft in ländlichen Gebieten befreit. So hat sich die Getreideproduktion schnell vervielfacht, was das chinesische Volk von der Angst vor der Hungersnot befreit hat.

他们拉开了中国农业改革的序幕，家庭联产承包制以燎原之势在中国传播，到 1983 年中国农村 90% 以上的农户签订了土地承包合同。1978 年中国粮食总产量为 3 亿吨，人均 319 公斤；[1] 1984 年快速增长到 4 亿吨，人均 392 公斤（见图 2-3）。[2] 改革开放解放了农村生产力，粮食产量迅速增加，让中国人民不再有饥饿之虞。

❶ 国家统计局国家数据库，data.stats.gov.cn/search.htm?s=劳均粮食产量（公斤/人）-全国-1978 年，访问日期：2024 年 1 月 27 日。

❷ 国家统计局国家数据库，data.stats.gov.cn/search.htm?s=劳均粮食产量（公斤/人）-全国-1984 年，访问日期：2024 年 1 月 27 日。

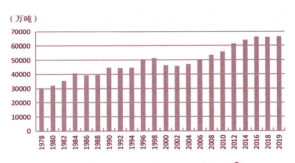

图 2-3　1978—2019 年中国粮食产量[3]

❸ 国家统计局：《2020 中国统计摘要》，中国统计出版社，2020，第 111 页。

BU Xinsheng und Haiyan Shirt General Factory, Shenyang Explosion-proof Equipment Factory, NIAN Guangjiu und „Fool's Sunflower Seeds"… Für die Studierenden von heute sind dies fremde und ungewohnte Begriffe und Namen, aber damals waren sie landesweit bekannt, weil sie den schwierigen

Weg der chinesischen Wirtschaftsreform miterlebt haben. Durch die Reform des Lohnverteilungs- und Sozialversicherungssystems hatten diese Unternehmen als Wegbereiter „das Essen aus einem großen Topf": die Gleichmacherei in Lohn- und Gehaltsfragen beseitigt und die Mitarbeiter in hohem Maße motiviert. Durch den erfolgreichen Übergang von dem Planungs- zum marktorientierten Modell war diesen Unternehmen eine rasche Entwicklung ermöglicht worden.

步鑫生和海盐衬衫总厂、沈阳防爆器材厂、年广久和傻子瓜子……对今天的同学们来说，这些当年全国著名的名字遥远且陌生，但是它们见证了中国经济改革的艰难之路。通过分配制度和劳保制度改革，这些企业率先打破职工吃"大锅饭"的体制，很好地调动了职工的生产积极性；通过从计划安排向市场营销转变的经营改革，获得迅速发展的先机。

Leistungsprämien, individuelle Verantwortung, strenge Arbeitsdisziplin, strenge Qualitätskontrolle, Entlassung und Rücktritt sowie Firmenkonkurs usw. halten wir heute für selbstverständlich. Sie wurden damals unter großem Druck eingeführt mit Kontroversen, Infragestellung und Kritik. Einzelunternehmung, Privatwirtschaft und Marktwirtschaft haben in immer höherem Maße die Wirtschaftslandschaft Chinas verändert und damit die Produktivkraft befreit.

奖金、责任到人、严格的纪律、严格的品控、辞退和辞职、公司破产等制度，今天我们习以为常，但在当年都是顶着巨大的压力，在争论、质疑和批判声中出台的。个体户、私营经济、市场经济更是彻底改变了中国的经济格局，解放了生产力。

„Es spielt keine Rolle, ob eine Katze schwarz oder weiß ist, solange sie Mäuse fangen kann, ist sie eine gute Katze." Diese Reformmaßnahmen haben sich gut bewährt und dafür gesorgt, dass China zur „Werkbank der Welt" geworden ist. Von 1978 bis 2022 ist Chinas BIP von 147,3 Milliarden USD auf 18 Billionen USD gewachsen, und zwar, von 1,8 Prozent auf 17,86 Prozent von GWP (Gross World Product). Nach Angaben der Weltbank lag Chinas Pro-Kopf-Bruttonationaleinkommen im Jahr 2022 bei 12 850 USD. Damit hat China den Eintritt in die Ländergruppe mit mittlerem Einkommen der oberen Kategorie geschafft und es ist nur noch ein Sprung bis zur Schwelle von 13 845 USD für Länder mit höherem bis hohem Einkommen in der neuesten Klassifizierung der Weltbank, die am 1. Juli 2023 veröffentlicht worden ist. 2022 prognostizierte das Magazin „Fortune", dass Chinas Wirtschaftsgröße die der USA um das Jahr 2030 überholen wird, obwohl die Inflation in den USA das BIP-Wachstum stärker als je zuvor ankurbeln wird (siehe Abbildung 2-4).

　　"不管白猫黑猫，会捉老鼠就是好猫"，这些改革措施经受了检验，也为中国成为"世界工厂"提供了保证。中国的GDP从1978年的1473亿美元，占全球国内生产总值1.8%，增长到2022年的18万亿美元，全球占比17.86%。据世界银行统计，中国2022年人均国民总收入为12850美元，为上中等收入国家，距离世界银行2023年7月1日发布的最新全球经济体分类标准中高收入经济体门槛13845美元只差一步之遥。❶ 2022年《财富》杂志预测，虽然通货膨胀对美国GDP增长的拉动大于以往任何时候，但中国经济规模还是会在2030年左右超过美国（见图2-4）。❷

❶ 世界银行更新全球经济体分类标准和2024财年贷款业务毕业线，2023年7月14日，http://gjs.mof.gov.cn/ zhengcefabu/202307/ t20230714_3896521.htm，访问日期：2024年1月27日。

❷ Rapp, Nicolas & O'Keefe, Brian: This chart shows how China will soar past the U.S. to become the world's largest economy by 2030. Fortune, 31.01.2022, https://fortune. com/longform/global-gdp-growth-100-trillion-2022-inflation-china-worlds-largest-economy-2030/?utm_source= search&utm_medium=advanc ed_search&utm_campaign= search_link_clicks，访问日期：2025年1月31日。

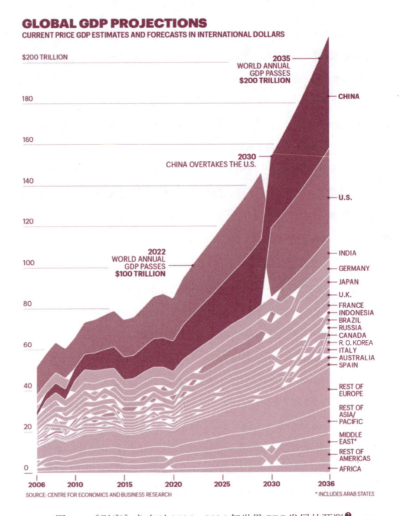

图2-4 《财富》杂志对2006—2036年世界GDP发展的预测❷

## 5 Reform und Öffnung – Beitrag ausländischer Fachkräfte
## 改革开放——外籍人士的贡献

2-5 外籍人士的贡献

Im Zuge der Reform und Öffnung Chinas haben sich viele internationale Freunde stark engagiert. Sie haben moderne Technologien und Ideen eingebracht und mit ihrem Wissen und Engagement zur wirtschaftlichen und sozialen Entwicklung Chinas beigetragen.

在中国改革开放的历程中有不少国际友人深度参与，为中国改革开放带来先进技术与理念，为中国经济社会发展贡献智慧与力量。

In der Hanzheng-Straße in Wuhan steht eine Bronzestatue von einem Deutschen – Werner Gerich. Herr Gerich ist der erste ausländische Fabrikdirektor im Zuge der Reform und Öffnung Chinas. 1984 wurde er zum Direktor der Wuhan Diesel Engine Factory ernannt. Er formulierte umfassende Managementvorschriften und strenge Qualitätskontrollverfahren nach deutschem Vorbild und galt damit als Vorreiter für die Reformmaßnahmen der staatlichen Unternehmen, unqualifizierte Mitarbeiter zu entlassen und die Mitarbeiter entsprechend der Arbeitsleistung zu entlohnen. Seine Reformen lösten damals große Kontroversen und Kritik aus, aber als die Fabrik, die kurz vor dem Bankrott stand, gerettet wurde und die Produkte weltweit verkauft wurden, akzeptierten die Chinesen schnell die von Herrn Gerich eingeführten westlichen modernen Industrie-Managementkonzepte.

武汉的汉正街上有一尊德国人威尔纳·格里希的铜像。格里希先生是中国改革开放的第一位"洋厂长"。1984 年他被任命为武汉柴油机厂厂长，他按照德国的模式制订了全面的管理条例和严格的质检程序，开启了国营企业辞退不合格员工，以及按劳分配、多劳多得的先河。他的改革在当时引起极大的争论和批评，但是随着濒临破产的的工厂被拯救，产品销售到世界，中国人很快认可了格里希先生引入的西方现代工业管理理念。

2018 verlieh die chinesische Regierung die China Reform and Friendship Medal an zehn internationale Freunde, die einen bedeutenden Beitrag zur Reform und Öffnung Chinas geleistet hatten, und Werner Gerich war einer der beiden deutschen Preisträger.

2018 年，中国政府向十位对中国改革开放做出重大贡献的国际

❶中共中央国务院表彰改革开放杰出贡献人员　中国改革友谊奖章获得者名单（10名），2018年12月19日，https://www.gov.cn/xinwen/2018-12/19/content_5350153.htm，访问日期：2024年1月27日。

友人颁发中国改革友谊奖章，威尔纳·格里希就是两位德国获奖者之一。❶

In ähnlicher Weise wurde Professor Ulrich Steinmüller, ehemaliger Vizepräsident der Technischen Universität Berlin, im Jahr 2003 zum Dekan der School of International Studies der Zhejiang Universität ernannt. Damit wurde er der erste ausländische Dekan an einer chinesischen Universität nach der Einführung der Reform- und Öffnungspolitik. Während seiner Amtszeit hat er den innovativen Durchbruch der chinesischen Hochschulreformen unterstützt und die „deutsche Weisheit" für die Internationalisierung der Hochschulbildung, die disziplinären Reformen und die Talentförderung eingebracht.

❷现浙江大学外国语学院

　　类似的还有柏林工业大学前副校长乌尔里希·施泰恩米勒教授，他于2003年受聘为浙江大学外国语言文化与国际交流学院❷院长。他是改革开放后中国高校的首位"洋院长"，助力中国高校改革的突破创新，为高校教育的国际化、学科改革和人才培养贡献了"德国智慧"。

Die Reform und Öffnung Chinas hat umfassende Auswirkungen, und unzählige solcher Geschichten sind noch von Ihnen, lieben Studierenden, zu entdecken und zu erzählen.

　　中国的改革开放是全方位的，无数这样的故事等待同学们去挖掘，去讲述。

## 6　Reform und Öffnung – Innovations- und Pioniergeist von Shenzhen
### 改革开放——创新开拓的深圳精神

2-6　创新开拓的深圳精神

Am 25. Mai 2018 besuchte die damalige deutsche Bundeskanzlerin Angela Merkel die Stadt Shenzhen, um Unternehmen für die Entwicklung von Drohnen, autonomem Fahren und Big Data zu besuchen. Frau Merkel zeigte sich während ihres Besuchs in Shenzhen beeindruckt: Das ehemalige kleine Fischerdorf habe sich inzwischen zum Technologiezentrum Chinas entwickelt und lasse mit seiner Innovationsgeschwindigkeit Deutschland weit hinter sich. Nach ihrer Rückkehr nach Deutschland führte Frau Merkel am 29. Mai Gespräche mit Spitzenexperten im deutschen Technologiebereich zum Thema Künstliche Intelligenz, um Deutschlands Maßnahmen zu besprechen.

2018 年 5 月 25 日，时任德国总理默克尔访问深圳，参观无人机、自动驾驶、数据领域企业。默克尔到访深圳后表示震撼：这个昔日的小渔村如今一跃成为中国的科技中心，其创新速度将德国远远甩在了身后。返回德国后，默克尔在 5 月 29 日就举办"人工智能峰会"，与德国科技领域的顶尖专家进行讨论。❶

❶默克尔深圳"一日游"受到震撼一回国即召开AI峰会 2018 年 5 月 29 日，https://www.rmzxb.com.cn/c/2018-05-29/2070250.shtml，访问日期：2024 年 1 月 27 日。

Die Stadt Shenzhen, die Frau Merkel sehr beeindruckt hat, ist das „Schaufenster" und „Experimentierfeld" der Reform und Öffnung Chinas und die Repräsentantin des Reform- und Öffnungsgeistes des chinesischen Volkes. Shenzhen, einst ein Nachbarstädtchen von Hongkong, wurde 1979 Chinas erste Sonderwirtschaftszone. Die Regierung leitete eine Reihe politischer und wirtschaftlicher Reformmaßnahmen ein, die zunächst in Shenzhen als Pilotprojekte ausprobiert werden sollten. Bei Erfolg sollten sie im ganzen Land umgesetzt werden und bei Misserfolg sollten sie zur Verbesserung ausgearbeitet werden. Die spezielle Politik und eine umfassende Öffnung nach außen haben eine große Anzahl ausländischer Kapitalanlagen und Fachkräfte angezogen und die Entwicklung der Industrie gefördert. Heute hat sich die Stadt Shenzhen zu einem weltweit wichtigen Standort für technologische Innovationen entwickelt. Viele High-Tech-Unternehmen wie Huawei, Tencent, ZTE und DJI wurden hier geboren und verfügen über Investitions-, Forschungs- und Entwicklungszentren in Deutschland.

给默克尔带来震撼的深圳是中国改革开放的"窗口"和"试验田"，是中国人民改革开放精神的代表。深圳曾是一个毗邻香港的小县城，1979 年成为中国第一个经济特区。政府推出了一系列政治经济改革措施，在深圳先行先试，如果成功就推广到全国，如果失败就研究改进。特殊的政策和全面的开放吸引了大量外资和人才，促进了产业发展。如今，深圳已经成为全球科技创新的重要中心，华为、腾讯、中兴、大疆等众多高科技企业在这里诞生，其中许多在德国也有投资和研发中心。

1979 wurde in Shenzhen der Slogan „Zeit ist Geld, Effizienz ist Leben" kreiert, der das alte planwirtschaftliche System erschütterte.

1979 年深圳提出"时间就是金钱，效率就是生命"的口号，震撼了旧计划经济体系。

1982 wurde das Shenzhen International Trade Centre mit einer Geschwindigkeit von „einem Stockwerk in drei Tagen" gebaut.

1982 年深圳国贸中心大厦施工创下"三天一层楼"的深圳速度。

1995 wurde das 69-stöckige Diwang Building nach einer Bauzeit von einem Jahr und 27 Tagen fertiggestellt und damit das „Shenzhen-Tempo" erneuert.

1995 年一年零 27 天建成 69 层楼高的地王大厦，刷新了深圳速度。

Die Geschwindigkeit von Shenzhen steht für die Entwicklung Chinas seit mehr als 40 Jahren.

深圳速度是 40 多年来中国发展的代表。

Shenzhen ist mittlerweile nach Beijing, Shanghai und Guangzhou die viertgrößte Stadt Chinas. 2018 übertraf ihr BIP das von Hongkong. Im Jahr 2022 nahm Shenzhen mit seinem BIP den zehnten Platz in der Liste der Weltstädte ein.

如今的深圳已经是仅次于北京、上海、广州的中国第四城，2018 年 GDP 超过香港，2022 年深圳 GDP 位居世界城市排行榜第十位。❶

Am 14. Oktober 2020 fasste Generalsekretär XI Jinping in seiner Rede bei der Feier zum 40. Jahrestag der Gründung der Sonderwirtschaftszone Shenzhen den Geist der Sonderwirtschaftszone zusammen: „Bringen Sie diesen Geist mit Mut, Pioniergeist und Arbeitsdrang zur Entfaltung [...] Seien Sie weiterhin Wegbereiter der neuen Ära."

2020 年 10 月 14 日，习近平总书记在深圳经济特区建立 40 周年庆祝大会上的讲话中概括了特区精神："发扬敢闯敢试、敢为人先、埋头苦干的特区精神，……勇当新时代的'拓荒牛'。"❷

„Mut, Pioniergeist und Arbeitsdrang", das ist der chinesische Geist, der durch die Reform- und Öffnungspolitik neu geprägt wurde, und das ist auch das

❶深圳市委书记、市长致广大市民朋友的拜年信，2023 年 1 月 21 日，http://www.sz.gov.cn/cn/xxgk/ zfxxgj/zwdt/content/post_10394334.html，访问日期：2024 年 1 月 27 日。

❷习近平：在深圳经济特区建立 40 周年庆祝大会上的讲话，2020 年 10 月 14 日，https://www.gov.cn/xinwen/2020-10/14/content_5551299.htm，访问日期：2024 年 1 月 27 日。

Geheimnis, warum China in einem relativ kurzen Zeitraum von mehr als 40 Jahren mehr als 300 Jahre industrieller Entwicklung der westlichen Welt eingeholt hat.

"敢闯敢试、敢为人先、埋头苦干",这就是改革开放政策重塑的中国精神,更是中国在短短几十年内赶上西方300多年工业发展的秘诀。

# 7 Reform und Öffnung – ein weltveränderndes Unterfangen
## 改革开放——改变世界的伟业

In Text 3 der Lektion 2 des Lehrbuchs *Öffentliches Reden*: „Wertvolle Erfahrungen aus 40 Jahren Reform und Öffnung" steht, „China lässt sich bei der Entwicklung nicht von der Welt abkoppeln, und auch die Welt braucht China für ihr Gedeihen."❶

正如《德语演讲教程》第二单元课文3"改革开放40年积累的宝贵经验"中总结的:"中国的发展离不开世界,世界的繁荣也需要中国。"

2-7 改变世界的伟业

❶ 李媛 等:《德语演讲教程》,("理解当代中国"德语系列教材)外语教学与研究出版社,2022,第36页。

Die Reform und Öffnung hat China verändert und umgestaltet. Chinas Wirtschaft verzeichnete 30 Jahre in Folge eine Wachstumsrate von mehr als 10%, und sein Wirtschaftsaggregat belegt weltweit den zweiten Platz. China hat aus eigener Kraft den wirtschaftlichen und sozialen Wandel vollzogen, das Problem der Versorgung von 1,4 Milliarden Menschen mit Nahrungsmitteln und Kleidung gelöst und zur Verringerung der weltweiten Armut um mehr als 70 Prozent beigetragen. Keine Kriege, keine Kolonisation im Ausland, keine großen sozialen Unruhen, und das politische System ist stabil geblieben.

改革开放改变了中国,重塑了中国。中国经济持续30年保持10%以上的增长速度,经济总量已经位居世界第二。中国依靠自己的力量实现了经济社会转型,解决了14亿人的温饱问题,为减少世界贫困人口做出的贡献超过70%。❷ 没有发生战争、海外殖民和大规模的社会动荡,政治体制保持稳定。

❷ 外交部:中国对世界减贫贡献率超过70%,2020年10月20日,https://www.gov.cn/xinwen/2020-10/20/content_5552568.htm,访问日期:2025年2月1日。

Der verstorbene Altbundeskanzler Helmut Schmidt erinnerte an DENG Xiaoping: „Er hat durch seine unerschütterlich pragmatische Durchsetzungskraft ein Fünftel der Menschheit in die Welt integriert und den Chinesen zu nachhaltigem Wohlstand verholfen."❸

❸ Schmidt, Helmut & Sieren, Frank (2006): Nachbar China. Helmut Schmidt im Gespräch mit Frank Sieren. Berlin: Econ. 第81页.

已故德国总理施密特回忆起邓小平时曾说："他通过自己那种坚定不移、务实的贯彻力，使人类的五分之一人口与世界融为一体，并帮助中国人过上了持久富裕的日子。"

Über Chinas 30-jährige Reform- und Öffnungspolitik sagte der Ex-Bundeskanzler Gerhard Schröder 2008, dass diese Politik ein großer Erfolg war. Sie hat 400 Millionen Chinesen aus der Armut gehoben. Heute sind die meisten Chinesen nicht mehr hungrig... Es besteht kein Zweifel, dass China diesen Weg fortsetzen wird.

2008 年德国前总理施罗德谈中国改革开放 30 年时说："这一政策取得了巨大的成功，它使 4 亿中国人摆脱贫困。今天大多数中国人已不再忍饥挨饿……毫无疑问，中国将在这条道路上继续走下去。"[1]

❶德国前总理施罗德：中国 2050 年将成第一经济强国，2008 年 12 月 22 日，https://www.chinanews.com/ cj/kong/news/2008/12-22/1497232.shtml，访问日期：2024 年 1 月 27 日。

Text 2 der Lektion 2 des Lehrbuchs *Öffentliches Reden* berichtet über die Reform und Öffnung aus der Sicht einer deutschen Asienexpertin. Frau Marlies Linke sagte in einem Interview, dass die Reform und Öffnung nicht nur China, sondern auch die Welt geprägt habe. In den vergangenen 40 Jahren konnte die Welt miterleben, wie China in vielen Bereichen große Fortschritte erzielt hat. Die vergangenen 40 Jahre waren nicht nur eine wichtige Phase für den Aufschwung Chinas, in dieser Zeit ist China auch Schritt für Schritt in den Fokus der Weltöffentlichkeit geraten. „Die Politik der Reform und Öffnung hat China die Möglichkeit geboten, einen neuen Platz in der Welt einzunehmen." „Es ist sehr wichtig gewesen, dass damit ganz andere Verknüpfungen mit der Welt möglich geworden sind. "[2]

❷ Deutsche Expertin: Reform- und Öffnungspolitik Chinas verändert die Welt，2018 年 8 月 17 日，http://german.china.org.cn/txt/2018-08/17/content_59047084.htm，访问日期：2024 年 1 月 27 日。

《德语演讲教程》第二单元课文 2 报道了一位德国研究亚洲问题的资深专家眼中的改革开放。林克女士在接受采访时说："改革开放政策不仅塑造了中国，也影响了世界。在过去的 40 年里，世界见证了中国在许多领域取得的巨大进步。这 40 年不仅是中国崛起的重要阶段，也是中国一步步成为世界关注焦点的阶段。""改革开放政策使中国有机会在世界范围内占据一个新的位置。""这是非常重要的，因为这使得中国与世界有了完全不同的关联。"

2001 trat China der WTO bei und erhielt damit Zugang zur globalen industriellen Arbeitsteilung, während deutschen, anderen europäischen und amerikanischen Unternehmen mehr Möglichkeiten für den Zugang zum chinesischen Markt geboten wurden. Seitdem hat sich China stärker in die Weltwirtschaft integriert und ist zu einer unverzichtbaren und wichtigen Kraft der Förderung einer globalen Wirtschaftsentwicklung geworden. Am 13. April 2023 erklärte die geschäftsführende Direktorin des Internationalen Währungsfonds (IWF) Georgieva in Washington, dass Chinas Beitrag zum globalen Wirtschaftswachstum in diesem Jahr etwa ein Drittel betragen werde.

2001 年，中国加入世界贸易组织，参与全球产业分工，同时为德国等欧洲企业及美国企业进入中国市场提供了更多的机会。从此，中国更加深入地融入世界经济，成为推动全球经济发展不可或缺的重要力量。2023 年 4 月 13 日，国际货币基金组织总裁格奥尔基耶娃在华盛顿表示，当年中国对全球经济增长贡献率将达三分之一。❶

❶ "中国经济每多增长 1%，与中国有联系的经济体就会多增长 0.3%"，2023 年 4 月 14 日，https://caijing.chinadaily.com.cn/a/202304/14/WS6438f398a31053798936fc59.html，访问日期：2024 年 1 月 27 日。

Chinas Reform und Öffnung hat das Wiederaufleben der chinesischen Nation und den Aufbau einer Schicksalsgemeinschaft der Menschheit gefördert. Der Erfolg der Reform und Öffnung Chinas ist auch ein Vorbild für die Entwicklung der Länder der Dritten Welt.

中国的改革开放推动了中华民族伟大复兴，也促进了人类命运共同体的构建。中国改革开放的成功也为第三世界国家提供了发展的样板。

Im Jahr 2023 haben die Präsidenten von Algerien, dem Kongo (DRC), Malawi, Venezuela und Zambia usw. die Stadt Shenzhen besucht, daneben noch mehr als 60 Delegationen von Ländern aus Europa, Amerika, Asien und Afrika.

2023 年有阿尔及利亚、刚果（金）、马拉维、委内瑞拉、赞比亚等多国总统到访深圳，此外还有来自欧洲、美洲、亚洲和非洲数十个国家的 60 余批政府代表团。❷

❷ 今年 8 位外国元首或政府首脑访深，高级别外宾团组纷至沓来"这座城市必须来一趟"，2023 年 12 月 21 日，https://www.sznews.com/news/content/mb/2023-12/21/content_30658410.htm，访问日期：2025 年 2 月 1 日。

Der ehemalige Vizepräsident der Weltbank und renommierte Wirtschaftswissenschaftler LIN Yifu hat die erfolgreichen Erfahrungen bei der chinesischen Modernisierung zusammengefasst und die New Structural Economics vorgestellt, in der er befürwortet, dass neue Modelle der Zusammenarbeit zwischen China und Afrika gefördert werden und die Entwicklungsländer bei der strukturellen Umgestaltung ihrer Volkswirtschaften unterstützt werden sollten.

世界银行前高级副行长、著名经济学家林毅夫总结中国式现代化道路的成功经验，提出新结构经济学，推动中非合作新模式，帮助发展中国家实现经济结构转型。

Auf der Feier zum 40-jährigen Jubiläum der Einführung der Reform- und Öffnungspolitik im Jahr 2018 fasste Generalsekretär XI Jinping die wertvollen Erfahrungen aus den letzten vierzig Jahren zusammen. Eine davon besagt: Wir müssen unser Land stärker nach außen öffnen und gemeinsam mit anderen Ländern eine Schicksalsgemeinschaft der Menschheit aufbauen. 40 Jahre Reform und Öffnung haben uns gelehrt: Öffnung sorgt für Fortschritt, während Abschottung zu Rückständigkeit führt. China lässt sich bei der Entwicklung nicht von der Welt abkoppeln, und auch die Welt braucht China für ihr Gedeihen. Wir haben unter gleichzeitiger Berücksichtigung der Gesamtlage im In- und Ausland die grundlegende nationale Politik der Öffnung nach außen konsequent praktiziert und aktive Öffnungsmaßnahmen ergriffen. ❶

2018 年，在庆祝改革开放 40 周年大会上，习近平总书记总结了 40 年来积累的宝贵经验，其中重要的一条是：必须坚持扩大开放，不断推动共建人类命运共同体。改革开放 40 年的实践启示我们：开放带来进步，封闭必然落后。中国的发展离不开世界，世界的繁荣也需要中国。我们统筹国内国际两个大局，坚持对外开放的基本国策，实行积极主动的开放政策。

❶ 李媛等：《德语演讲教程》（"理解当代中国"德语系列教材），外语教学与研究出版社，2022，第 36 页。

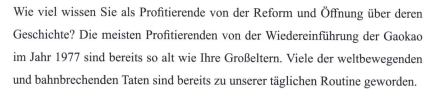

第三讲 改革开放——不尽长江滚滚来

# 8 Zusammenfassung
## 总结

2-8 总结

Der Begriff „Reform und Öffnung" ist uns Chinesen wohlvertraut und er ist auch in Deutschland weit und breit bekannt. Aber es ist nicht leicht, ihn gut zu erklären.

"改革开放"是我们耳熟能详的概念，在德国也有极高的知名度。但是，讲好它并不容易。

Wie viel wissen Sie als Profitierende von der Reform und Öffnung über deren Geschichte? Die meisten Profitierenden von der Wiedereinführung der Gaokao im Jahr 1977 sind bereits so alt wie Ihre Großeltern. Viele der weltbewegenden und bahnbrechenden Taten sind bereits zu unserer täglichen Routine geworden.

作为改革开放的受益者，同学们对改革开放的历史了解多少？1977 年恢复高考的直接受益者大多已是同学们的祖父辈；很多当年石破天惊、敢为天下先的举措早已成为我们的日常。

In der frühen Phase der Reform und Öffnung lag der Schwerpunkt auf der Anbindung an die Welt. Die großen Reformmaßnahmen in jenen Jahren mögen von Menschen aus der westlichen Welt als selbstverständlich angesehen werden. Es könnte sein, dass sie den Widerstand und die Risiken, auf die die Reformen stießen, nicht verstehen.

改革开放初期的重点是和世界接轨。当年重大的改革举措在西方人眼中也许是理所应当的事，他们可能难以理解改革遇到的阻力和风险。

Die Errungenschaften der Reform und Öffnung sind für die ganze Welt offensichtlich und können von niemandem bestritten werden. Die Frage ist aber:

Hat sich China mit der Einführung der Reform- und Öffnungspolitik über Nacht entwickelt? Wo liegt der Zauber an der Reform- und Öffnungspolitik?

改革开放的成效世界有目共睹，无人能够否认，但是不是在改革开放政策提出后，中国在一夜之间就发展起来了呢？改革开放政策的魔力在哪里？

Aus den oben genannten Gründen konzentriert sich die vorliegende Lektion nicht zu sehr auf die spezifische Politik der Reform und Öffnung, sondern geht von den drei Kernpunkten aus: der Befreiung des Denkens, der Befreiung des Menschen und der Befreiung der Produktivkraft, die durch die Reform und Öffnung bewirkt worden sind. So wird in dieser Lektion erläutert, wie die Reform und Öffnung den Geist der chinesischen Nation neu geformt hat. Wie es in Text 1 der Lektion 2 des Lehrbuchs *Öffentliches Reden* heißt: „Chinas Tür wird sich nur noch weiter öffnen". Und auch der Bericht des 20. Parteitags der KPCh weist darauf hin, dass die Partei auf einer Vertiefung der Reform und Öffnung besteht. Doch ganz gleich, wie sich die Politik entwickelt, der Kerninhalt der Reform und Öffnung und der von dieser geformte Geist werden sich nicht ändern.

基于以上原因，本单元没有过多着墨于改革开放的具体政策，而是从改革开放带来的思想解放、人的解放和生产力解放这三个内核入手，讲述改革开放对中华民族精神的重新塑造。正如《德语演讲教程》第二单元课文 1 所讲："中国开放的大门只会越开越大"；党的二十大报告也指出，要坚持深化改革开放。但无论政策怎么变化，改革开放的内核和塑造的精神是不会变的。

Gegenüber dem westlichen Publikum müssen wir darauf achten, ihre Fehlinterpretation der Worte „Reform und Öffnung" zu dekonstruieren. Als China mit seiner Reform und Öffnung begann, ging die westliche Welt davon aus, dass China eine freie Marktwirtschaft nach westlichem Vorbild errichten würde. Sie versuchten, Reformen in Chinas politischer Sphäre voranzutreiben und Chinas politisches System in ein „Wahlsystem" westlicher Prägung zu verwandeln.

面对西方受众，我们要注意解构他们对"改革开放"字面意义上的误读。当年中国开始改革开放，西方就认定中国是要搞西式的自由市场经济了。他们试图推动中国政治领域的改革，将中国的政治体制改成西方的"选举体制"。

Die Reform und Öffnung ist ein Prozess der Selbsterneuerung, bei dem China sich unbeirrt am eigenen politischen System festhält, den Mut zu eigenen Fehlern beweist und unter gleizeitiger Berücksichtigung der eigenen Bedingungen und der Erfordernisse der Entwicklung der Produktivkraft ständig Innovationen vornimmt. Die Reform und Öffnung Chinas ist der Weg zur Verwirklichung des Chinesischen Traums, zur Verwirklichung des Wiederauflebens der chinesischen Nation und zum Aufbau des eigenständigen Systems Chinas.

中国的改革开放是一个自我革新的过程，始终坚持中国政治体制，根据自身国情和生产力发展需要不断试错、创新。中国的改革开放是中国梦的实现之路，是中华民族伟大复兴的实现之路，也是中国自主体系构建之路。

Hoffentlich können unsere Auffassungen und Ansatzpunkte zur Analyse von Problemen Ihnen helfen, kritisches Denken zu entwickeln. Welche Denkanstöße und Anregungen können Sie durch die oben genannten Geschichten über Chinas Reform und Öffnung vermittelt bekommen?

希望我们分析问题的视角和观点有助于同学们构建审辨式思维。同学们又能从以上中国改革开放的故事中受到哪些启发呢？

## 9 Redestrategie
## 演讲策略

2-9 演讲策略
开篇与结尾

Wie das Sprichwort sagt, ist aller Anfang schwer. Und das gilt auch für öffentliche Reden. Zum Beispiel fällt es manchen Studierenden schwer, eine Rede über die „Reform- und Öffnungspolitik" zu beginnen. Besonders bei dem Wort „Politik" könnten Sie Ihr besonderes Augenmerk nur darauf richten, einzelne politische Maßnahmen in Ihren Reden aufzulisten.

俗话说万事开头难，演讲也是如此。例如有些同学就觉得"改革开放"演讲开篇很难，尤其是"Politik"一词容易让大家把演讲重心放在罗列各种具体政策上。

Beim öffentlichen Reden ist gut eingeleitet schon halb gelungen. Eine gute Einleitung hat drei wichtige Funktionen: das Interesse des Publikums zu wecken, die persönliche Ausstrahlungskraft des Redners zu zeigen und das Thema der Rede zu verdeutlichen. Im Folgenden nehmen wir das Thema „Reform und Öffnung" als Beispiel und versuche, ein paar klassische Eröffnungsmuster zu illustrieren:

好的开篇是演讲成功的一半。好的开篇有三大功能：引起听众兴趣、突出演讲者个人魅力、阐明演讲的主题。下面我们以"改革开放"主题为例，试举几个经典的开篇模式：

Erstens, erzählen Sie Geschichten über Ihre eigenen Erfahrungen.
Erinnern Sie sich an die Geschichte über Liangjiahe aus Lektion 1? Damit beginnt die Rede von Staatspräsident XI Jinping bei einem Begrüßungsbankett in den USA. Diese Geschichte kann nicht nur eine gute Möglichkeit sein, die Distanz zum Publikum zu überbrücken und die Verbundenheit zu verstärken, sondern auch die Neugier und Aufmerksamkeit des amerikanischen Publikums auf die gesellschaftliche Entwicklung Chinas wecken.

第一，讲述自己经历过的故事。

还记得第一单元课文中梁家河的故事吗？它是习近平主席在美国一次欢迎宴会上演讲所提到的开篇故事，不仅能很好地拉近与听众间的距离，增强亲和力，而且能引发美国听众对中国社会发展的好奇与关注。

Zweitens, beginnen Sie Ihre Rede mit einer Frage.
Wenn Sie Fragen stellen, können Sie leichter eine Verbindung zum Publikum herstellen und den Wunsch wecken, miteinander zu kommunizieren. Zum Beispiel sind Ausländer meist nicht in der Lage, das Geheimnis der wirtschaftlichen Entwicklung Chinas in den letzten Jahrzehnten zu verstehen. So können Sie die deutlich erkennbaren Unterschiede vor und nach der Reform und Öffnung anführen und die Neugier des Publikums auf das Thema Ihrer Rede wecken, indem Sie rhetorische Fragen stellen.

第二，用一个问题来开启演讲。

提出问题会使我们更容易与听众建立联系，并产生相互交流的愿望。例如，外国人大多无法理解中国经济几十年发展以来的秘密，我们可以对比改革开放前后的巨变，通过设问和反问引起听众对我们演讲主题的好奇。

Drittens, beginnen Sie Ihre Rede mit einer wahren Geschichte.
Führen Sie das Thema zum Beispiel mit einer Geschichte Ihrer Großeltern ein, in der ihr Leben durch die Gaokao oder andere Reform- und Öffnungsmaßnahmen verändert worden ist oder mit einem konkreten Beispiel für die Reform und Öffnung in einem Ihnen bekannten Dorf. Geben Sie möglichst konkrete Daten, Zahlen und Informationen an.

第三，用一个真实的故事开启演讲。

例如，介绍自己祖父辈通过高考或其他改革开放政策改变人生的故事，或借助熟悉的某个村子改革开放的具体事例引出话题。注意尽可能给出具体的数据和信息。

Viertens, beginnen Sie Ihre Rede mit einem Zitat.
Das heißt, zitieren Sie berühmte Persönlichkeiten, um die Autorität und Bedeutung des Inhalts Ihrer Rede zu stärken. Beispielsweise beginnt die Rede in Text 3 der Lektion 2 des Lehrbuchs *Öffentliches Reden* mit dem Zitat: „Mehr Praxis sorgt für erweiterte Kenntnisse und mit vertieften Kenntnissen lässt sich die Praxis besser anleiten." ❶ Das zeigt, dass die wertvollen Erfahrungen aus über 40 Jahren Reform und Öffnung ein wertvoller geistiger Reichtum für die Partei und das Volk sind. Sie können auch die oben erwähnten Äußerungen der ehemaligen deutschen Bundeskanzler Helmut Schmidt und Gerhard Schröder zu Chinas Reform und Öffnung anführen sowie die Äußerungen der ehemaligen deutschen Bundeskanzlerin Angela Merkel nach ihrem Besuch in Shenzhen usw.

第四，用引语开篇。

即引用名人名言来加强内容的权威性和重要性，如《德语演讲教程》中第二单元课文 3 的演讲用引语开篇，"行之力则知愈进，知之深则行愈达"。表明改革开放 40 多年积累的宝贵经验是党和人民弥足珍贵的精神财富。或者还可以引用上文提到德国前总理施密特、施罗德对中国改革开放的评价，德国前总理默克尔访问深圳后的感言，等等。

Es gibt tausend Möglichkeiten, eine Rede zu beginnen und bloß keine einzige allgemeingültige Regel, erst die Befreiung des Denkens macht erfinderisch.

开篇的方式千千万万，并没有一定之规，运用之妙存乎一心。

❶ 李媛等编：《德语演讲教程》（"理解当代中国"德语系列教材），外语教学与研究出版社，2022，第 34 页。

Ich habe zum Beispiel vor ein paar Jahren in Deutschland einen deutschen Freund zum Essen eingeladen. Er sagte tief gerührt: „Als ich in den frühen Tagen der Reform und Öffnung chinesische Freunde empfing, kostete jede Mahlzeit so viel wie ihr Gehalt von einem oder sogar mehreren Monaten, also habe ich dafür bezahlt. Jetzt laden meine chinesischen Gäste mich zum Abendessen ein und geben mir nicht mehr die Möglichkeit, als Gastgeber zu bezahlen. Wie seid ihr in nur wenigen Jahrzehnten so reich geworden?" (siehe Abbildung 2-5)

例如几年前我在德国请一位德国友人吃饭。他感慨说，改革开放初期我接待中国朋友，每顿饭的费用是你们一个月甚至数个月的工资，因此都是我付钱。现在你们则主动请我吃饭，不给我这个东道主付款的机会，为什么短短几十年你们就变富了呢？（见图2-5）

Wie sind wir also reich geworden? Ausgehend von meinem beruflichen Werdegang nach dem Studienabschluss erzählte ich meinem deutschen Freund über die Veränderungen der Arbeitstätigkeiten, die mir durch die Reform und Öffnung ermöglicht worden waren und den entsprechenden Gehaltsanstieg.

我们是如何变富的呢？我从自己大学毕业后的工作经历入手，讲述了改革开放带来的工作变化以及相应的收入提高。

Ein weiteres Beispiel ist, dass meine Familie zu drei verschiedenen Zeiträumen jeweils ein anderes Auto hatte: einen Volkswagen Passat, einen Ford Kombi und ein BYD-Elektroauto. Daraus lassen sich Themen ableiten, wie die Etablierung deutscher Marken in China nach der Einführung der Reform und Öffnung, die zunehmende Nachfrage nach individuellen Reisen aufgrund der Erhöhung des Lebensstandards und die rasante Entwicklung der chinesischen Autoindustrie.

再如，我家先后有三辆汽车：大众帕萨特轿车、福特旅行车和比亚迪电动汽车。从中可以引出改革开放后德国品牌在中国的生根发芽，生活水平提高产生对个性化旅游的需求，以及中国汽车工业快速发展等相关话题。

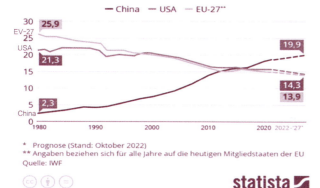

图 2-5　中国国内生产总值已超过欧盟国家和美国（按购买力评价计算）❶
（数据来源：国际货币基金组织 IMF）

❶ Janson, Matthias: Chinas Aufstieg zur Wirtschaftsmacht Nr. 1. Statista, 2023 年 1 月 18 日，https://de.statista.com/infografik/27680/anteil-am-kaufkraftbereinigten-globalen-bruttoinlandsprodukt/，访问日期：2024 年 1 月 27 日。

Solange Sie das Umfeld aufmerksam beobachten und gründlich nachdenken, finden Sie sicherlich noch zahlreiche weitere Fallbeispiele um Sie herum, die Sie dann aus dem Ärmel schütteln können.

只要同学们留心观察，用心思考，身边有无数这样的案例可供选择。

Ein guter Artikel habe einen schönen Beginn wie einen „Phönixkopf", einen gehaltvollen Hauptteil wie einen „Schweinebauch" und ein eindruckvolles Ende wie einen „Leopardenschwanz", so hieß es in China. Für eine Rede ist ein gutes Ende ebenso wichtig wie ein guter Anfang. Es sollte das Verständnis des Themas beim Publikum verbessern und dem Publikum ermöglichen, darüber nachzusinnen und zu reflektieren.

中国古人说，好的文章是凤头、猪肚、豹尾。好的结尾对演讲同样重要，它应当能增进听众对演讲主题的理解，让听众回味和反思。

Drei übliche Möglichkeiten, eine Rede zu beenden, sind die folgenden:

常用的结尾方式包括以下三种：

(1) Wiederholen Sie den Kerngedanken der Rede, um den Zuhörern zu helfen,

ihr Verständnis des Themas zu vertiefen.

第一，重复演讲的中心思想，帮助听众加深对演讲主题的理解。

(2) Wiederholen Sie das Thema der Rede kurz, als würde sich ein Echo bilden, sodass die Rede in sich geschlossen bleibt.

第二，简短地重复演讲主题，前后呼应，如同形成回声，使演讲自成一体。

(3) Beenden Sie die Rede mit einem Zitat, das zum Thema passt.

第三，用符合主题的引语来结束演讲。

## 10 Meine Rede
## 演讲实践

Eine deutsche Delegation besucht die Bilderausstellung „Chinas Reform und Öffnung" an Ihrer Universität. Sie sollen vorm Beginn dieser Bilderausstellung eine fünfminütige Rede aufnehmen, die auf der Ausstellung am laufenden Stück abgespielt wird.❶

**❶** 李媛等编：《德语演讲教程》（"理解当代中国"德语系列教材），外语教学与研究出版社，2022，第39页。

一个德国代表团即将去您的大学参观"中国改革开放"图片展。请录制一个可以在展览上滚动播放的五分钟介绍视频。

## 11 Reflexionsaufgaben
## 课后思考

（1）改革开放的实质是什么？

（2）如何从历史角度分析改革开放的必然性？

（3）如何从中德关系的角度讲述改革开放？

（4）针对西方对改革开放的误解，我们演讲时应注意些什么？

（5）有哪些演讲开篇和结尾的常用方式？

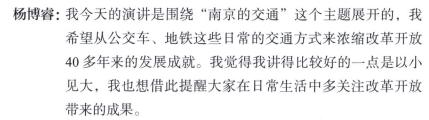

## 第四讲 圆桌点评

○── **演讲学生**：杨博睿（南京工业大学）、陈飞（浙江大学）
○── **点评教师**：刘玲玉（南京工业大学）、李媛（浙江大学）

2-10 学生演讲实例

2-11 演讲点评

**刘玲玉**：各位同学，大家好！本单元的主题是改革开放，刚刚大家已经听了两位同学的演讲，下面进入演讲评析环节。首先我们来听听两位同学对自己演讲的自评。杨同学，你觉得今天的演讲怎么样？

**杨博睿**：我今天的演讲是围绕"南京的交通"这个主题展开的，我希望从公交车、地铁这些日常的交通方式来浓缩改革开放40多年来的发展成就。我觉得我讲得比较好的一点是以小见大，我也想借此提醒大家在日常生活中多关注改革开放带来的成果。

　　我觉得我的不足之处主要在于，只注重于改革开放的过程和成果，而忽略了改革开放所带来的影响，这个是我后面需要改进的一点。

**刘玲玉**：陈同学，你觉得杨同学今天的表现怎么样？

**陈　飞**：我觉得杨同学的演讲以自己的亲身经历作为开场白，能够很有效地吸引听众的兴趣，这也是我们在演讲策略部分学到的演讲技巧之一。此外，杨同学的演讲结构非常清晰，而且用不同的例子为我们展示了改革开放给中国社会带来的发展与变化，语言也十分生动，拉近了自己和听众之间的距离。我认为，如果杨同学的演讲能够加入一些具体的数据来印证自己的观点的话，会让整个演讲更有说服力。

**刘玲玉**：谢谢陈同学，我们来听听李老师怎么说。

**李　媛**：杨同学今天的演讲跟第一稿相比有了非常大的变化，更加聚焦了。我记得你的第一稿中涉及了改革开放的许多方面，比如深圳、电影、私家车等等。每个点都有所涉及，但是每一个点都不深，这是演讲的大忌。

　　这一稿中我发现杨同学从很小的角度切入，就是交通出行的变化：从开始的步行，到骑自行车，到公交车，到家里有了私家车，然后地铁出行，这一系列的变化折射出个人以及所生活的城市——南京——在交通设施上的变化和发展，也通过这个案例让我们看到改革开放确确实实让大家都受益了。

我想，接下来是不是可以挖掘得更深一些，即高铁的发展。高铁的发展反映出中国在改革开放之后经济的发展和科技的进步，从而体现中国的繁荣富强以及中国式的现代化道路。这样我们可以把演讲从微观层面，推进到中观层面的南京这个城市，最后到国家繁荣富强这个宏观层面，那就非常完美了。

刘玲玉：感谢两位同学和李老师的点评。我也非常赞成刚刚各位的观点，我发现杨同学的演讲还有一个比较好的点，就是他比较注重语音语调，这也是我们一直强调的，在课程演讲策略中也有相应的重点部分。杨同学的开场我也特别喜欢，比较直接地用自身经历来讲述改革开放带来的好处。之后，他就聚焦于一家人交通出行的变化，其中穿插了个人交通、国际活动以及交通方面国际合作的内容，巧妙地与德国受众产生联系。我觉得这一点是杨同学对教材里面的受众分析学得比较好的表现。另外杨同学的对比和引用也用得比较好，用了很多数据来支撑他的观点，这一点也非常值得赞扬。

我觉得，值得改进的地方在于内容部分。改革开放的政策具体是什么？前因后果是怎样的？以及我们为什么要关注改革开放？我觉得如果把这些问题融入进去就更好了。

好，现在我们来听听陈同学对自己演讲的评价。

陈　飞：在准备演讲的过程中，我从老师们的建议和指导中学到了很多。在初稿中我通过简单讲述从小到大读书的经历，来说明中国改革开放带来的发展与变化，但是内容却缺乏逻辑性，且不够有说服力。在老师的建议和指导下，我不断打磨自己的稿子。比如通过指出故事发生的具体时间，让听众通过时间轴获得更为直观的感受。以及通过书店藏书数量的增加、种类变丰富等方面来说明改革开放为我们的生活和精神世界带来了巨大的变化。在老师们的建议下，我不断打磨演讲稿，从一开始只是简单讲述自己的经历和体验，到最后融入了自己的梦想，不断深化演讲的立意，拓宽了演讲的格局，学习到非常多的知识。我希望自己能够继续进步，比如在演讲中通过加入语音语调的起伏变化来彰显更为强烈的情感，从而增强整个演讲的表现力和感染力。

**杨博睿：** 听了陈同学的演讲我深有感触，因为陈同学的焦点是读书，这是我们中华民族千百年来对文化和知识的追求。陈同学主要聚焦和对比了她父母和她两代人：获取书的途径增多、书的种类增多、获取难度变小……我觉得这些都是改革开放在文化方面的缩影。而且我觉得陈同学前后对比的例子相近，有很强的说服力。

　　未来，我觉得陈同学不妨从以下方面作些改进。现在的演讲主要聚焦了两个点：一是获取书籍种类的增多，二是获取途径的增多。这两点其实说的都是一个方面，也就是我们改革开放从外国引进了文化和书籍。我觉得这是一个过程，那么我们不妨再看一下它的结果。陈同学或许可以考虑从自己的个体感受出发，讲述这些书籍给自己带来的变化和成长，比如丰富了阅历、拓宽了眼界，或者助力我们的专业学习，等等。我觉得这些都是改革开放给我们带来的最切身的体会。

**李　媛：** 确实是这样。陈飞的选材取自于成长过程中的亲身经历，所以非常真实；而且她进行了前后对照，从对照中折射出中国改革开放所带来的精神文明建设。我们在本单元中讲到，改革开放的实质是思想的解放，中国改革开放突破坚冰的第一步是1977年的教育改革，也就是1977年恢复高考。如果没有思想，没有知识，就没有中国今天的改革开放。所以我觉得这个选材是非常好的。好的开篇是成功的一半，对吧？也就是古人说的万事开头难。

　　陈飞的演讲就使用了我们本单元所讲到三种好的开篇方式的第一种，就是从亲身经历的故事讲起。因为通过这些亲身经历的故事可以拉近与听众之间的距离，同时也会吸引听众的注意，调动他们的积极性来听你的演讲，这是一个很好的策略。

我们说，一篇好的演讲需要有好的开端、好的中间内容和好的结尾，也就是凤头、猪肚和豹尾。有了好的凤头，还要有好的猪肚，我觉得这一点可能是陈同学接下来需要努力的地方。整个演讲过程有点平淡，是不是可以想办法制造一些悬念、高潮或是冲突？比如刚才杨同学所讲的，有没有哪本书改变了你的生活？是不是因为读了你开篇所讲到的《格林童话》使你走上了德语专业的道路呢？有没有哪本书改变了你妈妈那一辈的命运呢？

我想，如果让我来讲，我会讲小时候求书难、借书难。听说同学有本好书，我不辞辛苦，有次大雨滂沱，我走了40分钟走到他家里，只为了借这本书。而他只给我一个晚上的时间，我就连夜把这本书手抄了下来，使它永远地留在了我的手里。这样的故事我自己都印象深刻，一定也能打动我们的听众。

刘玲玉：我非常同意李老师的观点，比如你在讲到《格林童话》的时候，其实已经跟德国听众建立了联系。如果在这个基础上，能跟个人的命运和个人的选择联系在一起的话，那就像李老师说的，更能打动听众。

我觉得你做得比较好的是，通过阅读外语书籍这个角度阐释了改革开放的必要性和重要性。如果说要改进的地方，我觉得与杨同学的情况类似，首先就是对政策没有任何解读。虽然我们自己对改革开放政策比较熟悉，但是德国听众可能并不了解。另外改革开放其实也是文化的开放，我们通过改革开放获得全球视野，在文化的交流与互动之中促进中国与世界的交流和理解。作为外语人，我们能在这个过程中起什么样的作用呢？如果我们把这些思考加入到演讲中可能就更好了。

好的，再次感谢李老师和两位同学。谢谢大家！

# Lektion 3
## Armutsbekämpfung und Förderung gemeinsamen Wohlstandes

第三单元

# 脱贫攻坚与共同富裕

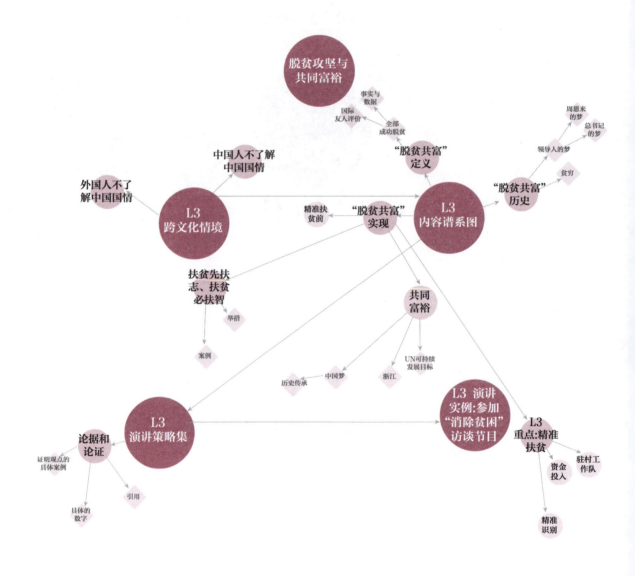

第一讲 脱贫攻坚——叹民生之多艰！

Liebe Studierende, wissen Sie, was Armut bedeutet? Von klein auf, wenn Sie etwas benötigen, kaufen es Ihnen Ihre Eltern wahrscheinlich sofort, oder? Wenn Sie Hunger haben, haben Sie eher die Qual der Wahl, in welches Restaurant Sie essen gehen möchten, anstatt Ihnen Sorgen zu machen, ob Sie überhaupt Essen haben. Wenn Ihre Großeltern gelegentlich von ihren Erfahrungen mit Armut und Hunger sprechen, kommt es Ihnen vielleicht so vor, als ob dies etwas weit Entferntes wäre, vielleicht sogar ferner als eine außerirdische Zivilisation?

3-0 引言

同学们，你们理解什么是贫困吗？从小到大，当你们需要什么的时候，家长们是不是马上就买好了？当你们饿了的时候，可能纠结的是去哪家餐厅吃饭，而不是担心能不能有饭吃。当你们的祖父母辈偶尔闲谈起他们贫穷、挨饿的经历时，你们是不是觉得那是比外星文明还要遥远的东西？

Einstmals war die Armut in China jenseits Ihrer Vorstellungskraft.

曾经，中国的贫穷超乎你们的想象。

In der Lektion über „Reform und Öffnung" des vorliegenden Lehrbuchs wurde erwähnt, dass Chinas BIP im Jahr 1978 147,3 Mrd. USD betrug, was nur 1,8 Prozent vom weltweiten BIP ausmachte. Gemäß der Tabelle 3-1 lag Chinas Pro-Kopf-Bruttonationaleinkommen (BNE pro Kopf bzw. GNI per Capita) bei 200 USD lag, was nur 10,3% von dem weltweiten Durchschnitt entsprach. In der von der Weltbank veröffentlichten GNI-Rangliste lag China 1978 auf Platz 175 (von insgesamt 188 Volkswirtschaften) und gehörte damit zu den Ländern mit dem niedrigsten Einkommen der Welt.

本教材"改革开放"单元中曾经提到 1978 年我国的国内生产总值（GDP）是 1473 亿美元[1]，占世界 GDP 比重仅为 1.8%。如表 3-1 所示，1978 年，我国人均国民总收入 200 美元，仅相当于世界平均水平的 10.3%。在世界银行公布的 GNI 排名中，1978 年中国排名约 175 位（共计 188 个经济体），属于全球最低收入国家之一。

[1] 改革开放 30 年报告之十六：国际地位和国际影响发生了根本性的历史转变，2008 年 11 月 17 日，https://www.stats.gov.cn/zt_18555/ztfx/jnggkf30n/202303/t20230301_1920475.html，访问日期：2024 年 1 月 28 日。

❶国际地位显著提高 国际影响力明显增强——改革开放40年经济社会发展成就系列报告之十九，2018年9月17日，https://www.stats.gov.cn/zt_18555/ztfx/ggkf40n/202302/t20230209_1902599.html，访问日期：2024年1月28日。

表 3-1　金砖国家人均GNI❶（单位：美元）

| 国家 | 1978 年 | 1990 年 | 2000 年 | 2010 年 | 2015 年 | 2016 年 |
|---|---|---|---|---|---|---|
| 国家平均 | 1934 | 4208 | 5475 | 9384 | 10576 | 10308 |
| 高收入国家 | 7301 | 18828 | 25956 | 39872 | 42084 | 41150 |
| 中等收入国家 | 520 | 849 | 1218 | 3627 | 4995 | 4891 |
| 中等偏上收入国家 | 687 | 1186 | 1905 | 5969 | 8393 | 8176 |
| 中等偏下收入国家 | 316 | 479 | 547 | 1534 | 2065 | 2078 |
| 低收入国家 | 224 | 291 | 232 | 502 | 624 | 614 |
| 中国 | 200 | 330 | 940 | 4340 | 7950 | 8250 |
| 巴西 | 1670 | 2730 | 3860 | 9610 | 10080 | 8840 |
| 俄罗斯 | / | / | 1710 | 9980 | 11760 | 9720 |
| 印度 | 200 | 380 | 440 | 1220 | 1600 | 1670 |
| 南非 | 1550 | 3280 | 3020 | 6160 | 6070 | 5480 |

资料来源：世界银行WDI数据库

Wie in der Tabelle 3-2 gezeigt, war das Pro-Kopf-Bruttonationaleinkommen Chinas 1978 niedriger als das Indiens in der Weltrangliste und nur höher als das von Ruanda, Mali, Bangladesch, Guinea-Bissau, Burundi, Somalia, Nepal und Myanmar. Damals betrug das Pro-Kopf-Bruttonationaleinkommen in den USA und in Japan 10 760 bzw. 7 550 USD und der weltweite Durchschnitt 1 943 USD. Das Pro-Kopf-Bruttonationaleinkommen in China betrug nur 1,86% von dem in den USA.

　　从表 3-2 中可以看出，1978 年中国人均GNI世界排名低于印度，仅高于卢旺达、马里、孟加拉、几内亚比绍、布隆迪、索马里、尼泊尔和缅甸。当时美国人均GNI为10760美元，日本7550美元，全球平均1943美元，中国人均GNI仅为美国的1.86%。

❷世界银行World Development Indicators（WDI）数据库。https://databank.worldbank.org/，访问日期：2024年1月28日。基于美元实时汇率计算（current US$），仅供参考。根据计算采用的汇率不同（实时汇率，某年美元固定汇率或按照购买力平价PPP），得到的具体数据和排名也有差异。

表 3-2　1978 年与 2022 年各国人均GNI比较❷（单位：美元）

| 国家 | 1978 年 | 2022 年 |
|---|---|---|
| 斯里兰卡 | 240 | 3610 |
| 冈比亚 | 230 | 810 |
| 巴基斯坦 | 230 | 1580 |
| 印度 | 210 | 2380 |
| 中国 | 200 | 12850 |
| 布基纳法索 | 200 | 840 |
| 卢旺达 | 180 | 930 |

续表

| 国家 | 1978 年 | 2022 年 |
|------|---------|---------|
| 马里 | 170 | 850 |
| 孟加拉 | 160 | 2820 |
| 几内亚比绍 | 160 | 820 |
| 布隆迪 | 140 | 240 |
| 索马里 | 140 | 470 |
| 尼泊尔 | 110 | 1340 |
| 缅甸 | 40 | 1210 |

1978 betrug die Gesamtgetreideproduktion Chinas 300 Millionen Tonnen, wobei die Pro-Kopf-Getreideproduktion 319 Kilogramm betrug und damit weit unter der international anerkannten Getreidesicherheitsgrenze von 400 Kilogramm lag. 1978 lag der Pro-Kopf-Tageskalorienwert von Nahrungsmitteln in China bei 9 580 Kilojoule (entspricht 2 289 kcal), was weit unter dem von der WHO für Erwachsene empfohlenen Standardwert von 2 970 kcal pro Tag lag. Mit anderen Worten: nicht genug, um sich zu ernähren, und erst recht nicht genug, um sich gut zu ernähren.

　　1978 年中国粮食总产量为 3 亿吨，人均 319 千克❶，远低于国际公认的 400 公斤粮食安全线❷。1978 年中国人均日食物热量值为 9580 千焦❸（折合 2289 大卡），也远低于世界卫生组织建议的成年人每天 2970 大卡标准❹。也就是说：吃不饱，更吃不好。

Die Devisenreserven Chinas beliefen sich 1978 nur auf 167 Millionen USD, wodurch man beim besten Willen keine Getreideeinfuhr schaffte.

　　1978 年，我国的外汇储备只有 1.67 亿美元❻，想进口粮食也有心无力。

Wie aus der Tabelle 3-3 hervorgeht, lebte 1978 landesweit eine Armutsbevölkerung von 770 Millionen, und die Armutsquote in den ländlichen Gebieten erreichte erschreckende 97,5%.

　　如表 3-3 所示，1978 年，全国贫困人口有 7.7 亿，农村贫困发生率高达 97.5%。❼

❶ 数据来源：国家统计局国家数据库, data.stats.gov.cn/search.htm?s=劳均粮食产量（公斤/人）-全国-1978 年，访问日期：2024 年 1 月 28 日。

❷❺ 郑栅洁：国务院关于确保国家粮食安全工作情况的报告——2023 年 8 月 28 日在第十四届全国人民代表大会常务委员会第五次会议上，中国人大网，2023 年 8 月 28 日，http://www.npc.gov.cn/npc/c2/c30834/202309/t20230905_431547.html，访问日期：2024 年 1 月 28 日。

❸ 徐翔：《中国人均食物热值构成变化趋势》，载《南京农业大学学报》，1998 年第 2 期，第 120-123 页。

❹ Human energy requirements - Report of a Joint FAO/WHO/UNU Expert Consultation. Food and Agriculture Organization of the United Nations (FAO), 2010 年 10 月，https://sennutricion.org/media/Docs_Consenso/Human_energy_requirements-FAO_2001.pdf，访问日期：2024 年 1 月 28 日。

❻ 系列报告之二：从封闭半封闭到全方位开放的伟大历史转折，2009 年 9 月 8 日，https://www.stats.gov.cn/zt_18555/ztfx/qzxzgcl60zn/202303/t20230301_1920381.html，访问日期：2024 年 1 月 28 日。

❼ 扶贫开发成就举世瞩目脱贫攻坚取得决定性进展——改革开放 40 年经济社会发展成就系列报告之五，2018 年 9 月 3 日，https://www.stats.gov.cn/zt_18555/ztfx/ggkf40n/202302/t20230209_1902585.html，访问日期：2024 年 1 月 28 日。

表3-3　按现行农村贫困标准衡量的农村贫困状况

| 年份 | 当年价贫困标准（元/（年·人））（元·年$^{-1}$·人$^{-1}$） | 贫困发生率（%） | 贫困人口规模（万人） |
| --- | --- | --- | --- |
| 1978 | 366 | 97.5 | 77039 |
| 1980 | 403 | 96.2 | 76542 |
| 1985 | 482 | 78.3 | 66101 |
| 1990 | 807 | 73.5 | 65849 |
| 1995 | 1511 | 60.5 | 55463 |
| 2000 | 1528 | 49.8 | 46224 |
| 2005 | 1742 | 30.2 | 28662 |
| 2010 | 2300 | 17.2 | 16567 |
| 2011 | 2536 | 12.7 | 12238 |
| 2012 | 2625 | 10.2 | 9899 |
| 2013 | 2736 | 8.5 | 8249 |
| 2014 | 2800 | 7.2 | 7017 |
| 2015 | 2855 | 5.7 | 5575 |
| 2016 | 2952 | 4.5 | 4335 |
| 2017 | 2952 | 3.1 | 3046 |

数据来源：国家统计局农村住户调查和居民收支与生活状况调查。其中，2010年以前数据是根据历年全国农村住户调查数据、农村物价和人口变化，按现行贫困标准测算取得

2000: Durch Bemühungen seit Beginn der Reform und Öffnung waren über 300 Millionen Menschen in den ländlichen Gebieten aus der Armut befreit worden. Für Sie, die nach 2000 geboren sind, mag es schwer vorstellbar sein, dass bis zum Jahr 2000 fast 460 Millionen Bauern (etwa ein Drittel der Gesamtbevölkerung) noch in absoluter Armut lebten, mit einem jährlichen Einkommen von weniger als 1 528 RMB.

　　2000年，经过改革开放以来的努力，已有3亿多农村贫困人口成功脱贫。但是作为"00后"的你们大概难以想象，就在2000年，中国还有占人口近1/3的4.6亿农民在绝对贫困中挣扎，年收入不到1528元人民币。❶

❶扶贫开发成就举世瞩目脱贫攻坚取得决定性进展——改革开放40年经济社会发展成就系列报告之五，2018年9月3日，https://www.stats.gov.cn/zt_18555/ztfx/ggkf40n/202302/t20230209_1902585.html，访问日期：2024年1月28日。

2021: Dem Weißbuch *Armutsbekämpfung: Chinas Erfahrung und Beitrag* zufolge hat China die absolute Armut vollständig beseitigt und die Armutsbekämpfungsziele der *UN-Agenda 2030 für nachhaltige Entwicklung* zehn Jahre vor dem Zeitplan erreicht.

2021 年，根据中国国务院新闻办公室发布的《人类减贫的中国实践》白皮书❶，中国已经完全消除了绝对贫困，提前十年实现了《联合国 2030 年可持续发展议程》的减贫目标。

❶《人类减贫的中国实践》白皮书，2021 年 4 月 6 日，https://www.gov.cn/zhengce/2021-04/06/content_5597952.htm，访问日期：2025 年 2 月 1 日。

Die Zahlen in Warming-up der Lektion 3 des Lehrbuchs *Öffentliches Reden*❷ stammen aus dem oben genannten Weißbuch: (Seit 2014) werden 98,99 Millionen Landbewohner aus der Armut befreit. 832 Landkreise sowie 128 000 Dörfer werden aus der Armutsliste gestrichen. Chinas Beitrag zur Befreiung der Weltbevölkerung aus der Armut liegt bei über 70%. Dies stellt ein Wunder in der Geschichte der menschlichen Armutsbekämpfung dar (siehe Abbildung 3-1).

❷ 李媛等编：《德语演讲教程》（"理解当代中国"德语系列教材），外语教学与研究出版社，2022，第 44 页。

教材《德语演讲教程》第三单元"热身练习"中的一组数字摘自白皮书：（2014 年以来）实现脱贫的农村贫困人口数量为 9899 万，脱贫摘帽的贫困县数量 832 个，实现脱贫出列的贫困村数量 12.8 万，中国对全球的减贫贡献率在 70% 以上，创造了人类减贫史上的奇迹（见图 3-1）。

图 3-1　脱贫攻坚战以来中国农村贫困人口变化情况

Liebe Studierende, Sie sind genau in einer Zeit aufgewachsen, in der die ländliche Armut in China umfassend beseitigt wurde. Können Sie dieses Wunder erklären? Es reicht nicht aus, nur statistische Zahlen aufzulisten. Nur wenn Sie die Geschichten hinter den Zahlen erzählen, können Sie sich selbst und Ihren Zuhörern verständlich machen, welche Bedeutung all dies hat.

同学们，你们正好成长在中国农村贫困人口全面脱贫的时代，你们能讲好这个奇迹是如何创造的吗？仅仅列举统计数字是远远不够的，讲好数字背后的故事才能让自己和听众理解这一切的意义。

3-1 几代领导人的中国梦

# 1 Der Chinesische Traum mehrerer Generationen von Regierungschefs

## 几代领导人的中国梦

Seit 1949 führt die chinesische Regierung gemeinsam mit dem Volk einen hartnäckigen Kampf gegen die Armut. 1973 besuchte Premierminister ZHOU Enlai Yan'an und sah die immer noch schwierige Lebenssituation der Einwohner. Mit Tränen in den Augen sagte er: „Ich habe meine Aufgabe als Premierminister nicht gut erfüllt, die Einwohner in Yan'an haben nicht genug zu essen." Der Film *ZHOU Enlai kehrt nach Yan'an zurück* beschreibt diese Szene eindrucksvoll. Premierminister ZHOU Enlai und die lokalen Amtsträger schlugen sich auf die Hände und vereinbarten: Nach drei Jahren sollte sich Yan'an verändern, innerhalb von fünf Jahren sollte sich die Getreideproduktion verdoppeln und die Lebenssituation der Einwohner erheblich verbessern. Dies war der bescheidene Chinesische Traum der älteren Generation von Regierungschefs.

1949 年以来，中国政府和人民一直在与贫穷进行着艰难的斗争。1973 年周恩来总理回到延安，看到百姓穷苦的状态，含着眼泪说：“我这个总理没当好，延安人民没饭吃。”❶电影《周恩来回延安》中对这一场景有动人的展现。周恩来总理和省市官员击掌约定：三年延安变面貌，五年粮食翻一番，让老百姓过上好日子。这是老一代领导人朴素的中国梦。

❶ 原延安地委书记土金璋：周恩来的延安情，2014 年 1 月 6 日，http://dangshi. people.com.cn/n/2014/0106/ c85037-24036361.html，访问日期：2024 年 1 月 28 日。

Von 1969 bis 1975 ließ sich Generalsekretär XI Jinping im Dorf Liangjiahe in Yan'an als Bauer nieder. Die harten Bedingungen vor Ort schockierten ihn. Die Bauern erhielten nur etwa zehn Kilogramm Lebensmittel pro Monat und höchstens dreißig bis fünfzig RMB am Jahresende. Armut, Hunger und harte Arbeit ohne Hoffnung prägten das Leben der Bauern in Liangjiahe. Generalsekretär XI Jinping hat oft von dieser Zeit gesprochen: „Ich hatte einen Wunsch, dass die Leute im Dorf sich einmal satt essen könnten, regelmäßig Fleisch essen könnten. Aber damals war dies schwer zu erreichen." Das ist wohl der Grund, warum sich die neue Generation von Regierungschefs entschlossen hat, den Kampf gegen die Armut anzutreten.

1969 年至 1975 年，习近平总书记到延安的梁家河插队，当地的落后让人震惊。农民每个月只有十多公斤口粮，年底最多分到

三五十元。贫穷、饥饿、劳苦，没有希望的日子构成了梁家河农民的生活。习近平总书记曾多次在演讲中提到在梁家河的经历："我很期盼的一件事，是让乡亲们饱餐一顿肉，并且经常吃上肉，但是，这个心愿在当时是很难实现的。"❶这也许是促使新一代领导人下定决心向贫穷宣战的原因。

Bis Ende 2014 lebten in China immer noch 70,17 Millionen Menschen in ländlichen Gebieten in Armut, mehr als die Gesamtbevölkerung Großbritanniens. Am 27. November 2015 betonte Generalsekretär XI Jinping bei der Zentralen Arbeitskonferenz für Armutsbekämpfung und Entwicklung: „Die Beseitigung der Armut, die Verbesserung der Lebenssituation der Bevölkerung und die schrittweise Verwirklichung des gemeinsamen Wohlstandes sind wesentliche Forderungen des Sozialismus und eine wichtige Mission und Aufgabe der Kommunistischen Partei Chinas. Die umfassende Vollendung des Aufbaus einer Gesellschaft mit bescheidenem Wohlstand ist unser ernstes Versprechen an das ganze Volk [...] Es gilt, den Kampf gegen die Armut mit aller Entschiedenheit zu gewinnen. Es muss sichergestellt werden, dass bis zum Jahr 2020 alle Armutsgebiete und die gesamte arme Bevölkerung in einer Gesellschaft mit umfassendem bescheidenem Wohlstand angelangt sind."

　　截至 2014 年底，全国仍有 7017 万农村贫困人口❷，超过英国人口总数❸。2015 年 11 月 27 日，中央扶贫开发工作会议召开，习近平总书记强调，消除贫困、改善民生、逐步实现共同富裕，是社会主义的本质要求，是我们党的重要使命。全面建成小康社会，是我们对全国人民的庄严承诺……坚决打赢脱贫攻坚战，确保到 2020 年所有贫困地区和贫困人口一道迈入全面小康社会。❹

Der Entscheidungskampf gegen die Armut ist bereits eingeläutet worden: Es ist ein entscheidender Faktor für die umfassende Vollendung des Aufbaus einer Gesellschaft mit bescheidenem Wohlstand und die Verwirklichung des ersten der beiden Ziele „Zweimal hundert Jahre", die gesamte Landbevölkerung aus der Armut zu befreien. Dies ist die obligatorische Mindestanforderung an die Regierung und Chinas Ankündigung und Versprechen an die Welt. Es bleibt kein Rückzugsweg, der Entscheidungskampf gegen die Armut muss unbedingt gewonnen werden.

　　对"贫穷"决战的冲锋号吹响了：农村贫困人口全部脱贫是全

❶ 习近平在华盛顿州当地政府和美国友好团体联合欢迎宴会上的演讲，2015 年 9 月 23 日，https://www.gov.cn/xinwen/ 2015-09/23/content_2937427.htm，访问日期：2024 年 1 月 28 日。

❷ 扶贫开发成就举世瞩目 脱贫攻坚取得决定性进展——改革开放 40 年经济社会发展成就系列报告之五，2018 年 9 月 3 日，https://www.stats.gov.cn/zt_18555/ztfx/ggkf40n/202302/t20230209_1902585.html，访问日期：2024 年 1 月 28 日。

❸ 6759.6 万（2022 年），数据来源：英国国家概况，中华人民共和国外交部，https://www.fmprc.gov.cn/web/gjhdq_676201/gj_676203/oz_678770/1206_679906/1206x0_679908/，访问日期：2025 年 2 月 1 日。

❹ 习近平出席中央扶贫开发工作会议并发表重要讲话，2016 年 5 月 19 日，https://www.moa.gov.cn/ztzl/tpgj/gcsy/201605/t20160523_5146555.htm?eqid=bd2f7b0b0005c4d300000005647e011b，访问日期：2024 年 1 月 28 日。

面建成小康社会、实现第一个百年奋斗目标的标志性指标，是必须完成的底线。这是中国对世界的宣示和承诺，没有退路，对"贫穷"的决战必须胜利。

3-2 精确打击、打赢脱贫攻坚战

## 2 Gezielte Maßnahmen im Kampf gegen die Armut
## 精确打击、打赢脱贫攻坚战

1984 wies DENG Xiaoping eindeutig darauf hin: „In den ländlichen Gebieten gibt es immer noch Dutzende Millionen von Menschen, die nicht ausreichend versorgt sind." 1986 wurde das Leitungsgremium für die Armutsbekämpfung und Entwicklung beim Staatsrat gegründet, und eine landesweite Kampagne zur Armutsbekämpfung und Entwicklung wurde damit gestartet. Nach fast 30 Jahren unermüdlicher Bemühungen sind weltweit anerkannte Erfolge erzielt worden. Doch die Mängel im Armutsbekämpfungssystem wurden immer deutlicher, und es traten Probleme wie niedrige Qualität und Effizienz in der Armutsbekämpfung sowie viele Schlupflöcher bei der Armenhilfe auf.

1984 年邓小平同志明确指出："现在农村还有几千万人温饱问题没有完全解决。"❶ 1986 年，国务院扶贫开发领导小组办公室成立，全国扶贫开发工作启动。通过近 30 年的不懈努力，我国的扶贫工作取得了举世公认的辉煌成就。但是，扶贫制度设计的缺陷也日益凸显，扶贫中低质、低效问题普遍存在，帮扶工作存在许多盲点。

❶ 邓小平：《在中央顾问委员会第三次全体会议上的讲话（一九八四年十月二十二日）》，载中共中央文献研究室（编）《十二大以来重要文献选编》，中央文献出版社，1986，第 76-83 页。

Im weiteren Verlauf der Kampagne war die anspruchsvollste Strecke bei der Armutsbekämpfung noch zu überwinden. Ein erheblicher Teil der Bevölkerung lebte in entlegensten Gebieten mit härtesten Lebensbedingungen. Diese Bevölkerungsgruppe lebte in äußerster Armut. Sie aus der Armut zu befreien, war „die schwerste Aufgabe" der Armutsbekämpfung und galt als härteste Nuss, die es zu knacken galt.

随着扶贫工作的深入开展，扶贫工程也到了最困难的阶段，相当一部分人口居住在艰苦边远地区，处于深度贫困状态，属于脱贫攻坚"最重的担子"和"最硬的骨头"。

Im Jahr 2013 betonte Generalsekretär XI Jinping bei einer Untersuchungsreise zur Armutsbekämpfung in ländlichen Gebieten in Hunan zum ersten Mal, dass „gezielte Armutsbekämpfung" unerlässlich sein sollte. Je nach Region und

Haushalt sollten wissenschaftliche Methoden angewandt werden, um die armen Haushalte genau zu identifizieren, gezielt zu unterstützen und zweckmäßig zu verwalten.

2013 年习近平总书记在湖南农村调研脱贫攻坚时首次提出要"精准扶贫"，要针对不同的地区、不同的农户，采用科学的手段对农户进行精确的识别、精确的帮扶和精确的管理。

Ein altes chinesisches Sprichwort besagt: „Leicht gesagt, schwer getan". Aber bei der „gezielten Armutsbekämpfung" hat die chinesische Regierung nicht nur geredet, sondern auch gehandelt, und zwar mit ausgezeichneten Ergebnissen.

中国有句老话说，"说起来容易做起来难"，但在"精准扶贫"这件事上，中国政府不仅说了，也做了，而且成绩优异。

Menschen mit einem jährlichen Nettoeinkommen von weniger als 2 800 RMB galten 2014 als arm. Nach diesem Standard gab es 2014 in China 70,17 Millionen arme Menschen, 832 arme Landkreise und 128000 arme Dörfer. Diese Gebiete hatten meistens eine schlechte Verkehrsanbindung und unzureichende Infrastruktur sowie öffentliche Dienstleistungen.

2014 年人均纯收入 2800 元以下被界定为贫困人口。当年我国有贫困人口 7017 万，还有 832 个贫困县、12.8 万个贫困村❶，这些地区大多交通不便，基础设施和公共服务条件较差。

❶ 扶贫开发成就举世瞩目 脱贫攻坚取得决定性进展——改革开放 40 年经济社会发展成就系列报告之五，2018 年 9 月 3 日，https://www.stats.gov.cn/zt_18555/ztfx/ggkf40n/202302/t20230209_1902585.html，访问日期：2024 年 1 月 28 日。

Ab 2014 teilten die lokalen Regierungen ihre jeweiligen Bezirke zur Abgrenzung der Verantwortungsbereiche in Raster auf und ergriffen Maßnahmen wie Hausbesuche, Bürgerbewertungen und Bekanntgabe der Informationen und Daten durch öffentliche Anzeigen, um die Zielgruppen der Armutsbekämpfung genau zu identifizieren und damit für jeden armen Landwohner bzw. Haushalt Akten für die Armutsbekämpfung anzulegen. Nach der erfolgreichen Identifizierung der armen Landbewohner bzw. Haushalte wurden deren Einkommenssituation und die Ursache der Armut analysiert. Für jeden bedürftigen Haushalt wurden ein Verantwortlicher festgelegt, ein Aktionsplan der Armutsbekämpfung erstellt und entsprechende Fördermittel bereitgestellt. Der gesamte Prozess war offen, gerecht und transparent, jeder Dorfbewohner war an der Bewertung, Entscheidungsfindung und Überwachung beteiligt. Schließlich wurden für 55,75 Millionen Landbewohner Akten für die

Armutsbekämpfung angelegt.

从 2014 年开始，各地政府将辖区划分成网格，通过入户调查、群众评议和公示公告精准确定扶贫对象，为每个贫困家庭建立档案。识别出贫困居民以后，还要分析其收入状况和贫困原因，针对扶贫对象的贫困情况为每户指定责任人，为每户设计脱贫方案，并投入相应的扶贫资金。整个过程公开、公正、透明，农村社区人人参与判断、决策和监督，最终为 5575 万贫困人口❶建立脱贫档案。

❶ 5575 万为 2015 年贫困人口数量。数据来源：《人类减贫的中国实践》白皮书，2021 年 4 月 6 日，https://www.gov.cn/zhengce/2021-04/06/content_5597952.htm，访问日期：2025 年 2 月 1 日。

Die personellen, materiellen und finanziellen Ressourcen, die in den acht Jahren der „gezielten Armutsbekämpfung" erforderlich gewesen sind, sind astronomisch. Allein die Entschlossenheit, dies zu tun, ist schon eine Pionierleistung.

8 年"精准扶贫"，需要投入的人力、物力、财力是一个天文数字。仅仅下决心做这件事本身，就是一个创举。

Wie Abbildung 3-2 zeigt, haben die Regierungen in den acht Jahren auf allen Ebenen 1,6 Billionen RMB in die Armutsbekämpfung investiert und insgesamt 10,58 Billionen RMB in Form von verschiedenen Krediten für die Armutsbekämpfung vergeben.

如图 3-2 所示，8 年中，各级政府投入扶贫资金 1.6 万亿元，发放各类扶贫贷款 10.58 万亿元❷。

❷ 习近平：在全国脱贫攻坚总结表彰大会上的讲话，2021 年 2 月 25 日，https://www.gov.cn/xinwen/2021-02/25/content_5588869.htm?eqid=83096b2e0006272c00000002645e03e2，访问日期：2024 年 1 月 28 日。

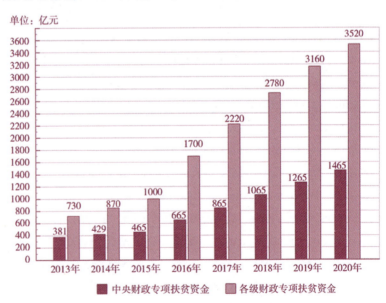

图 3-2　脱贫攻坚以来财政专项扶贫资金投入情况

Entsandt wurden in den acht Jahren insgesamt 255 000 Vor-Ort-Arbeitsgruppen, mit mehr als 3 Millionen Beauftragten und über 2 Millionen lokale Funktionäre, von denen mehr als 1 800 ihr Leben im Laufe ihrer Arbeit geopfert haben.

8 年中，我国累计派出 25.5 万个驻村工作队，选派 300 多万名驻村干部与 200 多万名当地村镇干部，有 1800 多名干部在工作中牺牲。

Aus Text 3 der Lektion 3 des Lehrbuchs *Öffentliches Reden*: „Ein neues Kapitel in der Geschichte der Armutsbekämpfung verfassen" können wir mehr erstaunliche Zahlen und Erfolge bei der Armutsbekämpfung erfahren. ❶ Die Mobilisierungsfähigkeit und Durchsetzungskraft Chinas sind weltweit führend, und wir sollten uns glücklich schätzen, in einem solchen Land zu leben.

❶ 李嫒等编：《德语演讲教程》（"理解当代中国"德语系列教材），外语教学与研究出版社，2022，第 54-57 页。

从《德语演讲教程》第三单元的课文 3《谱写人类反贫困历史新篇章》中我们可以了解更多与减贫相关的辉煌数字和成就。中国这样的动员能力和行动能力傲视全球，我们应该为生活在这样的国家而感到幸福。

## 第二讲 脱贫攻坚——君子以自强不息

3-3 扶贫先扶志

## 3 Um die Armut zu bekämpfen, soll vor allem der Wille gestärkt werden
### 扶贫先扶志

Ein altes chinesisches Sprichwort lautet: Hilfe in der Not statt in der Armut. „Erbettelte Almosen" können den Armen nur illusorische Hoffnung einflößen und ihnen die letzte Würde und Selbstachtung nehmen. Nur die Unbeugsamkeit und Unbeirrbarkeit, sich aus der Armut zu befreien und durch den eigenen Schweiß und die eigene Arbeit zu Wohlstand zu gelangen, kann es wirklich jedem ermöglichen, Würde und Selbstvertrauen zu genießen, und dies ist der Weg, den China zur Armutsbekämpfung gewählt hat.

中国有句老话：救急不救穷。"嗟来之食"的施舍只能带给贫困者虚幻的希望，却夺走了他们最后一点尊严和自信。只有不屈不挠，通过自己的汗水和工作摆脱贫穷走向富裕，才能真正让人人享有尊严和自信——这就是中国选择的扶贫之路。

Generalsekretär XI Jinping hat zwei Leitsätze formuliert:
Um die Armut zu bekämpfen, soll vor allem der Wille gestärkt werden.
Um die Armut zu bekämpfen, muss das Wissen vermittelt werden.

习近平总书记有两句名言：扶贫先扶志[1]；扶贫必扶智[2]。

Den Willen zu stärken bedeutet, den Mut und die Zuversicht der armen Bevölkerung zu wecken sowie deren Wunsch und Willen zur Armutsbekämpfung zu fördern bzw. zu stärken. Das Wissen zu vermitteln bedeutet, die Denkweisen der armen Bevölkerung zu verändern und deren Fähigkeiten zur Armutsbekämpfung zu verbessern. Aus der Abbildung 3-3 ist ersichtlich, dass fast drei Viertel des Einkommens der armen Bevölkerung in China durch ihre eigenen Erwerbstätigkeiten erzielt worden sind und verschiedene Spenden und Subventionen nur ein Viertel ausmachten.

[1] 习近平：《弱鸟如何先飞——闽东九县调查随感》，载习近平《摆脱贫困》，福建人民出版社，1992，第1页。

[2] 习近平主席在 2015 减贫与发展高层论坛上的主旨演讲（全文），2015 年 10 月 16 日，http://www.xinhuanet.com/politics/2015-10/16/c_1116851045.htm，访问日期：2024 年 1 月 28 日。

"扶志"就是激发贫困群众的勇气和信心，有奋斗的愿望和意志；"扶智"就是改变贫困者的观念，提升他们脱贫的能力。从图3-3可知，中国贫困人口的收入近 3/4 是依靠自己的劳动、经营所得，各种捐赠资助仅占约 1/4。

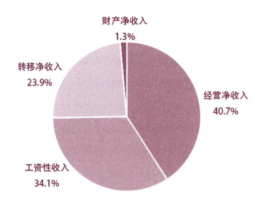

图 3-3　2016 年贫困地区农村居民收入结构❶

❶ 精准脱贫成效卓著 小康短板加速补齐——党的十八大以来经济社会发展成就之六，2017 年 7 月 11 日，https://www.stats.gov.cn/zt_18555/ztfx/18fzcj/202302/P020230209581381954474.pdf，访问日期：2024 年 1 月 28 日。

Der Dokumentarfilm *Das Geheimrezept der Armutsbekämpfung in China* hat die Maßnahmen zur gezielten Armutsbekämpfung umfassend zusammengefasst:

纪录片《中国减贫密码》对精准扶贫的举措进行了全面的总结分析：

- Für abgelegene Gebiete mit schlechter Verkehrsanbindung sind Straßen und Brücken gebaut worden, um sie in das nationale Straßennetz einzubinden.
- In extremen Umgebungen mit schlechtem Ackerland sind Umsiedlungen in andere Gebiete durchgeführt worden.
- Bei fehlenden Finanzmitteln und Entwicklungsgrundlagen haben die Regierungen und Unternehmen Anleitungen von Experten und finanzielle Unterstützung geboten.
- Für Behinderte, Alte und Kranke in ländlichen Gebieten sind extra Dorfarztpraxen eingerichtet und Basisgesundheitsdienste verfügbar gemacht worden.
- Für landwirtschaftliche Produkte ohne Absatzmöglichkeiten sind alle möglichen E-Commerce-Kanäle zur Erschließung neuer Absatzmöglichkeiten und -märkte eingerichtet worden.

...

- 位置偏远、交通不便——修路架桥，接入全国路网
- 环境恶劣、缺少耕地——搬出大山，异地安置

- 缺乏资金、无力开发——政府、企业出人指导，出资金帮助
- 身体残疾、老弱多病——农村基本医疗保障，驻村医生
- 农产品没有销路——通过电商渠道销售全国

……

Nehmen wir das landesweite bekannte Dorf Xuanya in Liangshan, Provinz Sichuan, als Beispiel. 1 800 Dorfbewohner lebten auf einem kleinen Stück Land auf einer Klippe von mehr als 2 000 Metern Höhe. Sie hatten kein Ackerland, lebten in Armut und waren auf Baumranken und Holzleitern angewiesen, um den Berg hinauf- und hinunterzukommen, was extrem gefährlich war.

以四川凉山著名的悬崖村为例。1800 名村民居住在海拔 2000 多米的悬崖上的一小片平地上，缺少耕地，生活贫困，依靠树藤和木梯上山下山，异常危险。

Die lokale Regierung hat zunächst eine Stahltreppe gebaut, um das gefährliche Klettern zu vermeiden. Dann sind Wasser- und Stromversorgung ermöglicht sowie 5G-Netzwerk und Kabelfernsehen eingerichtet worden, damit die Dorfbewohner die Außenwelt besser kennenlernen können. Die Post hat Drohnendienste eingeführt, um den landwirtschaftlichen Produkten Zugang zum E-Commerce zu ermöglichen. Die jungen Leute im Dorf sind nicht mehr arbeitslos, sondern verdienen durch Online-Streaming und Reiseführung Geld.

政府先为悬崖村修了钢梯，让爬山不再危险。然后接入水、电、5G网络和有线电视，让村民了解外面的世界。邮局开通了无人机服务，为山村的农特产开启电商渠道；村里的青年人不再赋闲在家，而是通过网络直播和做导游挣钱。

2020 sind die 84 Haushalte im Dorf, die in die Liste der gezielten Armutsbekämpfung aufgenommen worden waren, in das Umsiedlungsviertel einer Kreisstadt umgezogen, wo die Wohnhäuser von der Regierung fertig gebaut worden waren und jeder Haushalt brauchte nur 10 000 RMB für die Eigentumsrechte zu zahlen. Das Viertel ist mit einem Kindergarten, einer Arztpraxis und mehreren Geschäften usw. ausgestattet.

2020 年，村里的 84 户精准扶贫户搬进县城的易地扶贫搬迁集中安置点，房屋由政府建造，每家只需要支付一万元就能拥有产权。小区内配备幼儿园、医务室、商店等配套设施。

Es ist soweit alles getan, oder? Aber unsere Regierung tut noch mehr: Zuerst ist gesetzliche Krankenversicherung eingeführt worden, damit die Dorfbewohner sich keine Sorgen um medizinische Versorgung machen müssen, auch um Rückfälle in die Armut wegen hohen Behandlungskosten zu verhindern.

扶贫到这一步已经很不错了，对吧？但是我们政府做得更多：首先是基本医疗保险，让村民不再担心看不起病，因治疗返贫。

Zweitens sind in der Nähe Betriebe gegründet worden, so dass jeder Dorfbewohner einen Arbeitsplatz bekommt, um Gelb verdienen und damit seine Familie ernähren zu können. Guy Ryder, Generaldirektor der International Labour Organization (ILO), spricht in dem Dokumentarfilm *Das Geheimrezept der Armutsbekämpfung in China* darüber, dass der Schlüssel zur Beseitigung der Armut darin bestehe, den Menschen menschenwürdige Beschäftigungsmöglichkeiten zu bieten. Die Geschichte von dem Dorf Xuanya ist ein gutes Beispiel dafür.

其次在附近开设企业，给每个村民提供工作，让他们有机会自己挣钱养家。国际劳工组织总干事盖伊·赖德在记录片《中国减贫密码》中谈到：为人们提供体面的就业机会，是消除贫困的关键。悬崖村的故事正是最好的例证。

Während der Armutsbekämpfung sind die Bedingungen an landesweit insgesamt 108 000 Schulen verbessert worden. Mit Stand vom 20. November 2019 ist die Zahl der Schulabbrecher in 832 staatlich anerkanten armen Landkreisen von 290 000 auf 23 000 gesunken, nachdem das Projekt „Bekämpfung des Schulabbruchs und Sicherstellung der allgemeinen Schulpflicht" umgesetzt wurde. Nach Angaben des Bildungsministeriums ist die Zahl der Kinder, die nicht zur Schule gehen können, im Jahr 2020 landesweit von 600 000 auf 831 gesunken.

脱贫攻坚过程中，我国共计 10.8 万所学校的办学条件得以改善❶。"控辍保学"项目❷实施后，截至 2019 年 11 月 20 日，832 个国家级贫困县义务教育阶段辍学学生人数已由 29 万减少至 2.3 万❸。据教育部公布的数据，2020 年全国失学儿童已经从 60 万人减少到 831 人❹。

2019 kam Nadim, ein junger Mann aus Großbritannien, in das Dorf Kuijiu in

❶ 扶贫开发成就举世瞩目 脱贫攻坚取得决定性进展——改革开放 40 年经济社会发展成就系列报告之五，2018 年 9 月 3 日，https://www.stats.gov.cn/zt_18555/ztfx/ggkf40n/202302/t20230209_1902585.html，访问日期：2024 年 1 月 28 日。

❸ 着力推进控辍保学精准化制度化——"决战决胜脱贫攻坚"系列评论之三，2020 年 4 月 29 日，http://www.moe.gov.cn/jyb_xwfb/xw_zt/moe_357/jyzt_2020n/2020_zt11/pinglun/202004/t20200429_448189.html，访问日期：2024 年 1 月 28 日。

❷ 国务院办公厅关于进一步加强控辍保学提高义务教育巩固水平的通知，2017 年 7 月 28 日，http://www.moe.gov.cn/jyb_xxgk/moe_1777/moe_1778/201709/t20170905_313257.html，访问日期：2024 年 1 月 28 日。

❹ 九年义务教育巩固率达 94.8%，辍学生由 60 万降至 831 人，2020 年 12 月 11 日，http://www.moe.gov.cn/fbh/live/2020/52763/mtbd/202012/t20201211_504942.html，访问日期：2024 年 1 月 28 日。

Liangshan, um die Beauftragten für die Armutsbekämpfung bei den Tür-zu-Tür-Befragungen zu begleiten, um Kinder, welche die Schule schwänzen, davon zu überzeugen, in die Schule zurückzukehren... Am Ende des Dokumentarfilms sagte er zu den Beauftragten für die Armutsbekämpfung mit Tränen in den Augen: „Ich glaube wirklich, dass Sie die Helden Chinas (sind), echte Helden."

2019 年，英国小伙纳迪姆来到大凉山的奎久村，跟随扶贫专员一起挨家挨户调查，劝返逃学的孩子……在记录短片最后，他含着泪对扶贫专员说：“我真的觉得你们（是）中国的英雄，真的真的英雄。” ❶

❶ CGTN: #村里来了个扶贫洋专员#纪录片。中国国际电视台官方微博（CGTN），2021 年 2 月 5 日，https://weibo.com/3173633817/J53qj7Utv，访问日期：2024 年 1 月 28 日。

Was mich am meisten berührt, ist die Bemerkung eines Beauftragten für Armutsbekämpfung im Dokumentarfilm: „Ich will nicht nur deine Armut, sondern die Armut deiner Söhne und Enkel beenden. Wir geben euch Spenden, nennt man das Armutsbekämpfung? Nein, sie sollten zur Schule gehen, die Oberschule besuchen, an Universitäten studieren, den Master machen, vielleicht sogar den Doktor..."

而让我最感动的是该短片中一位扶贫专员说的话：“我要脱的不是你一代的贫，我是要脱你的儿子、你的孙子的贫。我们给你们补贴，这叫脱贫吗？不，他们应该读书，读高中，读大学，读硕士，甚至读博士……”

Neben dem *Geheimrezept der Armutsbekämpfung in China* sind im Internet noch viele von ausländischen Bloggern produzierte Kurzfilme über die Armutsbekämpfung in China zu finden. Sie können uns das Verständnis für die Entwicklung Chinas, darunter auch die Armutsbekämpfung, aus der ausländischen Sicht sehr gut vermitteln.

除了《中国减贫密码》，网上还有很多国外博主拍摄的中国扶贫短片，我们可以深入了解外国人视角下包括脱贫在内的中国发展故事。

3-4 共同富裕

# 4 **Gemeinsamer Wohlstand**
## 共同富裕

Das übergeordnete Ziel der Armutsbekämpfung lautet: „Es gilt, bis zum Jahr 2020 sicherzustellen, dass die armen Landbewohner ausreichend mit

Nahrung, Kleidung und Wohnraum versorgt werden und ihnen die kostenlose
Bildung gemäß der allgemeinen Schulpflicht sowie die grundlegenden
Gesundheitsdienste zur Verfügung stehen." Dieses Ziel ist im Wesentlichen der
Traum der Chinesen seit alters her: Der Traum von einer Welt der allergrößten
Harmonie und die Armutsbeseitigung hat eine unabdingbare Voraussetzung für
die Verwirklichung des Chinesischen Traums geschaffen.

脱贫攻坚的总体目标是："到 2020 年，稳定实现农村贫困人口
不愁吃、不愁穿，义务教育、基本医疗和住房安全有保障。"❶这个
目标实质上就是自古以来中国人对大同世界的设想，实现脱贫就是
实现中国梦的过程。

❶ 中共中央 国务院关于打
赢脱贫攻坚战的决定，2015
年 12 月 7 日，https://www.
gov.cn/zhengce/2015-12/07/
content_ 5020963.htm，访问
日期：2024 年 1 月 28 日。

Der Traum von einer solchen Blütezeit, den der alte Gelehrte Menzius hegte,
ist ähnlich: Wenn doch die Greisen in Seide gekleidet sind und Fleisch zu essen
haben und das einfache Volk weder hungert noch friert. Aber in den Tausenden
von Jahren der chinesischen Zivilisationsgeschichte wurde dieser Traum noch
nie verwirklicht wegen der Kluft zwischen Arm und Reich. Konfuzius sagte:
„Sorge dich nicht um Mangel oder Armut, sondern um Ungleichgewicht
und Unfrieden." Doch die Realität von damals war ähnlich wie: Hinter
zinnoberroten Toren waren Fleisch und Wein verdorben, während die Straßen
von den Knochen der Erfrorenen gesäumt waren.

先秦哲学家孟子梦想的盛世也是如此：七十者衣帛食肉，黎民
不饥不寒。但在中国数千年文明史上，这种梦想从来没有实现过，
因为贫富不均。孔子说："不患寡而患不均，不患贫而患不安。"但
当时的状况类似于：朱门酒肉臭，路有冻死骨。

Nach Beginn der Reform- und Öffnungspolitik betonte DENG Xiaoping
mehrmals: „Der Sozialismus muss die Armut beseitigen. Armut ist kein
Sozialismus, erst recht kein Kommunismus." In seiner Inspektionsreise in
Südchina 1992 erklärte er tiefgründig das Wesen des Sozialismus: „Das
Wesen des Sozialismus besteht darin, die Produktivkraft zu befreien bzw. zu
entwickeln, die Ausbeutung zu beseitigen bzw. die Kluft zwischen Arm und
Reich zu schließen und letztlich den gemeinsamen Wohlstand zu verwirklichen"

改革开放后，邓小平多次强调："社会主义要消灭贫穷。贫穷不
是社会主义，更不是共产主义。"❷ 1992 年南方谈话时，邓小平同志
深刻阐述了社会主义的本质："社会主义的本质，是解放生产力，发

❷ 邓小平：《建设有中国特
色的社会主义（一九八四年
六月三十日）》，载邓小平
《邓小平文选第三卷》，人民
出版社，1993，第 62-66 页。

❶ 中共中央文献研究室，邓小平研究组编：《永远的小平》，四川人民出版社，2014 年，第 40 页。

展生产力，消灭剥削，消除两极分化，最终达到共同富裕。"❶

Wir streben gemeinsamen Wohlstand an, der keine Gleichmacherei bedeutet, sondern das, was Generalsekretär XI Jinping ausdrückt: „Wir müssen die folgenden Prinzipien befolgen: mehr Arbeit, mehr Einkommen, Wohlstand durch Fleiß, faire Chancen und soziale Gerechtigkeit, damit jeder die Gelegenheit zur Selbstentwicklung und zum Beitrag zur Gesellschaft erhält, die Chance auf ein herrliches Leben und die Chance, Träume wahr werden zu lassen."

我们所追求的共同富裕不是平均主义，而是习近平总书记说的："坚持多劳多得，鼓励勤劳致富，完善促进机会公平、维护社会公平正义的制度机制，让每个人都获得发展自我和奉献社会的机会，共同享有人生出彩的机会，共同享有梦想成真的机会"❷。

❷ 习近平：《为实现党的二十大确定的目标任务而团结奋斗》，载《求是》，2023 年第 1 期，第 11 页。

Die Armutsbekämpfung ist ein wichtiger Schritt auf dem Weg zum gemeinsamen Wohlstand. Keine Armen in verschiedenen Teilen des Landes dürfen ausgeschlossen werden, jeder sollte auf den Zug zum gemeinsamen Wohlstand aufspringen.

脱贫是共同富裕之路上重要的一环，因此全国各地的贫困人口一个都不能落下，都要乘上共同富裕的快车。

In Text 2 der Lektion 3 des Lehrbuchs *Öffentliches Reden* ist ein Interview mit Jörg Wuttke, dem Präsidenten der EU-Handelskammer in China (*People's Daily*, 11. Mai. 2021). In den letzten 39 Jahren hat er in China gelebt und die großen Veränderungen aus nächster Nähe gesehen. Dies nannte er „Wirtschaftswunder Chinas". Er erzählte *People's Daily*, dass es ihn in den 1990er Jahren 24 Stunden gekostet hatte, um von Yinchuan, der Hauptstadt der Autonomen Region Ningxia, zu einer Grundschule in 4000 Metern Höhe in der Provinz Qinghai zu gelangen. Als er denselben Ort 2006 erneut besuchte, waren die holprigen Straßen verschwunden und was er sah, waren breite und ebene Schnellstraßen. Diesmal benötigte er bloß fünf Stunden für die gesamte Reise. In der Tat mache China etwa 15 bis 20 Prozent der Weltbevölkerung aus, und das Armutsproblem zu lösen, sei bereits ein riesiges Unterfangen und ein großer Beitrag. In der Vergangenheit hätten sich viele Landbewohner dafür entschieden, in den Städten zu arbeiten, sagte er und fügte hinzu, dass heute ein großer Teil von ihnen begonnen habe, in ihre Heimat zurückzukehren. Grund dafür seien die enorme Verbesserung und Entwicklung auf dem Land. ❶

《德语演讲教程》第三单元课文 2 是一篇对中国欧盟商会主席伍特克先生进行的专访❷，发表在 2021 年 5 月 11 日的《人民日报》上。他在过去 39 年间一直生活在中国，亲眼看到了中国巨大的变化，他称之为"中国的经济奇迹"。20 世纪 90 年代，他从宁夏回族自治区首府银川出发到青海省海拔 4000 米处的一所小学需要 24 小时。当他在 2006 年再次访问同一地方时，颠簸的道路已经消失了，他看到的是宽阔平坦的高速公路。这一次，整个旅程只花了 5 个小时。他指出，中国人口约占世界人口的 15% 至 20%，解决贫困问题是一项巨大的事业和贡献。过去许多农民选择去城市工作，而今天大量农村人口开始返乡，其原因是农村面貌的巨大改善和发展。

Chinas Armutsbekämpfung habe nicht nur die Unterentwicklung in ländlichen Regionen tiefgreifend verändert, sondern auch die koordinierte Entwicklung aller gesellschaftlicher Bereiche stark gefördert, so Herr Wuttke weiter. Abbildung 3-4 veranschaulicht das Wachstum des verfügbaren Einkommens pro Landbewohner in armen Gebieten von 2013 bis 2020.

正如伍特克所说，中国的扶贫工作不仅深刻地改变了农村地区的欠发达状况，而且还有力地促进了社会各领域的协调发展。图 3-4 展示了 2013 年到 2020 年贫困地区农村居民人均可支配收入的增长情况。

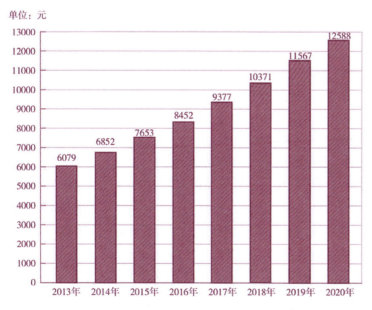

单位：元

图 3-4 贫困地区农村居民人均可支配收入❸

❶ 李媛等编：《德语演讲教程》（"理解当代中国"德语系列教材），外语教学与研究出版社，2022，第 50-51 页。

❷ Präsident der EU-Handelskammer über Chinas Wirtschaftswunder. Beijing Rundschau, 2021 年 5 月 11 日，http://german.beijingreview.com.cn/International/202105/t20210511_800246056.html, 访问日期：2024 年 1 月 28 日.

❸《人类减贫的中国实践》白皮书。国务院新闻办公室，2021 年 4 月 6 日，https://www.gov.cn/zhengce/2021-04/06/content_5597952.htm, 访问日期：2025 年 2 月 1 日。

Die Provinz Zhejiang ist eine „Vorzeigeregion für gemeinsamen Wohlstand" im ganzen Land. Ich begleitete einmal deutsche Freunde in einem Hochgeschwindigkeitszug und sie waren tief beeindruckt von den schönen ländlichen Häusern vor den Fenstern. In den abgelegenen Bergen, wo einst Guerillakämpfe gegen die japanische Besatzungsmacht stattgefunden hatten, sahen wir nun glatte Straßen, saubere öffentliche Toiletten, Wasser- und Stromversorgung, Internetanschlüsse, Abwasser- und Abfallentsorgungssysteme, Solarstraßenlampen und glückliche Gesichter der Menschen. Im Gespräch mit ihnen spürten wir deutlich, dass sie ein starkes Teilhabe-, Glücks- und Sicherheitsgefühl haben.

浙江省是全国"共同富裕"示范区。我陪同德国朋友乘坐高铁，他们对车窗外漂亮的农居赞叹不已；在当年抗日游击队战斗的深山中，我们看到的是平整的道路、干净的公共卫生间，有水、有电、有宽带，有污水和垃圾处理设施，有太阳能路灯，还有人们脸上幸福的笑容。在与他们的交谈中，我们真切地感受到他们有很强的获得感、幸福感和安全感。

❶ 李媛等编：《德语演讲教程》（"理解当代中国"德语系列教材），外语教学与研究出版社，2022，第45-48页。

Text 1 der Lektion 3 des Lehrbuchs *Öffentliches Reden* ❶ beschreibt detailliert, wie dem Volk in neun Aspekten wie Arzneimittelsicherheit, nachhaltiger Entwicklung, Gesundheit usw. ein stärkeres Teilhabe-, Glücks- und Sicherheitsgefühl verschafft werden kann. China führt die Armutsbekämpfung in verschiedenen Bereichen wie Ernährungssicherheit, Bildungswesen, Gesundheitswesen, Wasserressourcenmanagement und nachhaltige Landwirtschaft durch, was mit den Zielen für nachhaltige Entwicklung der UN weitestgehend übereinstimmt. Chinas Erfahrungen mit umfassender Armutsbeseitigung werden in die Welt getragen und unterstützen immer mehr Länder bei der Armutsbekämpfung, was dazu beiträgt, gemeinsam eine Schicksalsgemeinschaft der Menschheit aufzubauen.

《德语演讲教程》第三单元课文1从药品安全、绿色发展、健康等九个方面详述了如何让人民群众有更多获得感、幸福感和安全感。中国从粮食安全、教育、健康、水资源管理、可持续农业等多角度全方位开展脱贫攻坚，完美契合了联合国可持续发展目标。中国全面脱贫的经验将走向世界，助力更多国家人民脱贫，共同构建人类命运共同体。

第三讲 共同富裕——上下同欲者胜

# 5 Zusammenfassung
总结

3-5 总结

Die westlichen Länder sind hundert Jahre früher in die Industriegesellschaft eingetreten als China, wobei die Bevölkerung überwiegend in Städten konzentriert ist und die Landwirtschaft hauptsächlich auf modernen Landgütern basiert. Daher fällt es ihnen wohl schwer, sich vorzustellen, dass es auf Chinas ausgedehntem Land so viele arme Gemeinden gab und so viele arme Menschen lebten.

西方国家早于中国百年进入工业化社会，人口聚集于城市，农业也以现代农庄为主，因此他们很难想象中国广袤土地上曾有这么多条件艰苦的村镇，曾生活着这么多穷苦的人们。

Andere Länder, andere Verhältnisse. Andere Zeiten, andere Voraussetzungen. Es wäre in China eine soziale, wirtschaftliche und ökologische Katastrophe, wenn Hunderte von Millionen arme Menschen in die Städte strömen würden, wie es in den Slums in Indien und Brasilien der Fall ist.

但是国情不同，时代不同。在中国，如果上亿穷苦人民为了脱贫都涌向城市，将是一场社会、经济和生态的灾难。印度和巴西的贫民窟就是前车之鉴。

Deutschland war Vorreiter in der Etablierung eines Sozialversicherungssystems in der Welt und hat sich inzwischen zu einem modernen Sozialstaat entwickelt. Arbeitszeit, Krankenversicherung, Mindestlohn, Sozialversicherung usw. haben die Stabilität der deutschen Gesellschaft und die nachhaltige Entwicklung der industriellen Technologie gewährleistet und das Konzept „Made in Germany" weltbekannt gemacht. Vielleicht können die Deutschen, die in einem umfassenden Sozialversicherungsnetz leben, schwer nachvollziehen, warum die chinesische Regierung so aktiv in die Lösung persönlicher Probleme wie Armut eingriff.

现代福利制度和社会保障制度首先诞生于德国。工作时长、医疗保障、最低工资、社会保险等保证了德国社会稳定和工业技术的持久发展，创造了"德国制造"。享受完备福利制度的德国人也许很难理解为什么中国政府要这么深入积极地介入解决个人贫穷这样的私人事务中去。

Im Gegensatz zum westlichen Konzept, das individuelle Anstrengung betont, betrachtet die chinesische Kultur das Schicksal eines Einzelnen als eng mit dem Schicksal der Nation und des Landes verbunden. „Armut beseitigen" ist nicht nur ein Menschenrecht, sondern auch ein grundlegendes Menschenrecht und eine Aufgabe der Regierung sowie ein Fundament für die Legitimität des politischen Systems.

与西方更推崇个人奋斗不同，中国文化认为个人命运和民族、国家命运紧密联系在一起。"消除贫困"不仅是人权，而且是基本人权，是政府的职责所在，是政治体制合法性的基石。

Edelman Global Trust Survey Report 2023 (Abbildung 3-5) wies darauf hin, dass der Vertrauensindex der Chinesen der höchste der Welt ist. Nicht nur Gruppen mit hohem Einkommen vertrauen der Regierung voll und ganz, sondern Gruppen mit niedrigem Einkommen vertrauen der Regierung auch weltweit am meisten, was unter allen Ländern der Welt einzigartig ist.

2023 年艾德曼全球信任度调查报告指出（图 3-5），中国人的信任指数是全球最高的。不仅高收入群体，低收入群体也充分信任政府，这在世界各国中绝无仅有。

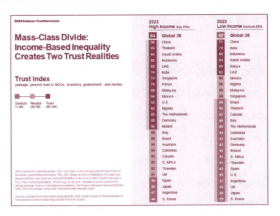

❶ 2023 Edelman Trust Barometer Report. Edelman, 2023 年 1 月 18 日，https://www.edelman.com/trust/2023/trust-barometer，访问日期：2024 年 1 月 28 日。

图 3-5　各国不同阶层对政府、非政府组织（NGO）、商业机构和媒体的信任指数❶

In Verbindung mit der ersten Lektion des vorliegenden Lehrbuchs „Chinesischer Traum" ist es nicht schwer zu verstehen, dass die „Beseitigung der Armut" der Chinesische Traum mehrerer Generationen von Regierungschefs in China und auch der Chinesische Traum aller Generationen von Chinesen ist. Genau wie Generalsekretär XI Jinping betont: „Der Chinesische Traum ist ein Traum des Volkes – seine Verwirklichung ist auf das Volk angewiesen und es ist unabdingbar, weiter unaufhörlich dem Wohle des Volkes zu dienen."

结合第一单元"中国梦",我们也不难理解"消除贫困"是几代领导人的中国梦,是世代中国人的中国梦,正如习近平总书记强调的,"中国梦归根到底是人民的梦,必须紧紧依靠人民来实现,必须不断为人民造福" ❶。

❶ 习近平:《在第十二届全国人民代表大会第一次会议上的讲话》,2013 年 3 月 17 日,https://www.gov.cn/ldhd/2013-03/17/content_2356344.htm?eqid=e692043300002cf300000003645b34f2,访问日期:2024 年 1 月 28 日。

Bekanntlich geht es in dieser Lektion nicht darum, was für Redemodelle man für die Darstellung der Armutsbekämpfung und des gemeinsamen Wohlstandes verwenden kann. Bei der Armutsbekämpfung hat es sehr viele bewegende Geschichten gegeben und zahlreiche Menschen in unserer Nähe haben davon profitiert. Daher besteht das Ziel dieser Lektion eher darin, dass Sie die Beziehung zwischen der Armutsbekämpfung und dem Chinesischen Traum, die Innovationen und Charakteristika der chinesischen Armutsbekämpfung und deren Sinn und Zweck verstehen sollten. Nur wenn Sie die Armutsbekämpfung und den gemeinsamen Wohlstand verstanden haben, können Sie erst Geschichten erzählen, die das Publikum bewegen.

本单元并没有告诉你,讲述脱贫攻坚和共同富裕可以遵循怎样的演讲模式。在脱贫攻坚过程中,有太多感人的故事,我们身边有太多人因此受益。所以本单元的目的是让大家理解脱贫攻坚与中国梦之间的关系,中国扶贫有什么创新和特色,中国扶贫的目的和意义在哪里。只有讲述者深入理解了脱贫攻坚和共同富裕,才能讲出感动听众的故事。

Im Übrigen sind die ersten drei Teile jeder Lektion des vorliegenden Lehrbuchs, die das Verstehen vom heutigen China aus interkultureller Perspektive behandeln, in gewisser Hinsicht als Musterbeispiele für eine Rede anzusehen. In dem Sinne sollten Sie bei der inhaltlichen Beschäftigung mit den Texten noch methodische Aspekte beachten, wie z.B. die Einführung der jeweiligen Themen, die Anwendung der Strategien und die Verwendung der Fallbeispiele.

此外，本教材每个单元的前三讲都围绕"在跨文化视角中理解当代中国"展开，其实都是一篇演讲范本，大家可以从主题导入、策略运用和案例引用方面进行学习。

## 6 Redestrategie
## 演讲策略

3-6 演讲策略
论据和论证

Öffentliche Reden erfordern oft Argumente, die den Standpunkt ausreichend unterstützen, und diese Argumente können auch dazu beitragen, die Aufmerksamkeit des Publikums aufrechtzuerhalten. Argumente können hauptsächlich in drei Typen unterteilt werden:

演讲往往需要充分支持论点的论据，此外论据还能帮助我们持续吸引受众的注意力。论据主要分为三个类型：

**Typ 1: Konkrete Fallbeispiele zur Bestätigung des Standpunktes**

Die Fallbeispiele dienen dazu, die Kernpunkte der Rede zu klären und zu betonen. Sie können den Standpunkt individualisieren und emotionale Reaktionen beim Publikum hervorrufen. In dieser Lektion sind die Veränderungen in einem abgelegenen Dorf in Liangshan vor und nach der Armutsbekämpfung angeführt worden. Diese und andere Fallbeispiele helfen dem Publikum, den Standpunkt des Redners schnell zu verstehen, mitzufühlen und sich damit zu identifizieren. Die Armutsbekämpfung ist eine zeitgenössische herausragende Leistung. Durch intensives Lesen, Engagement in sozialer Praxis, freiwillige Arbeit und soziale Untersuchungen können Sie noch mehr aus erster Hand erfahren und lebendige, berührende Geschichten erzählen.

第一类：证明观点的具体案例

具体案例的作用是澄清和强调演讲的要点，它们可以使观点个性化，并唤起观众的情感反应。本单元列举了凉山悬崖村在脱贫前后的变化，这些案例都能帮助受众快速理解并接受演讲者的观点，产生共情和共鸣。脱贫攻坚是与同学们成长同时代发生的伟业。通过多读多看，积极参与社会实践、志愿者和社会调查，就可以掌握更多一手案例，让讲述更加生动、更加感人。

**Typ 2: Konkrete Zahlen**

Deutsche mögen es, wenn Redner genaue Zahlen liefern, anstatt vage

Beschreibungen zu verwenden. Genaue Zahlen können die Glaubwürdigkeit und die Autorität des Redeinhalts erheblich erhöhen. Beachten Sie jedoch, dass das menschliche Gehirn keine Maschine ist, und eine zu große Menge an Zahlen in kurzer Zeit das Publikum überfordern kann, da es nicht genügend Zeit hat, die Zahlen aufzunehmen, zu analysieren und zu behalten. Daher müssen die Zahlen in Maßen aufgeführt werden. Nutzen Sie Vergleiche, Metaphern und andere Methoden, um das Publikum zu beeindrucken. Am Anfang dieser Lektion wurden Daten zur Pro-Kopf-Nahrungsmittelproduktion Chinas im Jahr 1978 genannt. Die genauen Zahlen werden Ihnen wohl nicht mehr einfallen, aber Sie sollten sich daran erinnern können, dass diese Menge unter dem von der WHO empfohlenen Standardwert für die tägliche Kalorienaufnahme lag und die Chinesen sich davon kaum ernähren konnten.

### 第二类：具体的数字

德国人喜欢演讲者提供精确的数字，而不是模棱两可的大致描述。精确的数字能大大增加演讲内容的可信度和权威性，但请注意，人脑不是机器，短时间内输出过多数字会让听众"超载"，来不及接受、分析和记忆。因此必须适度列举数字，同时善用比较、比喻等方式加深受众的印象。本单元开头列举了1978年中国人均粮食占有量的数据，同学们肯定已经想不起具体数字是多少了，但应该还能记得这个数字低于世界卫生组织建议的每日摄入热量标准，能清楚地记得这些粮食不能让中国人吃饱。

Ein weiteres Beispiel: Über zehn Millionen Menschen sind in China jedes Jahr aus der Armut befreit worden. Das Publikum wird diese Zahl als groß empfinden, aber wie groß ist sie wirklich? Wenn Sie in diesem Moment hinzufügen, dass dies etwa der Bevölkerungszahl eines ganzen Landes wie Griechenland oder Portugal entspricht oder etwa der Bevölkerungszahl eines Bundeslandes wie Bayern in Deutschland, dann wird das Publikum sicherlich beeindruckt sein.

再比如，中国每年脱贫人口1000多万[1]，听众会感觉这个数字很大，但有多大呢？如果你这时候补充道：相当于希腊或者葡萄牙整个国家的人口数量，或者相当于德国巴伐利亚一个州的总人口，那么听众肯定印象深刻。

[1] 十八大以来平均每年超1000万人脱贫 中国成为世界"减贫英雄"，2017年10月10日，https://www.gov.cn/xinwen/2017-10/10/content_5230783.htm，访问日期：2024年9月20日。

**Typ 3: Zitate**

Beim öffentlichen Reden ist es wichtig, die Aussagen anderer zu nutzen, um den eigenen Standpunkt zu unterstützen und die Glaubwürdigkeit der Rede zu erhöhen. Zum Beispiel ist in dieser Lektion eine Szene über den jungen Mann aus Großbritannien, Nadim in einem Dokumentarfilm verwendet worden, um die harte Arbeit der Beauftragten für die Armutsbekämpfung zu verdeutlichen und zu zeigen, dass die Bemühungen zur Armutsbekämpfung in China keine Propaganda der Regierung sind. Auf den Internetplattformen im In- und Ausland sind viele Videos von ausländischen Bloggern verfügbar, in denen sie arme chinesische Dörfer besuchten und über die Veränderungen durch die Armutsbekämpfung berichteten. Es gibt auch viele bewegende Geschichten wie die über Eckehard Scharfschwerdt, der als „Norman Bethune aus Deutschland" bezeichnet wird und viele Jahre lang in ländlichen Gebieten in China geholfen hat, und die Geschichte über den deutschen jungen Mann Eckart Löwe, der zehn Jahre lang in chinesischen Bergregionen unterrichtet hat. Diese Geschichten können das Material für Ihre Rede erheblich bereichern.

### 第三类：引用

在演讲中要善于引用他人的话支撑自己的观点，提高演讲的可信度。例如本单元通过一部有关英国人纳迪姆的场景记录短片中来展现扶贫专员们工作的辛劳，说明中国的脱贫攻坚并不是政府宣传。在国内和国外的网上都能搜到大量外国博主亲身探访中国贫困村庄，报道扶贫给人民带来的变化的视频。还能找到"德国白求恩"——夏艾克医生多年来在中国乡村扶贫、德国小伙卢安克在中国山区支教十年等动人故事，这些都能很好地丰富同学们的演讲素材。

## 7 Meine Rede
## 演讲实践

Eine Talkshowsendung in Deutschland wird sich mit dem Thema „Armutsbekämpfung" beschäftigen. Dazu sind ein paar Studierende aus einer Universität als Gäste eingeladen. Bitte bereiten Sie eine fünfminütige Rede vor, um die Teilnehmerinnen und Teilnehmer über Chinas Politik und Maßnahmen zur Armutsbekämpfung, erfolgreiche Beispiele und wertvolle Erfahrungen zu informieren.

德国的一个访谈节目以"消除贫困"为话题，邀请大学生们参

加讨论。请准备一个五分钟的演讲，向与会者介绍中国减贫政策、措施、成功案例和宝贵经验。

## 8 Reflexionsaufgaben
## 课后思考

（1）什么是精准扶贫？

（2）中国政府脱贫攻坚和共同富裕的战略目标是什么？

（3）贫困到底是个人问题还是社会问题？

（4）如何理解"扶贫先扶志、扶贫必扶智"？为什么要这么做？

（5）如何使用数据和案例来讲述中国的扶贫政策？

## 第四讲 圆桌点评

3-7 学生演讲实例

3-8 演讲点评

—○ **演讲学生**：陈佳瑶（南京工业大学）、杨静希（浙江大学）
—○ **点评教师**：刘玲玉（南京工业大学）、练斐（浙江大学）

**刘玲玉**：各位同学，大家好！这个单元的主题是脱贫攻坚与共同富裕，刚刚大家已经听了两位同学的演讲，下面进入点评环节。

我们先来听听两位同学对自己演讲的评价。陈同学，你觉得自己的演讲怎么样？

**陈佳瑶**：我觉得好的地方在于，这篇演讲首先对比了祖母、母亲以及自己的经历，即"40后""70后"和"00后"上学机会的变化，展现了新中国成立70多年来在经济、教育领域的发展，以及脱贫攻坚取得的成效。我觉得不足的地方在于演讲较为关注脱贫攻坚结果的呈现，缺乏对如何打赢脱贫攻坚战的具体描述。我认为在日后的演讲中可以增加一些，比如有多少位乡村干部参与，如何践行精准扶贫政策，有什么令人感动的故事，等等。

**刘玲玉**：好，非常感谢陈同学！杨同学，你对陈同学今天演讲的感觉怎么样？

**杨静希**：我觉得陈同学今天的演讲内容非常精彩，结构完整，条理也很清晰。在演讲开头就抛出了一个有趣的问题，能吸引听众，而且引发听众的思考，作为引子引入了接下来要谈的老一辈人的梦想这一话题。进入正题之后，陈同学按照时间顺序分别介绍了自己的祖母、母亲和自己的亲身经历，向大家展示了三代人的精神理想和中国梦、脱贫攻坚之间的关系。这使得听众能够有更深刻的印象，并且引发他们的思考和共情，我认为这一点做得非常好。然而也有一些需要改进的地方，就是我觉得在整个演讲过程中没有提及国家的政策，这使得陈同学从讲故事到结尾升华的过渡部分稍显不够自然，听众也无从了解在中国脱贫攻坚是如何进行的。在接下来的尝试中，可以在描述人民的生活越来越好的同时适当增加对政策的举例和解读。

刘玲玉：好，非常感谢杨同学！练老师，你来说说吧！

练　斐：我觉得陈同学的演讲是一次非常好的尝试，不管是情绪还是表情都非常到位。你刚刚的演讲涵盖了三个小故事，故事结构类似，一开始都讲到了个人梦想，然后描述了那个时候的生活，最后引出不同时代中国入学率的变化。我觉得这是一个非常好的设计和对比，包括你在引用脱贫数据的时候也和德国的人口数做了对比。我们的听众是德国人，他们看到中国能让与整个德国人口数量相当的群体脱贫，想必也会留下非常深刻的印象，也会对中国的脱贫成就有更深入的了解。

　　说到受众，我想问一下两位同学：我们这个单元的演讲情境是什么呢？

陈佳瑶、杨静希：参加德国的电视节目。

练　斐：没错，是在德国参加一个电视访谈，所以我们的受众是德国人，而且可能是不同年龄层的人。刚刚陈同学的演讲从内容上看更多是面向学生的。我们在第一单元也讲过受众分析的重要性。面对不同的受众，我们要采用不同的演讲策略，讲的内容也不一样。我觉得这个点是以后可以进一步完善的地方，比如说可以增加一些宏观层面的信息。这样也可以让你的三个小故事和我们的主题"脱贫攻坚、共同富裕"联系得更加紧密。

刘玲玉：我非常赞同刚刚各位的点评。陈同学今天的演讲状态还是很好的，一开始就点题，然后一个小问题开篇。这是我们之前讲过的一个比较好的演讲策略。紧接着在内容上转入到自身的情况，主要是以时间为线串连起祖母、母亲和"我"三代人的梦想，分别是新中国成立初期、改革开放初期和中国特色社会主义新时代三个时间段，其次在内容上辅以中小学和大学的入学率。其实是从生活和物质层面，用教育、扶贫这两个方面来体现改革开放的成效。总体来说观点交叉自然，运用了很多对比和数据的演讲策略，是一篇比较好的演讲。

　　可改进的点其实刚刚练老师和杨同学也已提及，比如对政策的解读还比较少。目前来看整个演讲与中国梦这一课的主题更贴近，所以如果要改进的话，可以考虑往教育扶贫方向去改。比如在讲到母亲辍学时，是不是可以增加寻找失学儿童、"一个都不能少""扶贫先扶志，扶贫必扶志"等相关内容。聚焦到教育扶贫，相应的政策解读也就加入进去了。我觉得政策解读这一点杨同学做得就比较好。她在讲到脱贫攻坚政策的时候，讲到要让贫困的人有能力去自己致富。

好，下面我们来听听杨同学对自己演讲的评价。

**杨静希：** 我觉得我的演讲比较好的部分是用亲身经历作为开头，能够吸引听众，通过讲故事的方式更容易让听众产生共情和思考。在讲故事的时候我将万州与宁波做对比，将万州的过去与现在作对比，使得故事更加生动了，听众也容易印象深刻。在故事的结尾我还引用了一个数据来说明中国每年的脱贫人口数量，体现中国脱贫攻坚的成功。我还将这个数据与德国巴伐利亚州的人口做了一个比较，让听众能更直观地感受到中国脱贫攻坚的成果。

我觉得需要改进的地方是，我在描述家乡生活变化时，比较注重物质生活而忽略了精神生活层面，这使得我的这个演讲并没有将脱贫攻坚与中国梦很好地结合在一起。在以后的尝试中我需要在这些方面进行改进。

**刘玲玉：** 感谢杨同学！现在来听听陈同学对杨同学的评价。

**陈佳瑶：** 杨同学在演讲的开篇对比了自己幼年时生活的小村庄以及宁波的生活，展现了中国地区发展不平衡的问题。而在20年后的今天，越来越多的人愿意返乡，针对这一现象，杨同学指出了脱贫攻坚的具体措施，那就是"帮急不帮穷"。整篇演讲逻辑清晰，从"是什么、为什么、怎么做"三个层面讲述了中国脱贫攻坚故事。但是在例子的选取上我认为有点分散，不够聚焦。关于这个问题大家可以回顾一下第二单元圆桌点评的内容。

杨同学在开头先讲述了自己在宁波的生活，涉及学习和生活两个方面，而后提到万州的时候，主要涉及了卫生、教育以及可持续农业等，例子很多。但是我觉得如果更聚焦一些，更详细一些，可能效果会更好。

**刘玲玉：** 好的，感谢陈同学！练老师，你来说说对杨同学的评价。

**练　斐：** 我觉得刚刚杨同学的发音非常清晰，语音语调自然，有起伏。在想要强调某些内容的时候，她会停下来，或者提高音量，或是加上一些手势，可以看出是一位非常自信的演讲者。杨同学结合自己的经历给我们塑造了几个对比的例子，比如西部和东部、乡村和城市、过去和现在、离乡和返乡，这些内容都非常贴近我们的生活。杨同学还用自己亲戚的例子引出了中国扶贫的理念以及成效，我觉得这些都是非常好的演讲尝试。

　　刚刚也提到了你的演讲中有非常多的例子，但是细听下来会觉得好像在罗列这些例子和变化。听众会好奇，发生这些变化的背后更具体的动因是什么？如果能加入一些更加具体的政策信息，可能会使主题更加饱满。第二个改进的建议其实你自己也提到了，就是可以增加一些非物质层面的描述。我在看演讲初稿的时候其实也问你了：到宁波之后更优质的生活难道仅仅体现在高楼大厦，更多的汽车，商场里有更多的商品吗？其实并不是的，对吧？你自己也发现了：学校里课程更丰富了，老师的教学方法不一样了，包括课余生活，你也有了更多选择来丰富自己的兴趣、拓宽视野……其实这些变化也都给你之后的人生带来了很深远的影响。在谈到扶贫这个主题的时候，大家最直观的感受是物质变化带来的冲击感，但如果我们细细地想来，在生活的方方面面其实都能找到脱贫攻坚以及共同富裕的成就。

**刘玲玉：** 感谢各位的点评，我非常赞同各位的观点。我继续评价杨同学的演讲。杨同学有非常好的一个点，就是对于政策有一定的解读；另一个比较好的点就是对比和数据的使用。刚刚练老师已经提到，东西部和中德的对比在演讲里面都有所体现。后面的数据引用也非常好，非常详实。另外开篇也很好，表情和手势的使用都比较自然，这些是我觉得非常好的地方。

　　需要改进的地方刚刚练老师和陈同学，包括你自己，其实都已经提到了。第一点是结构上的小问题。你的开篇其实是很好的，你用了一句话：Ich möchte mit meiner eigenen Erfahrung beginnen. 听到这句话的时候，听众一般都会期待后面还有dann 和 danach 的内容，但是整篇演讲其实都是围绕着自身的经历，所以这句话用在这就不太合适。我们可以稍微改动一下，变成 anhand meiner eigenen Erfahrung die großen Fortschritte vorstellen. 可能就会好一些。第二点你自己也提到了，练老师也提到了，就是整个演讲基本上都是围绕物质层面，精神文明这一点基本没有涉及，另外也只谈到了西部的发展，好像东部没有发展。所以如果我们能把东部的发展以及精神文明建设都融合进去，内容上就会更加完整。

以上是我们提的一些小建议。再次感谢练老师和两位同学。谢谢大家！

# Lektion 4
# Aufbau eines schönen Chinas

美丽中国建设

美丽中国

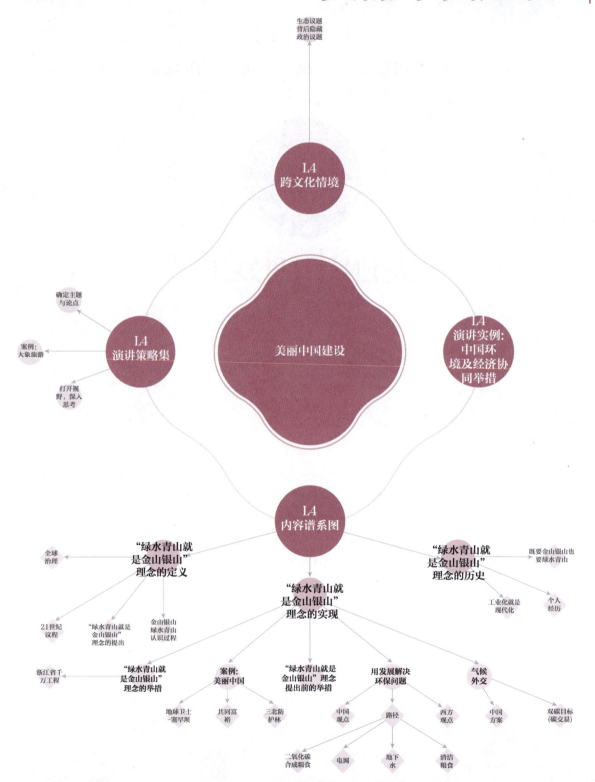

## 第一讲 美丽中国建设——鱼和熊掌可以兼得！

Liebe Studentinnen und Studenten, in dieser Lektion möchten wir Ihnen zeigen, wie wir unseren ausländischen Freunden den Aufbau unseres schönen Chinas vorstellen.

4-0 引言

　　各位同学，大家好！本单元我们将向你们展示如何向外国朋友介绍美丽中国建设。

„Wenn Freunde von weit her zu Besuch kommen, ist das nicht wirkliche Freude?" Jedes Mal, wenn deutsche Freunde kommen, zeige ich ihnen gerne etwas aus Hangzhou: den Westsee, die Hefang-Straße, den Lingyin-Tempel, das Xixi-Feuchtgebiet... Abgesehen von diesen bekannten Sehenswürdigkeiten habe ich zu guter Letzt noch ein Repertoirestück zu bieten: die Führung durch die idyllischen Dörfer um die Stadt herum.

　　"有朋自远方来，不亦乐乎？"每当有德国朋友来杭州，我都要陪他们游玩。西湖、河坊街、灵隐寺、西溪湿地……除了这些大家耳熟能详的景点，我还有个"保留节目"，那就是游览杭州附近的农村。

Ich nehme oft meine ausländischen Freunde mit auf eine Radtour auf dem grünen Pfad des Mogan-Gebirgs. Im Frühling erstrahlt die Landschaft in saftigem Grün, im Sommer herrscht friedliche Stille im Wald und im Herbst färben sich die Wälder auf den Berggipfeln voll und ganz... Als ich mit ausländischen Studenten das Umbauprojekt des Dorfes Dongziguan besichtigte, war die Landschaft dort eine wahre Augenweide: Ein schönes Bild der chinesischen Tuschmalerei, soweit das Auge reichte. Wir besuchten private Bauernhöfe, probierten neue Gemüse- und Obstsorten und waren ziemlich erstaunt, wie chinesische Landwirte Gewächshausanbau, Fernsteuerung, neue Anbautechnologien, automatisierte Logistik, E-Commerce-Verkauf und Agrotourismus im Griff hatten...

　　我常带外国友人在莫干山的绿道上骑行，春季的田野绿意盎然、夏季的森林静谧祥和、秋季的山间层林尽染……我带外国留学生参观杭州东梓关村的新农村改造项目，水墨画般的景色令人陶醉。我们参观私人农场，品尝新品种蔬菜水果，看中国农民如何玩转大棚种植、远距离控制、新技术培育、自动化物流、电商销售、农旅结合……

Ich begleitete meinen deutschen Doktorvater in die Berge zum Besuch eines alten Bauern. Der über 70-jährige Bauer betrachtete die Berge als sein Zuhause und die über sieben Hektar großen Obstwiesen seine Kinder. Er widmete sich der Samenauslese, Bodeninstandhaltung, Bewässerung, Düngung und Sonneneinstrahlung. Der alte Herr nutzte sogar Online-Medien für Marketing und Werbung, Direktvertrieb sowie Bedarfsermittlung. Mein deutscher Professor staunte nicht schlecht: „Ich bin so oft nach China gekommen und dachte, ich kenne China und seine Menschen. Aber ich hätte nie gedacht, dass ein alter Bauer soweit denken kann!"

　　我带我的博士生导师拜访山中老农。70 多岁的老农以山为家，上百亩果林就是他的孩子，他悉心钻研选种、土壤、灌溉、施肥、光照。老先生还利用社交媒体营销推广，通过电商直销，利用网络媒体了解需求，等等。德国教授惊叹不已："我来中国这么多次，自以为了解中国，懂得中国人，没想到一位乡间老农的思维竟至于斯！"

Alle ausländischen Freunde, die ins ländliche Zhejiang kamen, reagierten beeindruckt: „Bevor ich nach China kam, hörte ich, dass China sehr mächtig ist, aber ich wusste nicht, ob die Menschen in China glücklich leben. Heute, wo ich hier angekommen bin, denke ich wirklich, dass das chinesische Volk so stark und großartig ist. Die Besichtigungstour ist wunderbar."

　　"震惊"是所有外国朋友来到浙江农村的反应。他们说："来中国前，我听说中国很强大，但我一直不知道人民的生活是否幸福。今天到了这里，我真的觉得中国人太厉害太伟大了。你给我们安排的行程太好了。"

Ein deutscher Professor sagte einmal ernsthaft zu mir: „Ich bin sehr froh,

selbstbewusste und herzliche Chinesen wie Sie kennengelernt zu haben. Und ich kann ersehen, dass Sie Ihr Land lieben und kennen. Sonst hätten Sie kein so sinnvolles Programm für uns organisieren können."

有位德国教授很认真地对我说："我很高兴能认识像你这样自信、热情的中国人。我看得出你是一个热爱并了解自己国家的人，否则不可能给我们安排这么有深度的行程。"

Ich liebe die schöne ländliche Umgebung und schätze sie auch besonders, denn die Landschaft auf dem Land war nicht immer so schön.

我喜爱美丽的乡间风光，我也珍惜这美丽的乡间风光，因为农村并不一直是这样美丽的。

# 1 Berge aus Gold und Silber, oder klare Flüsse und grüne Berge?
## 要金山银山，还是绿水青山？

4-1 要金山银山，还是绿水青山？

Im März 2006 hat der damalige Parteisekretär der Provinz Zhejiang XI Jinping in der *Zhejiang Daily* einen Artikel veröffentlicht, in dem er die drei Phasen unserer Erkenntnis von der Beziehung zwischen Ökonomie und Ökologie erläuterte: In der ersten Phase neigten wir dazu, klare Flüsse und grüne Berge für Berge aus Gold und Silber zu opfern. In der zweiten Phase lag uns genauso viel an klaren Flüssen und grünen Bergen wie an wirtschaftlichem Fortkommen. In der dritten Phase sind wir uns bewusst, dass klare Flüsse und grüne Berge kontinuierlich Gold und Silber erbringen können. Sie sind letztlich so wertvoll wie Berge aus Gold und Silber.

2006 年 3 月，时任浙江省委书记习近平在《浙江日报》撰文，阐释了人们对于经济发展与环境之间关系的认识的三个阶段：第一个阶段是用绿水青山去换金山银山；第二个阶段是既要金山银山，但是也要保住绿水青山；第三个阶段是认识到绿水青山可以源源不断地带来金山银山，绿水青山本身就是金山银山。❶

❶ 中共湖州市委党史研究室：《湖州市"两山"实践文献选编》，浙江人民出版社，2020，第 3 页。

1950 zeigte Vorsitzender MAO Zedong auf dem Torturm des Tian'anmen auf die Süd-Richtung und sagte begeistert zu PENG Zhen, dem damaligen Oberbürgermeister von Beijing: „In Zukunft, wenn man vom Torturm des

Tian'anmen schaut, sind Fabrikschornsteine weithin zu sehen." Ja, damals glaubte man, dass Industrialisierung gleichbedeutend mit Modernisierung sei und gute Arbeitsplätze sowie hohe Einkommen bedeute. Das war der Chinesische Traum jener Zeit.

❶ 北京规划《梁陈方案》诞生与夭折始末，2010年4月12日，http://news.hndaily.cn/html/2010-04/12/content_22_1.htm，访问日期：2024年1月29日。

　　1950年，毛泽东主席在天安门城楼上，用手指着广场以南，兴奋地对时任北京市市长彭真说："将来从天安门上望过去，四面八方都会是烟囱。"❶ 是的，当年人们认为工业化就是现代化，代表着好工作和高收入，这是那时候的中国梦。

Als ich jung war, zu Beginn der Reform und Öffnung, sah ich mit meinen eigenen Augen, wie die Menschen voller Motivation und Tatendrang an die Arbeit gingen, da sie lange Zeit unter Armut und Unterentwicklung des Landes gelitten hatten. Auf einmal schossen Werkstätten, Fabriken, Keramiköfen, Ziegelöfen, Steinbrüche... wie Pilze aus der Erde. Überall in Dörfern und Ortschaften dröhnten Werkhallen von Maschinengeräusch und lautem Gehämmer. In weiten Teilen des Landes herrschte dichter Smog und viele Flüsse und Bächer stanken und austrockneten. Aber damals sahen die Menschen darin kein Problem, denn sie wollten nur so schnell wie möglich die Industrie entwickeln und ein besseres Leben führen. Das war die Phase, in der man klare Flüsse und grüne Berge gegen Berge aus Gold und Silber eintauschte.

　　我小时候，改革开放伊始，曾亲眼见到多年的贫穷落后让人们迸发出巨大的活力和动力。一时间，作坊、加工厂、陶瓷窑、砖窑、采石场……遍布村镇，机声隆隆，噪声阵阵，黑烟蔽天，溪流变臭、干涸。但那时候人们并不认为这是什么问题，眼中只有尽快发展，过上好日子。这是用绿水青山去换金山银山的阶段。

Als ich dieses Jahr zu meiner Alma Mater zurückkehrte, war ich angenehm überrascht, dass auf dem Flüsschen neben dem Studentenwohnheim, in dem ich gewohnt hatte, kristallhelle Wasserwellen plätscherten. Bei näherer Betrachtung zeigte sich ein wunderschönes Bild: An beiden Flussufern wuchsen Blumen und grünes Gras und Reiher belauerten vorbeischwimmende Fische. Als ich Anfang der 1990er Jahre auf die Universität gegangen war, hatte das Flüsschen total anders ausgesehen: Das Wasser war pechschwarz, und das Wellenplätschern des Flüsschens war kaum zu erkennen, weil es so verschmutzt war. Ein übler Geruch lag in der Luft, sodass wir die Fenster unseres Wohnheims das ganze

Jahr über geschlossen hielten, und nur ein paar widerstandsfähige Unkräuter überlebten am Flussufer. Dieses Flüsschen mündete in den ebenso schwarzen Suzhou-Fluss...

我今年重返母校时惊喜地发现，宿舍楼下的小河碧波荡漾，两岸鲜花绿草，白鹭在岸边捕鱼。20 世纪 90 年代，我上大学的时候，这条河可不是这般模样：水如墨水般黑，几乎看不出流动的波纹，因为太污浊了。臭气扑鼻，我们寝室的窗户常年密闭，河边只有少数几株顽强的野草存活下来。当时，这条小河汇入同样黑的苏州河……

Dieses Flüsschen ist ein typisches Beispiel für die Umweltkosten der raschen Industrialisierung Chinas. Gerade in den 1990er Jahren, als der Lebensstandard im Laufe der wirtschaftlichen Entwicklung kontinuierlich anstieg, wurden die Forderungen nach der Umweltsanierung immer lauter. Durch den Skandal um die Verschmutzung des Huaihe-Flusses 1994 wurde das chinesische Volk für die Dringlichkeit der Umweltsanierung bzw. der Bekämpfung der industriellen Verschmutzung sensibilisiert. So trat China in eine Entwicklungsphase ein, in der es sowohl zu Bergen aus Gold und Silber gelangen, als auch klare Flüsse und grüne Berge behalten sollte.

这条小河代表了中国快速工业化发展带来的环境代价。也正是从 20 世纪 90 年代开始，随着生产的发展和生活水平的提高，全国上下对环境治理的呼声越来越高。1994 年的"淮河水污染事件"教育了全国人民：生态环境和工业污染的治理迫在眉睫。中国进入了既要金山银山，也要保住绿水青山的阶段。

Im März 1994, als Antwort auf die *Agenda 21*, die auf der UN-Konferenz für Umwelt und Entwicklung (UNCED) im Jahr 1992 bewilligt worden war, verabschiedete der Staatsrat die *China's Agenda 21*. *China's Agenda 21* legte drei wichtige Handlungsfelder fest:

- soziale nachhaltige Entwicklung, dazu gehören Qualitäten der Bevölkerung, Hygiene und Gesundheit sowie Bildung usw.
- wirtschaftliche nachhaltige Entwicklung, dazu gehören Armutsbekämpfung und Verbesserung des Lebensstandards usw.
- rationelle Ressourcennutzung und Umweltschutz, darunter auch Schutz der biologischen Diversität usw.

❶《中国 21 世纪议程——中国 21 世纪人口、环境与发展白皮书》，中国环境科学出版社，1994。

1994 年 3 月，为响应 1992 年联合国环境与发展大会通过的《21 世纪议程》，国务院通过《中国 21 世纪议程》❶，确定了三大行动领域，即社会可持续发展，包括人口素质、卫生与健康、教育等；经济可持续发展，包括消除贫困、提高生活水平等；资源的合理利用与环境保护，包括生物多样性保护等。

Beim Aufbau eines schönen Chinas geht es nicht nur um die Verbesserung der ökologischen Umwelt, sondern auch um die harmonische Entwicklung von Gesellschaft, Wirtschaft und Umwelt. Auf keines von den drei Gebieten darf verzichtet werden.

美丽中国建设不仅是生态环境的改善，更是社会、经济和环境的和谐发展，三者缺一不可。

- 1989 trat das *Umweltschutzgesetz der Volksrepublik China* in Kraft.
- 1993 startete die chinesische Regierung den Zehnjahresplan zur Armutsbekämpfung in unterentwickelten Gebieten, wobei ein Teil der armen Bevölkerung umgesiedelt wurde und Berge zur Waldpflege abgesperrt wurden.
- In den 1990er Jahren des 20. Jahrhunderts führte die chinesische Regierung die Politik der „Rückwandlung von Ackerland in Waldfläche" ein, wobei je nach örtlichen Gegebenheiten Bäume gepflanzt wurden, um die Wiederherstellung der Waldvegetation zu fördern.
- 1989 年，《中华人民共和国环境保护法》开始实施。
- 1993 年，中国政府启动帮扶贫困地区的十年计划，搬迁部分贫困人口，封山育林。
- 20 世纪 90 年代，中国政府提出了退耕还林政策，因地制宜地植树造林，恢复森林植被。

Nach jahrzehntelangen Bemühungen sind die Waldbedeckungsrate, die biologische Diversität, die Luft- und die Wasserqualität stark erhöht bzw. verbessert worden, was die Verschlechterung der Umwelt verlangsamt hat.

经过几十年的努力，森林覆盖率、生物多样性、大气质量、水质均得到大幅改善，减缓了生态恶化速度。

Mit dem Preis „Champions of the Earth Award" vom United Nations Environment Programme (UNEP) werden Einzelpersonen, Gruppen und Organisationen ausgezeichnet, die einen bedeutenden Beitrag zur Umwelt geleistet haben. Dabei handelt es sich um die höchste Umweltauszeichnung der UN. 2017 wurde der Preis an die Erbauer der Forstfarm in Saihanba in China verliehen (siehe Tabelle 4-1), um ihre unermüdlichen Bemühungen von drei Generationen seit den letzten 50 Jahren zu würdigen. Sie haben die Waldfläche in Saihanba von 11% auf 80% erhöht und Saihanba zu einem grünen „Schutzschild" gemacht, der Beijing vor den Wüstenwinden und Sandstürmen schützt. Wie in Text 2 der Lektion 4 des Lehrbuchs *Öffentliches Reden* beschrieben, hat China diese höchste Auszeichnung bereits mehrmals erhalten.❶

❶ 李媛等编：《德语演讲教程》（"理解当代中国"德语系列教材），外语教学与研究出版社，2022，第71页。

联合国环境规划署"地球卫士奖"旨在表彰对环境产生变革性影响的个人、团体和组织，是联合国最高级别的环保荣誉。2017年的"地球卫士奖"颁给了中国塞罕坝林场的建设者们（见表4-1），表彰三代林场人在五十多年中的不懈努力。他们将塞罕坝的森林覆盖率从11%提高到80%，成为抵抗沙漠风沙、保护北京的"绿色长城"。中国已多次获得这一最高荣誉，《德语演讲教程》第四单元的课文2对此有详述。

表 4-1 "地球卫士奖" 2005 年创立以来历年中国获奖者❷

❷ Champions of the Earth. UN Environment Programme, https://www.unep.org/championsofearth/，访问日期：2024年1月29日。

| 序号 | 年份 | 获奖者 | 奖项名称 |
|---|---|---|---|
| 1 | 2005 | 中华全国青年联合会及其名誉主席周强 | 政策领导力奖 |
| 2 | 2010 | 中国演员周迅 | 激励与行动力奖 |
| 3 | 2011 | 中国远大集团总裁张跃 | 企业远见奖 |
| 4 | 2017 | 中国塞罕坝机械林场建设者 | 激励与行动奖 |
| 5 | | 中国摩拜单车公司 | 商界卓识奖 |
| 6 | | 中国亿利资源集团董事长王文彪 | 终身成就奖 |
| 7 | 2018 | 浙江省"千村示范、万村整治"工程 | 激励与行动奖 |
| 8 | | 王淼（Better Blue 海洋保护项目） | 青年奖 |
| 9 | 2019 | 支付宝"蚂蚁森林"项目 | 激励与行动奖 |
| 10 | 2020 | 任晓媛（MYH2O 清洁水数据平台） | 青年奖 |
| 11 | 2023 | 浙江海洋塑料废弃物治理新模式"蓝色循环" | 商界卓识奖 |

4-2 绿水青山就是金山银山

❶ 四问：为何不设经济增长目标？，2020 年 5 月 30 日，http://lianghui.people.com.cn/2020npc/n1/2020/0530/c431623-31729701.html?ivk_sa=1024320u，访问日期：2024 年 1 月 29 日。

❷ 绿水青山就是金山银山——习近平总书记在浙江的探索与实践·绿色篇，2017 年 10 月 9 日，https://news.12371.cn/2017/10/09/ARTI1507519467134632.shtml?t=636431863200859124&wd=&eqid=9b44b6b2000394f200000004645f77e2，访问日期：2024 年 1 月 29 日。

## 2 Klare Flüsse und grüne Berge sind so wertvoll wie Berge aus Gold und Silber!

### 绿水青山就是金山银山！

Am 15. August 2005, einem Tag, der in die Geschichte eingehen sollte, äußerte sich der damalige Parteisekretär der Provinz Zhejiang XI Jinping während seines Besuchs in dem Dorf Yucun, Landkreis Anji, Provinz Zhejiang: „Die Entwicklung darf niemals auf Kosten der Umwelt gehen, denn ein solches Wachstum ist keine nachhaltige Entwicklung." „In der Vergangenheit haben wir gesagt, dass wir sowohl klare Flüsse und grüne Berge, als auch Berge aus Gold und Silber haben wollen. Klare Flüsse und grüne Berge sind im Grunde genommen so wertvoll wie Berge aus Gold und Silber."

2005 年 8 月 15 日是一个注定载入史册的日子。时任浙江省委书记习近平在浙江省安吉县余村考察时提出"不要以环境为代价，去推动经济增长，因为这样的增长不是发展"❶。"我们过去讲既要绿水青山，也要金山银山，其实绿水青山就是金山银山。"❷

Die herkömmliche Vorstellung war es, dass Umweltschutz und wirtschaftliche Entwicklung im Widerspruch zueinander stünden und dass wirtschaftliche Entwicklung unweigerlich zu Umweltschäden führe. Früher hörten wir von Zeit zu Zeit Nachrichten über lokale Regierungen, die die Stromversorgung von Unternehmen stoppten, um ihre jährlichen Kohlenstoffemissionsziele zu erreichen. Wir hörten auch von einer nordchinesischen Provinz, die den Bewohnern verbot, Feuer zum Heizen ihrer Häuser zu verwenden, um die Emissionen zu reduzieren.

传统的理念认为环保和经济发展是一对矛盾，经济发展必然使环境遭到破坏。从前，我们有时听到地方政府为了达到年度碳排放目标而停止向企业供电，北方某省为了降低排放量不准居民生火取暖等新闻。

„Klare Flüsse und grüne Berge sind so wertvoll wie Berge aus Gold und Silber." Im Grunde genommen ist dies eine grüne und nachhaltige Entwicklung, die ökologische Vorteile in wirtschaftliche Vorteile umwandelt und eine Win-Win-Situation sowohl für die wirtschaftliche Entwicklung, als auch für den ökologischen Aufbau schafft. Dieses neue Konzept eröffnet ein neues Kapitel

für den Aufbau eines schönen Chinas.

"绿水青山就是金山银山"的实质是绿色可持续发展，将生态优势转化成经济优势，达到经济发展和生态建设双赢。这一新理念开启了美丽中国的新篇章。

Im Juni 2003 wurde auf die Initiative von dem damaligen Parteisekretär der Provinz Zhejiang XI Jinping in der Provinz Zhejiang das Großprojekt „Aufbau von tausend Vorzeigedörfern und Erneuerung von zehntausend Dörfern" (kurz: „Tausend-Zehntausend-Projekt") gestartet, dessen Schwerpunkt auf der Verbesserung der Arbeits-, Lebens- und Umweltbedingungen in ländlichen Gebieten liegen sollte. Und bei der Dorferneuerung sollte die Verbesserung des ökologischen Umfelds in ländlichen Gebieten und der Lebensqualität der Landwirte im Vordergrund stehen. Es zielte darauf ab, innerhalb von fünf Jahren aus den 40 000 Dörfern in der ganzen Provinz 10 000 für eine umfassende Erneuerung auszuwählen und davon 1 000 Vorzeigedörfer für den umfassenden bescheidenen Wohlstand aufzubauen.

2003 年 6 月，在时任浙江省委书记习近平的倡导下，以改善农村生产、生活、生态环境为重点的"千村示范、万村整治"（简称"千万工程"）在浙江省启动。该项目在村庄整治建设方面特别关注改善农村生态环境和提高农民生活质量。其目标是花 5 年时间，从全省 4 万个村庄中选取 1 万个进行全面整治，把其中 1000 个建成全面小康示范村。

Das Großprojekt hat nicht nur „klare Flüsse und grüne Berge" geschützt, sondern auch „Berge aus Gold und Silber" gebracht. Dabei ist eine positive ökonomisch-ökologische Wechselwirkung entstanden. In den betreffenden Dörfern sind immer mehr neue Branchen aufgetaucht, wie z.B. Agrotourismus, Gesundheitserhaltung, Altenpflege, Sportindustrie, Gesundheitsversorgung, E-Commerce sowie Kultur- und Kreativwirtschaft. So hat der ökologische Aufbau wiederum zur wirtschaftlichen Entwicklung beigetragen.

"千万工程"既保护了"绿水青山"，又带来了"金山银山"，形成了经济生态化、生态经济化的良性循环。各类新兴行业在乡村不断涌现，包括乡村旅游、养生养老、运动健康、电子商务、文化创意等，生态优势在乡村中逐步转化为经济发展优势。

Das Mogan-Gebirge in der Provinz Zhejiang war einst eine arme Gegend, aber reich an Waldressourcen. Nach der Stilllegung aller umweltverschmutzenden Industriebetriebe im Jahr 2007 ist hier ein blühendes Gasthofgewerbe entstanden. Damit haben die Einwohner im Mogan-Gebirge den Weg des gemeinsamen Wohlstandes eingeschlagen, indem sie durch ökonomische Umgestaltung eine ökologische Umwelt mit zugkräftigen Attraktionen geschaffen haben. Bis 2022 gab es fast 900 Gasthöfe, die jährlich über 7,22 Millionen Touristen empfingen und einen Umsatz von über 2,9 Milliarden RMB erzielten.

莫干山曾经是一个贫穷的地方，但森林资源丰富。关停了全部污染工业后，农村民宿产业于 2007 年在这里诞生，自此莫干山迈上了一条以美丽乡村反哺美丽生态的共同富裕之路。截至 2022 年，当地民宿总量已有近 900 家，年接待游客超 722 万人次，营收超 29 亿元。❶

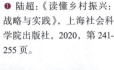

❶ 陆超：《读懂乡村振兴：战略与实践》，上海社会科学院出版社，2020，第 241-255 页。

Der Landkreis Anji der Provinz Zhejiang ist mit über 67 000 Hektar Bambuswald und einem Gesamtproduktionswert der Bambusindustrie von fast 20 Milliarden RMB in China als die „Heimat von Bambus" bekannt. Durch die Entwicklung der „Bambus statt Plastik"-Technologie wird Plastik im Bereich der Bauwirtschaft und Innenarchitektur, Konsumgüterindustrie, Landwirtschaft und Energiespeicherung durch Bambusmaterialien ersetzt, unter gleichzeitiger Berücksichtigung des ökologischen und ökonomischen Nutzens. Dieses Konzept des grünen Konsums hat der ganzen Welt ein gutes Vorbild gegeben und neue wirtschaftliche Entwicklungsrichtungen eröffnet.

安吉是著名的"中国竹乡"，拥有竹林 67000 多公顷，全县竹产业总产值近 200 亿元。通过发展"以竹代塑"的高科技技术，用竹材料替代塑料应用在建筑装饰、日用、农业和储能等方面，兼顾生态和经济效益，引领全球绿色消费理念，开辟了新的经济发展方向。❷

❷ 安吉："以竹代塑"破圈突围，2023 年 10 月 31 日，http://lyj.zj.gov.cn/art/2023/10/31/art_1285508_59061200.html，访问日期：2025 年 2 月 1 日。

In der Provinz Zhejiang bestehen 70 Prozent der Fläche aus gebirgigen Landschaften und 10 Prozent der Fläche sind von Wasser bedeckt, während nur 20 Prozent Felder sind. Zhejiang verfügt zwar über keine günstigen natürlichen Bedingungen, hat sich aber durch eine nachhaltige Entwicklung zu einer der Provinzen mit den höchsten Einkommen der Landwirte entwickelt und die geringste Kluft zwischen den Einkommen der Stadt- und Landbewohner

geschafft. Damit ist Zhejiang zu einem landesweiten Vorbild für die Förderung gemeinsamen Wohlstandes geworden.

"七山一水二分田"的浙江，自然条件并不优越，但它通过可持续发展，成为全国各省区中农民收入最高、城乡居民收入差距最小的省份之一，成为全国实现共同富裕的示范样本。

Ende 2015 hat Zhejiang als erste Provinz im ganzen Land die umfassende Beseitigung der absoluten Armut verwirklicht, die mit einem jährlichen Pro-Kopf-Einkommen eines Haushaltes von weniger als 4 600 RMB definiert wird. 2022 betrug das verfügbare Pro-Kopf-Einkommen aller Einwohner in Zhejiang 60 302 RMB und lag damit um 23 419 RMB über dem Landesdurchschnitt (36 883 RMB), direkt nach Shanghai und Beijing. Das verfügbare Pro-Kopf-Einkommen der Stadtbewohner betrug 71 268 RMB, ein Anstieg von 2 781 RMB bzw. 4,1 Prozent gegenüber dem Vorjahr (siehe Abbildung 4-1). Das verfügbare Pro-Kopf-Einkommen der Landbewohner betrug 37 565 RMB, ein Anstieg von 2 318 RMB bzw. 6,6 Prozent gegenüber dem Vorjahr. Das Einkommensniveau der Stadt- und Landbewohner belegte seit 22 bzw. 38 Jahren in Folge den ersten Platz unter allen Provinzen und Regionen des Landes. Das Einkommensverhältnis zwischen Stadt- und Landbewohnern war seit 10 Jahren in Folge rückläufig. 2022 verzeichnete die ländliche Freizeitwirtschaft in der Provinz insgesamt 322 Millionen Touristen und ein Betriebseinkommen von 38,937 Milliarden RMB. Der Umsatz für den Online-Verkauf von landwirtschaftlichen Produkten aus der gesamten Provinz belief sich auf 123,89 Milliarden RMB. Die Anzahl der auf den E-Commerce-Verkauf spezialisierten Dörfer, die je einen jährlichen Einzelhandelsumsatz von mehr als 10 Millionen RMB erwirtschafteten, betrug mehr als 2 400.

2015 年底，浙江在全国率先全面消除家庭人均年收入 4600 元❶以下的绝对贫困现象❷；2022 年浙江全体居民人均可支配收入为 60302 元，比全国平均水平（36883 元）高 23419 元，仅次于上海和北京。其中城镇居民人均可支配收入 71268 元，比上年增加 2781 元，增幅 4.1%；农村居民人均可支配收入 37565 元，比上年增加 2318 元，增幅 6.6%（见图 4-1）。城镇和农村居民收入水平分别连续第 22 年和第 38 年全国各省区第一；城乡居民收入比连续 10 年呈缩小态势。❸ 2022 年，全省休闲农业共接待游客 3.22 亿人次，营业收入 389.37 亿元，❹ 全省农产品网络销售达 1238.9 亿元，零售超

❶ 作者注：浙江省确定的脱贫标准是当时国家脱贫标准的一倍。

❷ 不让一个困难群众掉队——浙江提前消除绝对贫困现象的一线报告，2016 年 2 月 22 日，https://www.gov.cn/xinwen/2016-02/22/content_5044720.htm，访问日期：2024 年 1 月 29 日。

❸ 2022 年浙江居民收入迈入"6"时代 城乡收入比继续缩小，2023 年 1 月 19 日，http://zjzd.stats.gov.cn/zwgk/xxgkml/tjxx/tjfx/tjdcfx/202301/t20230119_106820.html，访问日期：2024 年 1 月 29 日。

❹ 重点推介！"浙"6 条休闲农业精品线路 现在出行正当时，2023 年 6 月 29 日，https://zj.ifeng.com/c/8R13lGUrmsm，访问日期：2024 年 1 月 29 日。

❶ 浙江挑起新担子——数字
乡村引领区，是个什么
"区"，2023 年 2 月 9 日，
https://www.zj.gov.cn/art/
2023/2/9/art_1554467_60
034036.html，访问日期：
2024 年 1 月 29 日。

千万元的电商专业村达 2400 多个。❶

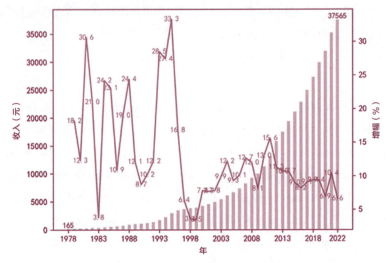

图 4-1　1978—2022 浙江省农村居民可支配收入及增幅❷

❷ 数据来源于国家统计局
浙江省调查总队，http://zjzd.
stats.gov.cn，访问日期：
2024 年 1 月 29 日。

Der Preis „Champions of the Earth Award" 2018 wurde an das Großprojekt „Aufbau von tausend Vorzeigedörfern und Erneuerung von zehntausend Dörfern" (kurz: „Tausend-Zehntausend-Projekt") in Zhejiang verliehen. In der Begründung des UN-Umweltprogramms heißt es: „Das Großprojekt ‚Tausend-Zehntausend-Projekt' in Zhejiang, China hat den Aufbau von schönen Dörfern mit bemerkenswerten Ergebnissen gefördert. Dieses außergewöhnlich erfolgreiche Projekt zur Wiederherstellung der Ökosysteme zeigt den Einklang von dem Umweltschutz und der wirtschaftlichen Entwicklung und wird revolutionäre Kraft erzeugen."

　　2018 年的"地球卫士奖"颁发给了浙江的"千万工程"。联合国环境署的颁奖词写道："中国浙江'千村示范、万村整治'工程扎实推进美丽乡村建设，效果显著。这一极度成功的生态恢复项目表明，环境保护可以与经济发展同行，并将产生变革性力量。"❸

❸ "千万工程"："共富乡村"的
先行探索，2023 年 8 月 9 日，
https://news.cnr.cn/native/gd/
20230809/t20230809_526371923.
shtml，访问日期：2024 年 1
月 29 日。

第二讲 路漫漫其修远兮 吾将上下而求索

# 3 Klimadiplomatie – die Diplomatie chinesischer Prägung
## 气候外交——中国特色的大国外交

4-3 气候外交

Zunächst sollten Sie über folgende Fragen nachdenken:

各位同学，请先思考以下问题：

**Frage 1**: Solarenergie ist eine in Europa und den USA hochgeschätzte neue Energiequelle. Und je niedriger der Preis ist, desto günstiger ist sie für die Umwelt, was die Förderung und Verbreitung angeht. Aber in Wirklichkeit haben Europa und die USA seit Jahren immer wieder Dumpingklagen gegen preiswerte chinesische Solarzellen eingereicht und Sanktionen verhängt. Warum?

**问题1**：太阳能是欧美国家极为推崇的新能源。从推广普及来说，价格越低对环境越有利。可事实上，欧美多年来对产自中国的物美价廉的太阳能电池板进行了反倾销诉讼和制裁，这是为什么呢？

**Frage 2**: Laut der Resolution der Klimakonferenz der UN sollten die Industrieländer den Entwicklungsländern den Technologietransfer und die finanzielle Unterstützung anbieten, welche die Entwicklungsländer für den Umweltschutz benötigen, doch diese Resolution wurde nicht wirksam umgesetzt. XIE Zhenhua, Chinas Sonderbeauftragter für Angelegenheiten zum Klimawandel, wies auf der Klimakonferenz 2022 darauf hin, dass die entwickelten Länder 2009 ursprünglich zugesagt hatten, jährlich 100 Milliarden USD für die Anpassung an den Klimawandel bereitzustellen. Allerdings haben sie nun nicht nur dieses Versprechen gebrochen, sondern auch die im Jahr 2021 versprochene Bereitstellung der 40 Milliarden USD nicht eingehalten. Warum?

**问题2**：根据联合国气候变化大会的决议，发达国家应向发展中国家提供环保所需的技术转让和资金支持，然而该决议却没有得到有效执行。中国气候变化事务特使解振华曾于 2022 年在联合国气候变化大会上指出，发达国家原于 2009 年同意每年提供 1000 亿美元用于适应气候变化，但是他们现在不仅违背了此诺言，连 2021 年承诺的 400 亿美元也没有兑现。❶ 这又是为什么呢？

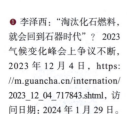
❶ 李泽西："淘汰化石燃料，就会回到石器时代"？ 2023 气候变化峰会上争议不断，2023 年 12 月 4 日，https://m.guancha.cn/internation/2023_12_04_717843.shtml，访问日期：2024 年 1 月 29 日。

Wie alle internationalen Themen sind auch ökologische und umweltpolitische Fragen nie einfach. Dahinter verbergen sich politische, wirtschaftliche sowie ideologische Machtinteressen der betreffenden Länder und transnationalen Unternehmen usw., die ein Mitspracherecht über das Thema besitzen. Die Schwierigkeiten bei der Erzielung einer Einigung auf der Klimakonferenz 2009 in Kopenhagen, der Rückantritt der USA aus dem Pariser Klimaabkommen 2020 und die Debatte über den Ausstieg aus fossilen Brennstoffen oder deren Reduzierung auf der 28. UN-Klimakonferenz (COP28) im Jahr 2023 zeigen nur zu deutlich, dass all dies mit dem komplexen internationalen politischen und wirtschaftlichen Kräftespiel zu tun hat. Wir dürfen die Lösungskonzepte und Maßnahmen der Industrieländer nicht kopieren, da dies Chinas ökologischer Sanierung nichts nützt, und sogar Chinas Entwicklungsweg blockiert. Mit dem Konzept „Klare Flüsse und grüne Berge sind so wertvoll wie Berge aus Gold und Silber" wird Chinas selbstständiges Umweltregulierungssystem aufgebaut und das System der grünen Entwicklung chinesischer Prägung geschaffen. Es bildet eine wichtige Maßnahme beim Aufbau einer Schicksalsgemeinschaft der Menschheit.

　　和所有的国际议题一样，生态与环境政策问题从来都不单纯，背后暗藏着掌握该议题话语权的国家及跨国公司等利益相关方的政治、经济权力及意识形态的角逐。2009 年哥本哈根气候大会难以达成一致决议、2020 年美国退出巴黎气候协议、2023 年第 28 届联合国气候变化大会（COP28）就淘汰还是减少化石燃料的争论等，都离不开复杂的国际政治、经济博弈。我们不能生搬硬套发达国家的方案和措施，否则不但无益于中国生态整治，而且会卡死中国的发展通道。"绿水青山就是金山银山"构建了中国自主的环保治理体系，倡导中国特色绿色发展的生态体系，是推动构建人类命运共同体过程中的重要举措。

In den globalen Klimaverhandlungen betonen die Industrieländer die „gemeinsame Verantwortung" aller Länder dafür, dem Klimawandel zu begegnen, wobei sie ihre historische Verantwortung für die Treibhausgas-emissionen bewusst ausblenden, die unterschiedlichen Kapazitäten der verschiedenen Länder ignorieren und die „differenzierte Verantwortung" der unterschiedlichen Länder für den Klimawandel herunterspielen. Im Wesentlichen handelt es sich dabei um einen Versuch, ein ungerechtes Weltwirtschaftsmuster zu stabilisieren, das keinen Raum für die industrielle Entwicklung in den Ländern der Dritten Welt lässt.

在全球气候谈判中，发达国家强调各国都有为应对气候变化而做出努力的"共同责任"，刻意回避其温室气体排放的历史责任，无视各国能力差异，淡化各国应对气候变化的"区别责任"，其实质是试图锁定不公平的世界经济格局，不给第三世界国家工业发展的空间。

Ende 2009 vertrat DING Zhongli, Mitglied der Chinesischen Akademie der Wissenschaften, China auf dem internationalen Klimagipfel in Kopenhagen. Er legte gegen die von 27 westlichen Industrieländern vorgeschlagene *Kopenhagener Vereinbarung* sein Veto ein. DING Zhongli wies darauf hin, dass der Plan zur Begrenzung der Gesamtmenge unserer Kohlenstoffemissionen viele ungünstige Faktoren enthielt und viele Hindernisse für unsere künftige Entwicklung bringen würde.

2009 年末，代表中国参加哥本哈根国际气候峰会的丁仲礼院士在会议上否决了西方 27 个发达国家提出的《哥本哈根协议》。丁仲礼院士指出，该计划中有非常多的不利因素来限制我们碳排放总数，并且会对我们未来的发展带来很多阻碍。

Chinas Klimadiplomatie ist ein konkretes Beispiel dafür, wie China im Bereich des Klimawandels den Aufbau der neuartigen internationalen Beziehungen und den Aufbau einer Schicksalsgemeinschaft der Menschheit fördert. China hat das chinesische Lösungskonzept für eine globale Klimagovernance vorgelegt – Aufbau einer Lebensgemeinschaft zwischen Mensch und Natur und Aufbau einer Gemeinschaft allen Lebens auf der Erde – und hat sich für den Aufbau und die Verbesserung des von den UN geführten multilateralen Systems der globalen Klimagovernance eingesetzt und damit der Welt das Bild eines verantwortungsvollen großen Landes vermittelt.

中国气候外交是中国推动构建新型国际关系和推动构建人类命运共同体在气候变化领域的具体实践。中国提出了全球气候治理的中国方案——构建人与自然生命共同体和构建地球生命共同体，推动构建和完善联合国主导的全球气候治理多边体系，向世界展示出负责任的大国形象。

China hat unentwegt die Entwicklungsrechte und -interessen der Entwicklungsländer und deren Entwicklungsspielraum verteidigt. China hat sich im Namen der Gruppe 77 plus China bei allen Klimakonferenzen der UN für die Entwicklungsländer eingesetzt, indem es dafür eintrat, dass das Abkommen über die Verringerung der Treibhausgasemissionen sowohl intergenerationelle als auch intragenerationelle Gerechtigkeit beinhalten sollte. Das heißt, die Industrieländer müssen für die seit der industriellen Revolution aufgelaufenen Emissionen und die gegenwärtig hohen Gesamt- und Pro-Kopf-Emissionen verantwortlich gemacht werden. Die Industrieländer müssen bei der Verringerung der Emissionen eine Vorreiterrolle übernehmen und sollten keine verbindliche Emissionsverringerung durch die Entwicklungsländer zur Voraussetzung machen.

中国始终坚持捍卫发展中国家的发展权益和发展空间，历次联合国气候大会上都以"77国集团＋中国"的名义为发展中国家发声，主张温室气体减排协议要同时体现代际公平和代内公平，即发达国家必须为工业革命以来累积的历史排放和当前高额的总量排放与人均排放负责。发达国家必须率先进行减排，而不应将发展中国家强制减排作为先决条件。

Im September 2020 verpflichtete sich Staatspräsident XI Jinping bei der 75. UN-Generalversammlung feierlich, dass China seinen Beitrag im Kampf gegen den Klimawandel erhöhen und noch wirksamere politische Richtlinien und Maßnahmen ergreifen wird, um nach besten Kräften den Höhepunkt der $CO_2$-Emission vor 2030 zu erreichen und die $CO_2$-Neutralität bis 2060 zu verwirklichen. Diese Klimaziele bedeuten nicht nur eine große Transformation der Industriestruktur, der Energiestruktur und des Entwicklungsmodells in China, sondern auch, dass China innerhalb von nur 30 Jahren den Übergang vom Höhepunkt seiner $CO_2$-Emissionen zur Kohlenstoffneutralität vollziehen wird, was 20 bis 40 Jahre kürzer sein wird als bei den entwickelten Ländern.

2020 年 9 月，习近平主席在第 75 届联合国大会上向世界郑重承诺："中国将提高国家自主贡献力度，采取更加有力的政策和措施，二氧化碳排放力争于 2030 年前达到峰值，努力争取 2060 年前实现碳中和。"❶ 双碳目标不仅意味着中国将实现产业结构、能源结构和发展模式的重大转型，而且意味着中国完成从碳达峰到碳中和的转变时间仅为 30 年，比发达国家短了 20 至 40 年。

❶《中共中央 国务院关于完整准确全面贯彻新发展理念做好碳达峰碳中和工作的意见》发布，2021 年 10 月 25 日，https://www.gov.cn/xinwen/2021-10/25/content_5644687.htm，访问日期：2024 年 1 月 29 日。

## 4 Die Lösung des Umweltproblems liegt in der Entwicklung
## 环保的解决方案是发展

4-4 环保的解决方案是发展

2023 ist die radikale deutsche Umweltschutzorganisation „Letzte Generation" oft in die Schlagzeilen geraten. Sie haben Kartoffelpüree auf Museumsgemälde geworfen, sind in Flughäfen eingebrochen und haben Start- und Landebahnen blockiert und sich an Autobahnen festgeklebt... Mit ihrem radikalen Verhalten haben sie versucht, die Aufmerksamkeit der Gesellschaft zu erregen und die Regierung zu drängen, dem dringenden Klimawandel entgegenzuwirken und so den Umweltschutz weiter voranzutreiben. Ich denke, die „Letzte Generation" hat die Grenze zwischen ökologischem Idealismus und Ökoterrorismus verwischt.

2023 年，德国极端环保组织"最后一代"经常登上新闻头条。他们往博物馆的名画上泼土豆泥，闯入机场堵塞跑道，把自己粘在高速公路上……他们试图通过过激行为引起社会的关注，促使政府更加重视应对气候变化的紧迫性，从而推动环境保护事业的进一步发展。但我认为"最后一代"模糊了环保理想主义和绿色恐怖主义的界限。

Ich war einst auch dummerweise der Ansicht, dass das ökologische System der Erde kurz vor dem Zusammenbruch stehe und die Menschheit dem Untergang geweiht sei. In der Oberschule las ich das Buch *Grenzen des Wachstums* von Club of Rome. Darin wurde vorausgesagt, dass das wirtschaftliche Wachstum nicht unbegrenzt andauern könne, da die Versorgung mit natürlichen Ressourcen begrenzt sei und es wurde vorhergesagt, dass eine weltweite Katastrophe unmittelbar bevorstehe und die menschliche Gesellschaft auf „Nullwachstum" umsteigen müsse. Dieses Buch hat mir eine erste Aufklärung über die Ökologie verschafft. Aber Jahrzehnte sind vergangen, die Gesellschaft hat sich rasch entwickelt und der Lebensstandard ist weitgehend gestiegen, und ich bin sehr verwirrt: Gemäß den Vorhersagen von Club of Rome sollten das Erdöl und andere Ressourcen längst erschöpft sein, aber warum haben wir nicht das Gefühl, dass die Ressourcen wie das Erdöl zur Neige gehen? Warum ist das so?

❶ 郭吴新：《国际经济辞典》，武汉大学出版社，1988 年，第 601 页。

曾经我也幼稚地以为地球生态马上要崩溃，人类即将灭亡。中学时我读了罗马俱乐部❶ 的《增长的极限》，它预言经济增长不可能无限持续下去，因为自然资源的供给是有限的。它预测世界性灾难即将来临，为此人类社会必须"零增长"。这本书给了我最初的生态启蒙，但是几十年过去，人类社会发展迅速，生活水平普遍提高，我很疑惑：按照罗马俱乐部的预测，石油等自然资源早应该枯竭了，为什么我们并没有感觉到呢？这到底是为什么呢？

Probleme in der Entwicklung müssen durch die Entwicklung gelöst werden. Generalsekratär XI Jinping sagt: „ [...] wir müssen den Widersprüchen, auf die wir auf unserem Weg stoßen, aktiv entgegentreten und sie lösen. [...] Die richtige Haltung gegenüber Widersprüchen sollte darin bestehen, uns mit ihnen auseinanderzusetzen und die Natur von den sich vorteilhaft ergänzenden Widersprüchen zu nutzen, um die Entwicklung der Dinge im Prozess ihrer Lösung zu fördern." Probleme, die im Prozess der Entwicklung aufgetreten sind, sind unumkehrbar und können nur durch eine nachhaltige Entwicklung gelöst werden. Zum Beispiel hat die industrielle Entwicklung die Umweltverschmutzung mit sich gebracht. Aber es ist unmöglich für uns, in eine Zeit ohne Industrie zurückzukehren. Wir können nur vorwärts gehen, und vorwärts ist der einzige Weg!

❷ 习近平在中共中央政治局第二十次集体学习时强调坚持运用辩证唯物主义世界观方法论提高解决我国改革发展基本问题本领，2015 年 1 月 24 日，https://www.gov.cn/xinwen/2015-01/24/content_2809598.htm，访问日期：2024 年 1 月 29 日。

发展中的问题要靠发展来解决。习近平总书记说："……积极面对和化解前进中遇到的矛盾。……对待矛盾的正确态度，应该是直面矛盾，并运用矛盾相辅相成的特性，在解决矛盾的过程中推动事物发展。"❷ 发展之后出现的问题都是不可逆的，只能通过持续的发展来改进。好比工业发展带来环境污染，但我们不可能退回到没有工业的时代，只能往前，也只有往前这一条路！

In der nordchinesischen Ebene leben 339 Millionen Menschen. Sie ist die am dichtesten besiedelte Region Chinas. Das verfügbare Wasser pro Kopf in der Provinz Hebei betrug nur 1/7 des landesweiten Durchschnitts. Für die Entwicklung der Industrie sowie die Bewässerung der Felder schöpfte man aus den über 16,5 Millionen Pumpenbrunnen das Grundwasser schnell aus. Und an vielen Stellen mussten Pumpenbrunnen bis in eine Tiefe von 25 Metern gebohrt

werden, um Grundwasser zu finden. In Tianjin mussten die Brunnen bis zu 110 Meter tief sein, um Grundwasser herauszuschöpfen. Und der tiefste Brunnen in der Provinz Hebei erreichte sogar eine Tiefe von 800 Metern.

华北平原生活着 3.39 亿人，是我国人口最密集的平原。河北省人均水资源只有全国平均值的 1/7。❶ 工业要发展、农田要灌溉，1650 多万口机井迅速掏空华北平原地下水，很多地方打井到 25 米以下才能见到地下水，天津则需要到 110 米，河北省最深的机井甚至达到 800 米。

Statistiken zeigten, dass das kumulative Grundwasserdefizit in der nordchinesischen Ebene 180 Milliarden Kubikmeter erreichte, was 12 847 Mal dem Volumen des Westsees in Hangzhou entsprach. Die Fläche der übermäßigen Grundwasserentnahme erstreckte sich auf über 180 000 Quadratkilometer und war damit das größte Gebiet mit Absenkungstrichtern der Welt. Überall trockneten Flüsse aus, der Boden sank ab, Gebäude bekamen Risse und das Ökosystem verschlechterte sich...

统计数据显示，华北平原累计地下水的亏空量曾达到 1800 亿立方米，相当于 12847 个杭州西湖；地下超采区面积多达 18 万平方公里，是世界上最大的地下水漏斗区。❷ 河流全部干涸、地面沉降、建筑物开裂、生态环境恶化……

Doch die Chinesen gaben nicht auf. Eine statistische Erhebung ergab, dass 75% des Wassers für die Bewässerung der Felder in der Landwirtschaft verbraucht worden waren. Dafür wurde sogleich die Tröpfchenbewässerungstechnik eingeführt, mit der mehr als 1/3 des Wassers eingespart werden sollte. Außerdem startete China das Süd-Nord-Wassertransferprojekt, das seit dessen vollständigen Fertigstellung und Öffnung 2014 zur Hauptwasserquelle für mehr als 140 Millionen Menschen in Hunderten von Städten in der nordchinesischen Ebene geworden ist. Damit ist eine ökologische Anreicherung von 8,5 Milliarden Kubikmetern Wasser für mehr als 50 Flüsse entlang der ganzen Strecke durchgeführt worden. Gleichzeitig ist in den betreffenden Regionen eine übermäßige Grundwasserentnahme von 5 Milliarden Kubikmetern vermieden worden.

中国人没有放弃。调查发现，75% 的水用于农田灌溉，那就引入滴灌技术，这样可以节水 1/3 以上。中国还开启了南水北调工程。自 2014 年全面建成通水以来，已成为华北平原数百座城市超过 1.4

❶ 徐宁：这十年，看中国基建，2022 年 8 月 2 日，https://www.xuexi.cn/lgpage/detail/index.html?id=3854048402621861965，访问日期：2024 年 1 月 29 日。

❷ 南水北调中线一期工程向雄安新区供水突破 1 亿立方米，2023 年 3 月 31 日，http://nsbd.mwr.gov.cn/zw/yxgl/202303/t20230331_1651749.html，访问日期：2024 年 1 月 29 日。

❸ 十载通水改旧貌 千年运河焕新颜——南水北调东线通水 10 年扫描，2023 年 11 月 15 日，https://www.gov.cn/govweb/yaowen/liebiao/202311/content_6915357.htm，访问日期：2024 年 1 月 29 日。

❹ 北京地下水位回升至 20 年来最高，人民网，2022 年 4 月 8 日，http://gs.people.com.cn/BIG5/n2/2022/0408/c183342-35213060.html，访问日期：2024 年 9 月 20 日。

❺《北京市水资源公报（2022 年度）》，2023 年 7 月 25 日，https://swj.beijing.gov.cn/zwgk/szygb/202307/P020230725429321354629.pdf，访问日期：2024 年 1 月 29 日。

亿人的主力水源，为沿线 50 多条河流实施生态补水 85 亿立方米，为受水区压减地下水超采量 50 多亿立方米。❶

Ende 2021 ist die durchschnittliche Tiefe des Grundwasserspiegels in den seichten Gebieten der übermäßigen Grundwasserentnahme in der Provinz Hebei im Vergleich zu 2018 um 1,87 Meter gestiegen und die des Grundwasserspiegels in den tiefen Gebieten der übermäßigen Grundwasserentnahme ist um 5,95 Meter gestiegen. Der Baiyangdian, der größte See Nordchinas, hat nach mehreren Trockenperioden wieder eine Wasseroberfläche von 300 Quadratkilometern erreicht. Der Große Kanal in der nordchinesischen Ebene, der seit über 110 Jahren keinen Wasserfluss mehr hatte, ist zum ersten Mal vollständig für Wasser geöffnet. Gemäß der Abbildung 4-2 von dem Beijinger Wasserwirtschaftsamt lag die durchschnittliche Tiefe des Grundwasserspiegels in der Beijinger Ebene im Jahr 2021 bei 16,39 Metern, was den höchsten Stand der letzten 20 Jahre darstellte.

2021 年底，河北省浅层超采区地下水水位平均埋深比 2018 年上升了 1.87 米，深层超采区地下水水位平均埋深回升 5.95 米。华北最大的湖泊白洋淀在经历多次干涸后，恢复到了 300 平方公里水面；❷断流 110 多年的大运河华北段首次全线通水；❸从北京市水务局公布的信息来看（见图 4-2），2021 年北京平原地区的地下水水位平均埋深已有 16.39 米，达到近 20 年来的最高水平。❹

图 4-2　1978—2022 年北京市平原区地下水埋深变化❺

Erst durch wirtschaftliche Entwicklung kann die Regierung fast 100 Milliarden Euro in das Süd-Nord-Wassertransferprojekt investieren. Nur durch technologische Entwicklung wird wassersparende moderne Landwirtschaft möglich. Nur durch industrielle Entwicklung kann China Tunnelbohrmaschinen selbstständig entwickeln und ist nicht mehr westlichen Embargos oder deren hohen Preisen ausgesetzt, und die Wasserstraßen des Süd-Nord-Wassertransferprojekts können unter dem Flussbett des Gelben Flusses hindurchgeführt werden...

经济发展了，国家才能投入近千亿欧元的资金完成南水北调工程；技术发展了，节水型现代农业才成为可能；工业发展了，中国才才能自行研制盾构机，不再受西方的禁运和高价之累，南水北调的河道才能从黄河河床下穿过……

Das Problem ist nicht das Problem selbst, sondern wie es gelöst wird.

问题不是问题，如何解决才是问题。

Große Kohlekraftwerke in China befinden sich größtenteils im Nordwesten, während Wasserkraftressourcen im Zentrum und Westen konzentriert sind. Die Übertragung des von ihnen erzeugten Stroms an die Ostküste verursacht erhebliche Übertragungsverluste. Dazu hat China eine Ultrahochspannungs-Gleichstrom-Übertragungstechnologie entwickelt, die mehr als fünfmal effizienter ist als die herkömmliche 500-Kilovolt-Ultrahochspannungsübertragung und zudem die Leitungsverluste um 3/4 reduzieren kann. Wenn diese Ultrahochspannungs-Gleichstrom-Übertragungstechnologie weltweit eingesetzt würde, hätten riesige Tanker, die heute Öl und Gas transportieren, keine Verwendung mehr, und das politische, wirtschaftliche und militärische Weltgefüge würde neu geschrieben. Welch eine Vorstellung!

中国的大型火电站多位于西北，水电资源集中在中西部。将它们发的电送到东部沿海，途中的输电损耗极大。中国发展了特高压直流输电技术，效率是普通 500 千伏超高压输电的 5 倍以上，还能将线路损耗减少 3/4。❶ 如果将特高压技术推广到世界，现在运输石油、天然气的巨型油轮都将不再有用武之地，世界的政治、经济和军事格局都将改写，这是怎样一幅图景啊！

❶ 令国人骄傲的特高压输电技术！ 2018 年 5 月 16 日，https://news.bjx.com.cn/html/20180516/898111.shtml，访问日期：2025 年 2 月 1 日。

Die Weltlage wirkt sich auf den Weltmarkt für Nahrungsmittel aus, die Lebensmittelpreise steigen und für Chinesen hat nun ihr tägliches Brot die höchste Priorität. Und die Landwirtschaft hat die Industrie als größte Umweltverschmutzungsbranche Chinas überholt und ist nun für mehr als 50% der Gesamtverschmutzung verantwortlich. Dazu hat die chinesische Regierung in den letzten Jahren strenge Kontrollmaßnahmen ergriffen und bemerkenswerte

Erfolge erzielt.

世界局势影响世界粮食市场，粮价飞涨，保住中国人的饭碗成为重中之重。而农业已超过工业成为中国最大的污染产业，占污染总量的50%以上。[1] 对此，中国政府近年来采取了严格的管控措施，并取得了显著的成效。

❶ 关于发布《第二次全国污染源普查公报》的公告，2020年6月10日，https://www.gov.cn/xinwen/2020-06/10/content_ 5518391.htm，访问日期：2024年1月29日。

Gleichzeitig setzt die chinesische Regierung konsequent auf technische Innovationen auf dem Gebiet der Nahrungsmittelproduktion. 2021 ist chinesischen Wissenschaftlern die künstliche Totalsynthese von Stärke aus Kohlendioxid im Labor gelungen. Und 2023 ist der Durchbruch bei der künstlichen Synthese von Zucker aus Kohlendioxid erzielt worden. Vielleicht werden die Nahrungsmittel, welche die Menschheit benötigt, schon bald wie die Vorstellung in *Wanderung des Schlauköpfchens in die Zukunft* nicht mehr auf dem Feld in Fabriken unaufhörlich produziert, wobei das dafür verwendete Material Kohlendioxid wiederum zur Reduzierung von Treibhausgasen beitragen kann...

❷颠覆性技术！从二氧化碳到淀粉人工合成，2021年9月24日，https://www.cas.cn/cm/202109/t20210924_4806910.shtml?from=timeline，访问日期：2024年1月29日。

同时，中国政府也积极推动粮食生产的科技创新。2021年中国科学家在实验室实现了从二氧化碳到淀粉的人工全合成[2]，2023年突破了二氧化碳到糖的人工合成技术[3]。也许在不久的将来，人类需要的粮食就像《小灵通漫游未来》中设想的那样，从工厂，而不是土地上源源不断地生产出来，消耗的原料二氧化碳可以为减少温室气体做出贡献……

❸ 他们让二氧化碳17小时后变成糖——记中国科学院天津工业生物技术研究所功能糖与天然活性物质团队，2023年9月11日，https://www.cas.cn/cm/202309/t20230911_4969948.shtml，访问日期：2024年1月29日。

Benötigt die Umwandlung von Kohlendioxid in Nahrungsmittel Energie? Wie Abbildung 4-3 zeigt, hat China von 2019 bis 2023 weltweit am meisten in saubere Energie investiert hat. Ende 2022 betrug die installierte Kapazität zur Erzeugung erneuerbarer Energien in China bereits 47,3% der landesweit installierte Gesamtkapazität zur Stromerzeugung und 31,6% des landesweiten Stromverbrauchs, was zu einer Reduzierung der inländischen Kohlendioxidemissionen um etwa 2,26 Milliarden Tonnen führte. Die im Jahr 2022 exportierten Windenergie- und Photovoltaikprodukte aus China reduzierten die Kohlendioxidemissionen anderer Länder um etwa 573 Millionen Tonnen. Beides zusammen hat die Emissionen um 2,83 Milliarden Tonnen reduziert, was etwa 41% der weltweiten Reduzierung der $CO_2$-Emissionen ausmachte. Mehr als 85% der im Zeitraum von Januar bis November 2023 neu hinzugekommenen

Stromerzeugungskapazität entfielen auf Wind- und Solarenergie. Wenn die in der Entwicklung befindliche Kernfusionstechnologie gelungen ist, wird sich die Menschheit vollständig von fossilen Energieträgern lösen und die Freiheit der sauberen Energie erreichen.

　　二氧化碳转换为粮食需要能源吗？图 4-3 显示，2019 到 2023 年，中国对清洁能源的投资为全球之最。2022 年底，中国可再生能源装机已占全国发电总装机的 47.3%，占全国用电量的 31.6%，减少国内二氧化碳排放约 22.6 亿吨。2022 年，我国出口的风电与光伏产品为其他国家减排二氧化碳约 5.73 亿吨，两者合计减排 28.3 亿吨，约占全球碳减排量的 41%。❶ 2023 年 1 至 11 月新增发电装机容量中，风能和太阳能占 85% 以上。❷ 如果正在研制中的核聚变技术成功，人类将彻底摆脱矿物能源，实现自由使用清洁能源。

❶ 我国可再生能源继续保持全球领先地位，2023 年 2 月 14 日，https://www.gov.cn/xinwen/2023-02/14/content_5741418.htm，访问日期：2024 年 1 月 29 日。

❷ 国家能源局发布 1-11 月份全国电力工业统计数据，https://www.nea.gov.cn/2023-12/20/c_1310756286.htm，访问日期：2024 年 1 月 29 日。

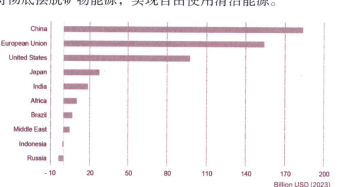

图 4-3　2019—2023 年世界部分国家和地区对清洁能源投资额❸

❸ World Energy Investment 2023，国际能源署(IEA)，https://www.iea.org/reports/world-energy-investment-2023，访问日期：2024 年 1 月 29 日。

Natürlich bestehen immer noch Probleme in unseren Ökosystemen und unserer Umwelt und es ist noch nicht alles Grün und Gold, was in China wächst bzw. glänzt. „Wir sollten die natürliche Umwelt wie unseren Augapfel hüten und sie so sorgsam behandeln wie unser eigenes Leben." Wir müssen an der Entwicklung festhalten, gemeinsam das Leben grüner und unsere Heimat schöner machen.

Wir können das auf jeden Fall schaffen!

　　不可否认的是，我们的生态和环境仍存在一些问题，中国还不是处处都美丽。因此，"我们要像保护自己的眼睛一样保护生态环境，像对待生命一样对待生态环境。"❹ 我们要坚持发展，共谋绿色生活，共建美丽家园。

　　我们一定能做到！

❹ 习近平在 2019 年中国北京世界园艺博览会开幕式上的讲话（全文），2019 年 4 月 28 日，http://www.xinhuanet.com/politics/2019-04/28/c_1124429816.htm?isappinstalled=0，访问日期：2024 年 1 月 29 日。

第三讲 日出东方 其道大光

# 5 **Zusammenfassung**
## 总结

4-5 总结

Ein Artikel im britischen Magazin *Nature Sustainability* wies darauf hin, dass die Grünflächen auf der Erde in den Jahren von 2000 bis 2017 um 5% zugenommen haben, wobei China allein ein Viertel des Zuwachses an weltweiten Grünflächen beigetragen hat und China seine Bemühungen in dieser Hinsicht fortsetzt.

英国《自然·可持续发展》杂志上的一篇论文指出，2000 年到 2017 年间，地球上的绿化面积增加了 5%，其中中国一国就为地球绿化增量贡献了 1/4，且中国还在继续努力。❶

❶ Chen, Chi, Park, Taejin & Wang, Xuhui et al. (2019): China and India lead in greening of the world through land-use management. In: Nature Sustainability. 02. 第 122-129 页。

Aber im September 2019 verurteilte das Magazin *Nature* die Aufforstungs-maßnahmen Chinas in der nordwestlichen Region. In dem Artikel wurde die Ansicht vertreten, dass Chinas groß angelegte Aufforstungsaktivitäten in einer Zeit der globalen Klimaerwärmung die Wasserressourcen knapp machen und somit die Ökosysteme beeinträchtigen werde.

但是 2019 年 9 月，《自然》杂志刊文谴责中国在西北地区的植树行为。文章认为在全球气候变暖的大环境下，中国的大规模植树活动加剧水资源的缺失，进而影响生态。❷

❷ Zastrow, Mark (2019): China's tree-planting drive could falter in a warming world. In: Nature. 573. 第 474-475 页。

❸ China's Appetite for Meat Swells, along with Climate Changing Pollution, By Coco Liu & ClimateWire, https://www. scientificamerican. com/article/china-s-appetite-for-meat-swells-along-with-climate-changing-pollution/, Scientific American, 访问日期：2024 年 8 月 25 日。

Westliche Länder sind der Meinung, dass der übermäßige Fleischkonsum der Chinesen die Umwelt unseres Planeten zerstöre und haben die Chinesen aufgefordert, Vegetarier zu werden.

- **2014 *Scientific American***: China's Appetite for Meat Swells, along with Climate Changing Pollution❸
- **2018 *The Atlantic Monthly***: China's Love for Meat is Threatening Its Green Movement❹
- **2019 *The Economist***: The planet needs China to curb its appetite for meat,

❹ China's Love for Meat Is Threatening Its Green Movement, By Marcello Rossi & Undark, https://www.theatlantic.com/ science/archive/2018/07/chinas-love-for-meat-is-threatening-its-green-movement/566399/, The Atlantic, 访问日期：2024 年 5 月 20 日。

persuading its citizens to do so will be tough[1]

- **2020** *The New York Times*: Impossible Dumplings and Beyond Buns: Will China Buy Fake Meat?[2]
- **2021** *Time*: How China Could Change the World By Taking Meat Off the Menu[3]

...

西方国家认为中国人吃肉太多破坏了地球环境，呼吁中国人吃素。

- **2014年**《科学美国人》：《中国人对肉的胃口越来越大，随之而来的是气候变化和污染》
- **2018年**《大西洋月刊》：《中国人对肉食的热爱正在威胁他们的环保运动》
- **2019年**《经济学人》：《地球需要中国遏制对肉的胃口，但劝说其国民恐怕很难》
- **2020年**《纽约时报》：《中国人会购买人造肉吗？》
- **2021年**《时代周刊》：《中国如何通过从菜单上撤下肉类来改变世界？》

......

Diese Behauptungen klingen beim ersten Hören nicht unvernünftig und werden von vielen Menschen im Lande akzeptiert. Aber wir müssen sie rational analysieren und die logischen Fallstricke dahinter entdecken. Sehen wir uns die Daten und Fakten in Abbildung 4-4 an.

这些论调乍听起来并非没有道理，也被不少国人接受。但是我们必须要理性分析，发现其背后的逻辑陷阱。让我们来看看图 4-4 中的数据。

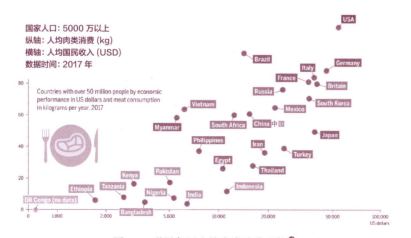

图 4-4　世界各国人均肉类消费比较[4]

[1] The planet needs China to curb its appetite for meat, https://www.economist.com/china/2019/10/17/the-planet-needs-china- to-curb-its-appetite-for-meat, The Economist, 访问日期：2019 年 10 月 17 日。

[2] Impossible Dumplings and Beyond Buns: Will China Buy Fake Meat? By David Yaffe-Bellany, https://www.nytimes.com/ 2020/ 01/07/ business/fake-pork-china.html, The New York Times, 访问日期：2020 年 1 月 7 日。

[3] How China Could Change the World by Taking Meat Off the Menu. By Charlie Campbell, https://time.com/5930095/ china-plant-based-meat/, Time, 访 问 日 期：2021 年 1 月 22 日。

[4] Meat Atlas 2021. Heinrich Böll Stiftung, 2021. https://eu.boell.org/en/MeatAtlas, 访问日期：2024 年 1 月 29 日。

Hinter den Umweltthemen steht die komplexe Umweltpolitik. Der Aufbau eines schönen Chinas ist nicht nur eine „chinesische Geschichte", sondern auch ein wichtiger Bestandteil von Chinas Beteiligung an der Global Governance und dem Aufbau einer Schicksalsgemeinschaft der Menschheit. In dieser Lektion wird versucht, den Prozess der Entwicklung von Chinas Umweltschutzkonzepten zu analysieren, um zu betonen, dass die Entwicklung die grundlegende Lösung für Umweltprobleme ist. Das soll Ihnen helfen, rational zu urteilen und zu analysieren, die europäischen und amerikanischen Umweltschutzdiskurse zu dekonstruieren, sich über Chinas Bemühungen zur Bekämpfung des Klimawandels zu informieren und damit volles Vertrauen in Chinas Entwicklung zu bekommen. Hoffentlich kann dies Ihre Rede- und Kommunikationsfähigkeiten verbessern und Ihnen helfen, das Bewusstsein für Chinas Aufgabe und Verantwortung in internationalen Angelegenheiten sowie für die Unterbreitung chinesischer Ansichten und Lösungsvorschläge zu entwickeln.

生态环境议题的背后，同样伴随着复杂的生态政治。所以美丽中国不只是一个"中国故事"，更是中国参与全球治理、构建人类命运共同体的重要一环。本单元尝试通过分析中国环保理念的建构过程，强调发展才是解决环保问题的根本。同时也帮助同学们进行理性判断和分析，解构欧美环保话语体系，了解中国应对气候变化做出的努力，进而对中国的发展具有充分自信。希望这些可以提升同学们的演讲沟通能力，培养我们在国际事务中的中国使命和中国担当，养成提供中国视角、中国方案的意识。

Fortschrittliche Technologie, schöne Ökologie und harmonisches Leben, das ist der Traum von einem schönen China, ein Traum, den wir gerade verwirklichen. Auf der Nationalen Konferenz zum Schutz der ökologischen Umwelt im Juli 2023 betonte Generalsekretär XI Jinping erneut: „Es gilt, sich das Konzept: Klare Flüsse und grüne Berge sind so wertvoll wie Berge aus Gold und Silber, fest zu eigen zu machen und in die Praxis umzusetzen und dem Aufbau eines schönen Chinas Priorität beim Aufbau eines starken Staats und beim Wiederaufleben der Nation einzuräumen."

先进科技、优美生态、和谐的生活，这就是美丽中国梦，是我们正在实现的梦。在 2023 年 7 月的全国生态环境保护大会上，习近平总书记再次强调："牢固树立和践行绿水青山就是金山银山的理念，把建设美丽中国摆在强国建设、民族复兴的突出位置。" ●

## 6 Redestrategie
## 演讲策略

4-6 演讲策略
确立论点 打开视野

**(1) Das Thema und die Argumente festlegen**

Bevor wir mit unserer Rede beginnen, müssen wir uns zunächst über das Ziel im Klaren sein. Danach müssen wir das Thema festlegen und unsere Argumente ausarbeiten. Die Rede sollte um das Thema und die Argumente herum strukturiert sein. In der Regel können wir die Hauptargumente in eine Reihe von unabhängigen untergeordneten Argumenten aufteilen. Bei der Erstellung der untergeordneten Argumente müssen wir folgende vier Prinzipien einhalten:

- Unabhängigkeit. Die untergeordneten Argumente sollten voneinander relativ unabhängig sein und sich nicht überschneiden.
- Konsistenz. Die untergeordneten Argumente sollten sich gegenseitig ergänzen und gemeinsam ein Hauptargument unterstützen.
- Prägnanz. Die untergeordneten Argumente sollten prägnant sein, um gut verständlich zu sein.
- Symmetrie. Am besten ist es, die untergeordneten Argumente in der gleichen oder einer ähnlichen Satz- oder Phrasenstruktur auszudrücken, damit möglichst Parallelismen gebildet werden und Ihre Rede schön klingt.

**(1) 确立主题与论点**

在演讲开始前，我们首先需要明确自己的演讲目的，确定演讲主题，提炼演讲论点。一旦论点确立，整个行文将以之为核心展开。通常来说，我们可以将一篇演讲的主要论点细化为若干次要论点。确立次要论点需要遵循以下四个原则：

独立性——次要论点之间应保持离散性，不能互有重合，否则影响演讲的层次。

一致性——次要论点之间可以相互支撑，互为补充，共同构建起主要论点。

简洁性——次要论点应简洁明了，便于听众理解。

对称性——次要论点的表达最好采取相同或相似的句式或词组结构，形成排比，朗朗上口。

**(2) Den Horizont erweitern und tiefgründig denken**

Im Internet gibt es zahlreiche vorgefertigte Entwürfe und Vorlagen zum öffentlichen Reden, bei denen für jedes Thema die entsprechende Theorie und die empfohlenen Beispiele zur Verfügung stehen. Dieses standardisierte Format ist oft schablonenhaft und langweilig. Stattdessen hoffen wir, dass das vorliegende Lehrbuch Sie befähigen wird, kritische Analysen vorzunehmen und in höheren Dimensionen zu denken. Nur wenn man über den Tellerrand hinausschaut, seinen Horizont erweitert und tiefgründig denkt, kann man eine herausragende Rede halten.

**(2) 打开视野，深入思考**

网上有很多演讲设计，每个主题对应什么理论、建议用什么类型的例子等现成模式，都可以套用。但这种格式千篇一律，单调无味。我们希望通过本教材培养同学们的批判性分析能力和高阶思维能力。跳出窠臼，打开视野，深入思考，才能完成一次与众不同的优秀演讲。

Bedingt durch den Umfang gibt es inhaltlich einen kleinen Schönheitsfehler in dieser Lektion „Aufbau eines schönen Chinas". Haben Sie das vielleicht bemerkt? Denken Sie darüber nach: Bezieht sich die „Schönheit" eines schönen Chinas nur auf die Schönheit der Umwelt?

由于篇幅所限，本单元"美丽中国建设"的内容在讲述时有一个小小缺憾，不知道同学们注意到了没有？你们思考一下：美丽中国的"美丽"，难道只是指生态环境的美丽吗？

Ein schönes China sollte auch Aspekte wie die harmonische Koexistenz von Mensch und Natur, nachhaltige wirtschaftlicher Entwicklung, Fortschritte in Bildung, Kultur und Gesundheitswesen, Rechtsstaatlichkeit und sozialer Harmonie usw. umfassen. Wenn Sie „Schönes China" aus einer umfassenderen Perspektive und von einem höheren Standpunkt aus analysieren, werden Sie feststellen, dass es plötzlich unendlich viele Denkanstöße gibt und die Zeit vielleicht nicht ausreicht, um alles zu behandeln.

美丽中国还应该包括人与自然和谐共生、可持续经济发展模式、教育文化医疗的发展、法治社会、和谐社会等等。如果从更全面的维度、更高的站位来分析"美丽中国"，同学们会不会感觉思路一下子就打开了，内容说都说不完了呢？

2021 erregte die Geschichte der Elefantengruppe aus Yunnan weltweite Aufmerksamkeit. Die 124-tägige Reise erstreckte sich über mehr als 1400

Kilometer und wurde rund um die Uhr von den Medien der ganzen Welt übertragen. Wenn wir dies als Thema für eine Rede über das schöne China verwenden würden, was könnten wir erzählen?

2021 年，云南大象旅游团的故事引发全球关注。历时 124 天，行程 1400 多公里，全球媒体全天转播。如果以此为主题进行美丽中国的演讲，我们能讲什么？

Ökologische Verbesserungen, Vergrößerung der wild lebenden Elefantenherde, Toleranz der Menschen und Schutz der wild lebenden Elefanten... Dies sind natürlich die offensichtlichsten Aspekte. Die ganze Geschichte hat der Welt ein vertrauenswürdiges, liebenswertes und respektables Bild von China im neuen Zeitalter vermittelt. Dazu hat Generalsekretär XI Jinping bemerkt: „Die Reise der Yunnan-Elefanten nach Norden und ihre Rückkehr haben uns die Errungenschaften Chinas beim Schutz der Wildtiere gezeigt."

生态的改善，野生象群的增加，人们对野象的包容和保护……这些当然是最直观的部分。整个事件让世界看到了一个可信、可爱、可敬的新时代中国形象。习近平总书记指出："云南大象的北上及返回之旅，让我们看到了中国保护野生动物的成果。"❶

❶ 习近平在《生物多样性公约》第十五次缔约方大会领导人峰会上的主旨讲话，中国政府网，2021 年 10 月 12 日，https://www.gov.cn/xinwen/2021-10/12/content_5642048.htm，访问日期：2024 年 1 月 29 日。

Die ausländischen Zuschauer sahen jedoch mehr in den Live-Übertragungen: Selbst in abgelegenen Bergdörfern gab es gut befestigte Dorfstraßen und die Dorfbewohner lebten in mehrstöckigen Ziegelhäusern. Als die Elefanten in die Küche eines Bergbewohners eindrangen, waren die ausländischen Zuschauer nicht nur von der erfrischenden Naivität der Elefanten beeindruckt, sondern auch von der Tatsache, dass in den tiefen Bergen sauberes Leitungswasser aus dem Wasserhahn floss. Die Dorfbewohner verwendeten Flüssiggas zum Kochen. Selbst in den tiefsten Bergen standen Sendestationen zur Verfügung, um die Lebenssituation der Elefanten live zu übertragen...

国外观众从网络直播中看到了更多：即便是偏僻的山村也有平坦的村道，而村民住在几层的砖楼里。当野象闯进山民家中厨房时，外国观众惊叹的不仅是野象憨态可掬的样子，他们还发现深山中竟然拧开水龙头就有清洁的自来水，深山中村民厨房烧饭竟然用液化气，深山中也有电信基站可以直播野象的动态……

Armutsbekämpfung, gemeinsamer Wohlstand, Aufbau schöner ländlicher

Gebiete, technologischer Fortschritt, soziale Harmonie... Unbeabsichtigt haben ein Dutzend liebenswerte und schelmisch lustige Elefanten aus ihrer Perspektive der ganzen Welt ihr Zuhause – ein wunderschönes China gezeigt.

扶贫、共同富裕、美丽乡村建设、科技进步、和谐社会……在不经意间，十几头可爱调皮的野象通过它们的视角向世界展示了它们的生活之寓——美丽中国。

# 7 Meine Rede
## 演讲实践

Sie studieren als Austauschstudentin oder -student in Deutschland. Im Unterricht diskutieren die Studierenden aus vielen Ländern über die Bemühungen und Beiträge der einzelnen Länder zum Umweltschutz. Ein Student behauptet, dass Chinas Wirtschaftswachstum auf Kosten der Umweltverschmutzung gehe. Bitte bereiten Sie eine fünfminütige Rede über Chinas Errungenschaften und Maßnahmen beim Aufbau einer ökologischen Zivilisation vor, um seine Behauptung mit Daten und Fakten zu widerlegen und die aktuelle Situation in China darzulegen.

您在德国交换学习，在一次课堂上，来自各国的同学们介绍各自国家在环境保护上所做出的措施和努力、所取得的成就和面临的挑战。有一位同学对您表示，他认为中国现在的经济发展仍然是以环境污染为代价。请准备五分钟的演讲，对他的说法提出质疑。同时用事实、案例来讲述中国近年来协调环境污染治理和经济发展所采取的有效方法和举措，以及所取得的成就。❶

❶ 李媛等编：《德语演讲教程》（"理解当代中国"德语系列教材），外语教学与研究出版社，2022，第 77 页。

# 8 Reflexionsaufgaben
## 课后思考

（1）"绿水青山就是金山银山"理念的实质是什么？

（2）"绿水青山就是金山银山"理念具体有哪些举措？给我们的生活带来了哪些改变？

（3）气候外交的中国方案是什么？

（4）如何解决好发展与环保的矛盾？

（5）如何结合时事和生活来打开视野、提升演讲的思维高度？

## 第四讲 圆桌点评

**演讲学生**：周思琪（浙江大学）、金小楠（浙江大学）
**点评教师**：李媛（浙江大学）、邵勇（浙江大学）

4-7 学生演讲实例

4-8 演讲点评

**李　媛**：同学们好，欢迎大家来到跨文化演讲课程！今天我们的主题是美丽中国建设。刚才我们听了两位同学的精彩演讲，下面先请两位同学来聊一聊他们今天的演讲体验吧！

**金小楠**：好，那我先分享一下我是如何选择演讲中的示例吧。我选择的示例是我的家乡浦江，我在演讲中分享了它是怎么从一个高度污染的水晶小镇，在政府的帮扶下变成了一个山清水秀的旅游城市。我选择浦江，是因为我觉得作为一个亲历者来讲述这样的故事会让演讲更具有说服力。同时我觉得浦江虽然小，但是它非常具有代表性。

**周思琪**：对，我在选择演讲主题的时候也是从自身生活体验，还有我身边的家乡故事出发。因为我觉得我们演讲的情境是直面外国同学的质疑，怎样让他们愿意去倾听、去接受我们的观点，然后去了解和认识真正的中国，这是非常重要的。我觉得一些观念、偏见和误解可能是由文化和媒体共同塑造的，但是人性是共通的。

**金小楠**：我特别赞同思琪同学"人的情感和体验是共通的"这个观点。我深刻记得思琪同学在演讲开头讲到沙尘暴是如何影响人的生活。她不是只说沙尘暴如何严重，而是选择分享她的体验，也就是当她出门的时候沙尘暴让她的眼睛都睁不开。我在听她演讲的时候就感觉自己也在亲历。

**李　媛**：对，有身临其境的感觉，非常有画面感。

**金小楠**：所以我觉得德国同学也能够深刻地感受到沙尘暴对我们生活的影响，我觉得这一点是需要向思琪同学学习的。因为我在演讲中主要采用了一些数据来证明观点，缺少这样细节性的描写，让我的演讲缺少了某种故事感或者感染力。

**周思琪**：但是我觉得数据也很好，我们在之前的演讲策略中也学习过，数据也是我们增强演讲说服力的一个重要手段。我在准备演讲稿的时候就碰到了描述毛乌素沙漠面积的计量单位问题，一开始我用的是"亩"，这是一个很有中国特色的计量单位，但是考虑到受众是外国同学，我就把它换算成了国际通用单位"平方公里"。后来我又发现沙漠面积和瑞士国土的用土面积差不多，这个可能对德国听众来说更形象、更具体。但是我觉得我和小楠有一个共同的问题，就是我们的演讲结构不是很清晰。我们这次演讲的主题是环保，这不仅仅是一个中国故事，更是世界的一个共同议题，那么在面对外国同学质疑的情境下，我们要向世界介绍中国观。

李　媛：也要向中国介绍世界观。我们既要让中国了解世界，也要要让更多其他国家的人了解中国，让中国走向世界。

金小楠：另外，我觉得结构是我们两个都可以继续改进的方面。比如说，要是我们能在开头的时候直接地反驳对方观点，亮明自己的观点，同时在结尾再总结一下双方的观点，这样会让我们的演讲更具有逻辑性。

李　媛：两位同学刚才从自己的故事切入，对一些细节问题进行了反思，比如使用什么样的策略，用什么数据，还考虑到用西方社会所普遍能够理解的计量单位……互相启发，我也从中学到了很多。邵老师，您刚才也全程听了两位同学的演讲，您看有没有什么建议给我们的同学呢？

邵　勇：我觉得两位同学的演讲效果都非常好，大家各有千秋。周思琪同学在演讲里面运用了很多之前课上学过的演讲技巧，很有受众意识。她在开篇的时候还说了"April April, der weiß nicht, was er will."这样很容易为德国观众能够接受的谚语，用它引出沙尘暴，进而再过渡到毛乌素沙漠的治理。而且她刚才也提到把中国的传统面积单位"亩"换成了国际单位，那就更容易为受众所接受。总体来说，选题以及内容都非常到位，如果能够在演讲的时候更有气势一点，效果可能会更加好，现在感觉有点过于谦虚了。

　　金小楠同学演讲的时候倒是非常有气势。她一开始就向观众抛出一个问题：如果没有了水晶，你们的生活会怎么样？如果在座的是德国人，他们仔细想一下，确实，如果

没有了水晶，那他们的生活就会少了很多装点。还包括欧洲其他国家，还有美国人，也都会有同感。从这个意义上说，她的选题也非常好。中国在发展工业之初牺牲了环境，最近几年也意识到这个问题，一直在进行治理。浦江治水这个故事是一个非常好的示范工程，选题非常好。

李　媛：好的，谢谢邵老师！邵老师提到的几个优点我特别赞成。我也觉得，浦江的案例和毛乌素沙漠治理的案例都是中国经济发展与环境治理和谐统一的典型案例，能让世界更好地了解我们，知道我们。我也觉得两位同学的演讲在内容和形式上都非常精彩。我认为，如果要进一步提升的话，可以从以下几点来进行思考。首先请问两位同学，今天我们得到的演讲任务是什么呢？能不能描述一下？

周思琪：演讲的情境是德国同学在质疑我们中国的经济发展还是以环境污染为代价。

李　媛：对，这可能是我们跟西方人打交道的时候经常碰到的一种情景。你们同意这个观点吗？肯定是不同意的！那我们是不是可以考虑在演讲的时候，对这样一个挑衅性的、质疑的观点非常明确地亮出自己的立场呢？我们是不是一开始就说：你们认为我们的经济发展是以环境为代价的，我不同意这样的观点，你说的不正确！是不是可以先这样立意呢？我们说，好的开篇是成功的一半，我们在开篇的时候就明确地提出自己的观点，这是一种方法。

在演讲内容上我们可以注意以下几点：

首先，经济的发展是不是势必带来环境的污染？这个我想答案是肯定的，西方社会也经历了这样的阶段。丁仲礼院士说，西方发达国家限制我们的碳排放权，其实是掐死了我们发展的脖子。我觉得这个其实是大家都能理解的，从这个意义上说，我们赞成德国人的说法，我们觉得经济发展和环境保护之间确实存在一定矛盾。

其次，中国已经在很长一段时间中发挥世界工厂的作用，世界各国享受的廉价产品很多都是在中国生产的。比方说水晶，我们知道的欧洲著名品牌施华洛世奇，它的很多配件都是在这里生产的。那西方社会或者全球各国的人民在享受中国生产的产品之余，有没有想到他们把污染留在了我们这里？那我觉得这点上可以提醒他们。

第三点，我想也是最重要的一点，那就是我们已经意识到了这个问题，正在协调经济和环境共同发展。习近平同志提出"绿水青山就是金山银山"就是这样的理念。周同学刚才讲得特别好，就是要解决发展中的问题，还是要用发展去解决，发展是我们唯一的硬道理。我们通过科学技术的发展进步来解决环境污染难题，我觉得一定要在演讲中强调这一点。

在演讲的最后我们可以综合以上三点，再进一步营造气势，正如刚才邵老师点评中所说的：周同学在演讲开始的时候抛出问题，一下子就增强了演讲的代入感，让听众能够一同来思考，那么是不是可以考虑在最后也设置这样一个环节，带动你的听众和你一起反思呢？

这个时候我们就要特别考虑跨文化视角，需要分析受众。我们学过，我们的演讲对象是谁呢？是外国人，特别是德语国家的人。他们都知道水晶品牌施华洛世奇，对不对？这时候我们就可以通过施华洛世奇这个品牌将中国和德语国家关联在一起，让他们更加感同身受。我们甚至可以提出这样的问题：你们戴着漂亮水晶的时候，有没有想过这是在哪里生产的？或者你们在用太阳能光伏板的时候，有没有想过清洁能源在生产过程中造成的污染留在了哪里？我们是否不应该一味地指责世界工厂——中国——的环境污染，而是应该和中国一起来考虑如何用一些技术手段，依靠科技发展来解决这个发展中的问题呢？我们把这个问题抛出来，其实就是一个反问，与德国同学一开始对我们的质疑形成非常好的对应。我想这样一方面提升了演讲的气势，另一方面也通过演讲建立了跟观众之间的对话，引发他们和我们一起反思，你们觉得呢？这是我的一点小小的建议，供你们参考。

**周思琪、金小楠**：谢谢老师！

**李　媛**：也感谢你们精彩的演讲！

# Lektion 5
## Vertrauen in die eigene Kultur

文化自信

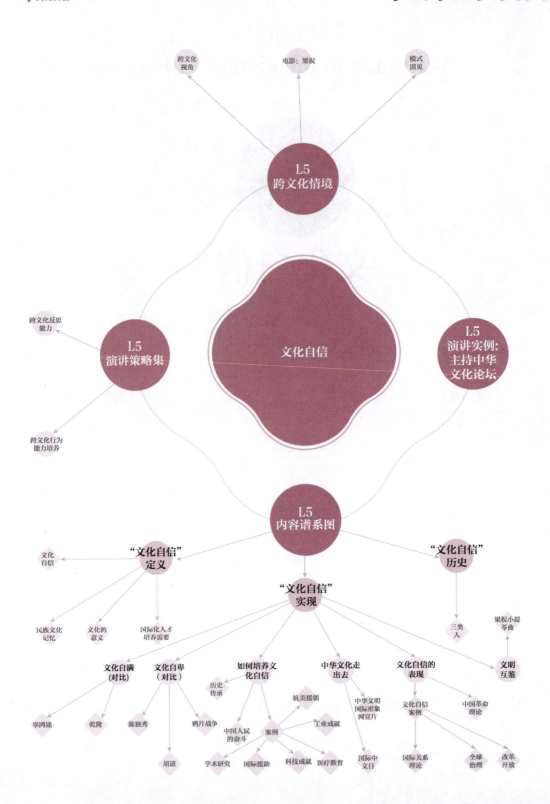

跨文化
视角

电影: 聚祝

模式
固见

**L5
跨文化情境**

跨文化反思
能力

**L5
演讲策略集**

文化自信

**L5
演讲实例:
主持中华
文化论坛**

跨文化行为
能力培养

**L5
内容谱系图**

文化
自信

"文化自信"
定义

"文化自信"
历史

"文化自信"
实现

三类
人

梁祝小提
琴协奏曲

民族文化
记忆

文化的
意义

国际化人才
培养需要

文明
互鉴

文化自满
(对比)

文化自卑
(对比)

如何培养文
化自信

中华文化走
出去

文化自信的
表现

历史
传承

抗美援朝

中华文明
国际形象
网宣片

文化自信
案例

中国革命
理论

辜鸿铭

乾隆

陈独秀

鸦片战争

中国人民
的奋斗

案例

工业成就

国际中
文日

国际关系
理论

全球
治理

改革
开放

胡适

学术研究

国际援助

科技成就

医疗教育

## 第一讲 文化自信——千磨万击还坚劲

Das Thema dieser Lektion ist Vertrauen in die eigene Kultur. Zunächst möchten wir Ihnen eine kleine Anekdote über Premier ZHOU Enlai erzählen.

本单元的主题是文化自信。先给大家讲个周恩来总理的外交小故事。

5-0 引言

1954 fand die Genfer Konferenz statt, auf der die Korea-Frage und die Indochina-Frage diskutiert werden sollten. Es war das erste Mal, dass China als ein wichtiges Land an multilateralen diplomatischen Verhandlungen teilnahm. Aufgrund des Koreakrieges herrschte in den Beziehungen zwischen China und den westlichen Ländern eine feindselige Atmosphäre, was für uns äußerst ungünstig war.

1954 年讨论朝鲜和印度支那问题的日内瓦会议召开，这是我国首次以大国身份参与多边外交谈判。因为朝鲜战争，我国与西方国家关系敌对，局面对我们非常不利。❶

❶ 庞松：《中华人民共和国史 1949—1956》，人民出版社，2010，第 425 页。

Wie konnte man die geschlossene Front der westlichen Länder durchbrechen? Premier ZHOU Enlai spielte die Trumpfkarte aus. Die Delegierten aller Länder zur Genfer Konferenz erhielten eine Einladung von der chinesischen Delegation. Auf der Einladung stand: Sie sind herzlich zu einem Farbfilm aus China eingeladen, *Romeo und Juliet* chinesischer Version!

如何打开局面呢？周恩来总理亮出了他的"撒手锏"！日内瓦会议所有的与会代表都收到了一份来自中国代表团的请帖。请帖上写着：请大家欣赏来自中国的彩色电影，中国的《罗密欧与朱丽叶》！

Viele Delegierte gingen nur aus Neugier zu diesem chinesischen Film mit der Shaoxing-Oper und waren dann aber von der herzbewegenden Liebesgeschichte in dem Film mit dem Titel: *The Butterfly Lovers* und den filmischen

Techniken tief beeindruckt. Ein einfacher Film wurde zu einem „Fenster" für die Delegierten aller Länder zur Genfer Konferenz, um das neue China kennenzulernen. Durch den Film konnten sie auch eine typische volkstümliche Kunstform in der chinesischen Kultur kennenlernen und so wurde die emotionale Distanz zu China so gut wie überwunden.

很多人抱着看热闹的心态去观看了这部越剧电影，随后他们便被《梁山伯与祝英台》的凄美爱情故事所打动，也被这部电影的拍摄技术所折服。一部简简单单的电影，成了日内瓦会议上外国代表了解新中国的"窗口"，他们也通过电影了解到中国文化的内涵，拉近了与中国的情感距离。●

● 李云礼：展示新中国外交风采的日内瓦会议，2022年6月24日，http://cpc.people.com.cn/n1/2022/0624/c443712-32455163.html，访问日期：2024年1月30日。

Im Kontakt mit dem Ausland spielt die Kultur eine so wunderbare Rolle. Premier ZHOU Enlai wagte es, einen Film mit einer traditionellen Regionaloper, in der im Shaoxing-Dialekt gesungen wurde, als diplomatischen Eisbrecher zu verwenden und stellte damit sein Vertrauen in die chinesische Kultur, sein Verständnis der westlichen Kultur und seine herausragenden interkulturellen Kommunikationsfähigkeiten unter Beweis.

在对外交往中，文化的作用就是这么神奇。周恩来总理敢于使用一部用绍兴方言演绎的中国地方戏曲影片进行外交破冰，充分展现了他对中国文化的自信、对西方文化的了解和高超的跨文化交际能力。

5-1 文化必须自信

## 1 Vertrauen in die eigene Kultur muss sein
## 文化必须自信

Im Jahr 1900, als die verbündeten Streitkräfte der Acht Mächte Beijing angriffen, schauten nicht wenige Chinesen nur interessiert zu und einige leisteten sogar Hilfe, indem sie den Aggressoren den Weg wiesen und Gemüse sowie Lebensmittel anboten. Sie betrachteten die ausländischen Invasoren nur als einen neuen Herrn der Verbotenen Stadt. Sie sollten weiterhin Steuern zahlen und Getreideabgaben entrichten. So sollten sie noch immer die ausgebeutete Unterschicht bleiben. Vom Opiumkrieg bis zum Anti-japanischen Krieg lebte ein erheblicher Teil der Chinesen im Dunklen stumpfsinnig in den Tag hinein und wusste gar nicht, wie es weitergehen sollte.

1900年八国联军侵占北京，不少国人在旁边看热闹，有人甚至帮忙带路，提供蔬菜粮食。❶外国侵略者对他们而言只是紫禁城换个主子，他们照样交税纳粮，依然是被剥削的底层。从鸦片战争到抗日战争，很大一部分国人是在一片茫茫无涯的黑暗之中浑浑噩噩地度日，不知未来。

❶ 八国联军入京 百姓为何做带路党，2016年3月31日，http://inews.ifeng.com/inveno/48282546/news.shtml，访问日期：2024年1月30日。

Heute, hundert Jahre später, hat China das Analphabetentum beseitigt und die allgemeine Schulpflicht eingeführt. Ist das kulturelle Selbstvertrauen des chinesischen Volkes wiederhergestellt worden? Es ist aber bedauerlich, dass wir immer wieder auf die folgenden drei Arten von Menschen stoßen.

百年后的今天，中国已经扫除了文盲，建立了义务教育制度。可是，中国人的文化自信回来了吗？很遗憾，我们会碰到以下三类人。

Bei der ersten Gruppe handelt es sich um raffinierte Egoisten. Einige junge Studierende haben, nachdem sie ihr Heimatland verlassen hatten, sich aus Nützlichkeitsgründen nicht gescheut, China für ihre persönlichen Interessen zu diffamieren und zu beleidigen. Eine gewisse Frau Yang ist ein typisches Beispiel dafür. In ihrer Rede als Studentenvertreterin bei der Abschlussfeier der University of Maryland in den USA bezeichnete sie die Luft in den USA als „duftend, süß, frisch, magisch und luxuriös" und verunglimpfte die Luft in China als „krankheitserregend".

第一类是精致的利己主义者。少数青年学生走出国门以后，功利地不惜以丑化、辱骂中国来谋求个人利益。中国留学生杨某某就是一个典型，她作为学生代表在美国马里兰大学毕业典礼上发言，以美国空气"香甜清新，奇异奢华"来诋毁中国的空气"会致病"。❷

❷ Chinese student slammed for controversial commencement speech. China Daily, 2017年5月23日，http://www.chinadaily.com.cn/interface/zaker/1143608/2017-05-23/cd_29461296.html，访问日期：2024年1月30日。

Die zweite Gruppe sind sogenannte „geistige Ausländer", wie „Japanophile", „Americanophile", „Koreanophile" usw. Diese Menschen identifizieren sich nur mit ausländischen Kulturen und betrachten es als ihre Aufgabe, China zu verachten und zu beleidigen. Sie identifizieren sich nicht mit der chinesischen Zivilisation. Sie diffamieren Chinas Errungenschaften und empfinden Schadenfreude über Chinas Katastrophen.

第二类是"精神上的外国人"，例如"精日""精美""精韩"等等。这类人内心只认同外国文化，以"恨国""辱国"为事业。他们对中华文明毫无认同；诋毁中国的成就，对中国的灾难幸灾乐祸。

Die dritte Gruppe ist eher versteckt. Sie äußern sich nicht offensichtlich beleidigend gegenüber China. Es scheint, als würden sie nicht ihr Land verraten, um ihre eigene Karriere zu machen und persönliche Erfolge anzustreben. Aber ihre Werte und ihre Weltanschauung sind völlig verwestlicht, so setzen sie sich unbewusst für die westlichen Länder ein und werben für westliche Werte.

第三类人则比较隐性。他们不曾在言语上辱华，似乎也不曾卖国求荣，但他们的价值观和世界观已经完全西化，替西方代言而毫不自觉。

Generalsekretär XI Jinping stellt eindeutig fest: „Kultur ist die Seele eines Landes und einer Nation [...] Beim kulturellen Selbstvertrauen geht es um die schwerwiegende Frage von Gedeih und Verderb unseres Landes sowie um die kulturelle Sicherheit und die Unabhängigkeit unseres Nationalcharakters. Erfahrungen in der Geschichte und der Gegenwart haben uns gelehrt, dass eine Nation, die ihre eigene Geschichte und Kultur aufgibt oder verrät, nicht gedeihen kann und sehr wahrscheinlich in einer Tragödie nach der anderen enden wird. "

习近平总书记明确指出："文化是一个国家、一个民族的灵魂。坚定文化自信，是事关国运兴衰、事关文化安全、事关民族精神独立性的大问题。历史和现实都表明，一个抛弃了或者背叛了自己历史文化的民族，不仅不可能发展起来，而且很可能上演一幕幕历史悲剧。"❶

❶ 习近平：在中国文联十大、中国作协九大开幕式上的讲话（2016 年 11 月 30 日），人民网，2016 年 12 月 1 日，http://culture.people.com.cn/n1/2016/1201/c22219-28916541.html，访问日期：2024 年 1 月 30 日。

Der Verlust des kulturellen Selbstvertrauens bedeutet auch das Aufgeben der Hoffnung und Bemühungen sowie das Aufgeben der Zukunft. Der Untergang eines Landes oder einer Nation beginnt mit dem Untergang seiner bzw. ihrer Kultur. Wenn die westliche akademische Welt die Geschichte Chinas während der Xia-Dynastie und die davor leugnet und behauptet, dass die chinesischen Schriftzeichen ihren Ursprung nicht in China hätten, die „westliche Herkunft" der chinesischen Zivilisation postuliert, und wenn einige Intellektuelle die nationalen Helden wie YUE Fei, DONG Cunrui, MAO Anying und andere durchweg diffamieren..., dann erkennen wir deutlich, dass die Auslöschung des kulturellen Gedächtnisses einer Nation und die Zerstörung kultureller Symbole einer Nation zu wichtigen Werkzeugen der „Farbenrevolution" geworden sind.

丧失文化自信也就是放弃了希望和努力，放弃了未来。一个国家、一个民族的衰亡首先从文化的衰亡开始。从西方学界否认中国夏朝及以前的历史、提出汉字并非中国原创、提出中华文明"西来说"，以及某些人对岳飞、董存瑞、毛岸英等英雄人物的系统性抹黑……我们可以看到消除民族文化记忆、破坏民族文化象征，已经成为"颜色革命"的重要手段。

Die Heranbildung chinesischer Fachkräfte für globales Engagement sollte in erster Linie die Gestaltung von Werten beinhalten. Wir müssen China verstehen, unsere Liebe zur Familie und zum Land kultivieren und ein festes kulturelles Selbstvertrauen haben. Nur so können wir festes Vertrauen in unseren Weg, unsere Theorie und unser System haben und im Kontakt mit dem Ausland den Respekt der Ausländer gewinnen.

国际化人才的培养首先应该是价值观的塑造。我们要了解中国，培养自己的家国情怀，有坚定的文化自信，只有这样才能坚定道路自信、理论自信、制度自信，才能在对外交往中获得对方的尊重。

## 2 Was ist kulturelles Selbstvertrauen?
### 什么是文化自信？

5-2 什么是文化自信？

1793 kam die Macartney-Mission aus Großbritannien nach China und stellte Forderungen für den Handel auf, doch Kaiser Qianlong sagte: „Unser ‚Reich der Mitte' hat reiche Ressourcen und alles, was es braucht, und braucht deswegen keinen Warenhandel mit Barbaren." Die modernen Geschütze und astronomischen Instrumente, die die Mission überreichte, betrachteten Kaiser Qianlong und seine Beamten als unnütze Spielereien, ja sogar als unwürdig der Beachtung. Dies war kein kulturelles Selbstvertrauen, sondern eine „kulturelle Selbstgefälligkeit", die sich selbst als „Reich der Mitte" ansah.

1793 年，英国马戛尔尼使团来到中国提出通商的要求，但是乾隆皇帝却说："天朝物产丰盈，无所不有，原不借外夷货物以通有无。"❶ 对于使团献上的先进火炮、天文仪器等，乾隆君臣均认为是奇技淫巧而不屑一顾。这不是文化自信，而是以"天朝上国"自居的"文化自满"心理。

❶ 范文澜：《中国通史简编》，应急管理出版社，2021，第638页。

Im 20. Jahrhundert führte der berühmte Philosoph HE Lin erstmals die dialektische Denkweise von Hegel in China ein und sagte: „Die Krise Chinas in den letzten hundert Jahren ist im Grunde eine Krise der Kultur." Im Altertum wurde China zwar auch wiederholt von fremden Volksstämmen invasiert, doch im Endeffekt wurden deren Kulturen in die chinesische Zivilisation assimiliert und die chinesische Kultur wurde nie als minderwertig angesehen. Selbst die südliche Song-Dynastie, die von der Jin-Dynastie gestürmt wurde und sich mit Hangzhou, einem Eckchen des Territoriums, begnügen musste, errichtete die Höchste Staatliche Lehranstalt, meißelte die konfuzianischen Klassiker auf Steintafeln und etablierte sich als die Orthodoxie der chinesischen Kultur, um ihre Herrschaft zu legitimieren. Doch nach dem Opiumkrieg 1840 geriet China im Laufe der wiederholten Invasionen westlicher Mächte und der ständigen Verschärfung nationaler Krisen nach und nach in eine starke kulturelle Krise. Das chinesische Volk erkannte allmählich, dass sich die Überlegenheit der westlichen Mächte nicht nur in ihren Kriegsschiffen und Kanonen widerspiegelte, sondern auch in ihrem System und Geist, und ein Teil der Chinesen entwickelte dann einen „kulturellen Minderwertigkeitskomplex".

❶ 贺麟：《儒家思想的新开展》，载：《文化与人生》，商务印书馆，1988，第5页。

20世纪著名哲学家贺麟曾率先将黑格尔的辩证法思想引入中国，他说过："中国近百年来的危机，根本上是一个文化的危机。"❶ 在古代，即使中国也屡遭外族入侵，但最终结果都是它们的文化被华夏文明所同化，国人从不认为中华文化不如人。即便像南宋这样被金国暴击，只能苟安于杭州一隅，仍然设立太学，将儒家经典刻在石碑上，自立为中华文化正统，这样统治就有了合法性。但1840年鸦片战争后，随着西方列强的一次次入侵以及民族危机的不断加深，中国开始陷入严重的文化危机之中。中国人逐渐认识到西方列强的优势不仅仅体现在坚船利炮上，更在于它们的制度和精神方面，一些国人有了"文化自卑"的心理。

Werfen wir einen Blick auf die Haltung dreier kultureller Persönlichkeiten aus der Zeit der Vierten-Mai-Bewegung gegenüber der chinesischen und der westlichen Kultur:

让我们看看三位五四运动时期的文化名人对中西文化的态度：

GU Hongming (1856–1928)

Philosoph und Übersetzer. Er studierte 14 Jahre lang in Deutschland und

Großbritannien und lehrte an der Universität Leipzig. Er beherrschte neun Sprachen, darunter Englisch, Französisch, Deutsch, Latein sowie Griechisch und erwarb insgesamt 13 Doktortitel. Er hatte zwar profunde Kenntnisse über die westliche Welt, hielt aber nichts von der westlichen Kultur. Für ihn war die chinesische Kultur das Allheilmittel, um die Welt zu retten. Er hielt hartnäckig an feudalen Gedanken und Praktiken fest, z.B. die Vielweiberei der Männer und das Füßebinden der Frauen usw. Er unterstützte die Restauration der Monarchie und trug sein Leben lang seinen Manchu-Zopf.

　　辜鸿铭（1856—1928），哲学家、翻译家。曾在德国和英国学习14年，并在莱比锡大学任教。他精通英、法、德、拉丁、希腊等9种语言，共获得13个博士学位。他具备深厚的西学基础，但竭力贬低西方文化，认为中国文化是拯救世界的灵丹妙药。❶ 他顽固坚守封建文化：纳妾、裹小脚……，支持皇帝复辟，终生留着辫子。

❶ 龙平平，李占才：《细说觉醒年代》，安徽人民出版社，2021，51 页。

HU Shi (1891–1962)

Schriftsteller, Denker und Philosoph. Er studierte an der Cornell University in den USA. Er befasste sich eingehend mit der chinesischen Kultur und war einer der führenden Figuren der Neuen Kulturbewegung und der Initiator der Vernacular Movement. HU Shi meinte: „Unsere eigene Kultur ist sehr arm und von Reichtum ist gar keine Rede [...] Schon vor 2 000 Jahren waren wir in der Wissenschaft längst zu rückständig!" Sein Rezept: totale Verwestlichung. Er lobte die für ihn selbst ideale Kultur der USA über den grünen Klee und verwarf die Kultur seines Heimatlandes. „Wir müssen zugeben, dass wir anderen in allem unterlegen sind, nicht nur in Bezug auf Material und Maschinerie, nicht nur in Bezug auf das politische System, sondern auch in Bezug auf Moral, Wissen, Literatur, Musik, Kunst und Körperbau."

　　胡适（1891—1962），文学家、思想家和哲学家。留学美国康奈尔大学，对中国文化有深入研究，是新文化运动的领导者、白话文运动的发起者。胡适认为："使人明白我们的固有文化实在是很贫乏的，谈不到'太丰富'的梦话……早在两千多年前，我们在科学上早已太落后了！"❷ 他开出的药方是：全盘西化。他大力宣传美国文化，将自己祖国的文化抛之脑后。"我们必须承认我们自己百事不如人，不但物质机械上不如人，不但政治制度不如人，并且道德不如人，知识不如人，文学不如人，音乐不如人，艺术不如人，身体不如人。"❸

❷ 胡适：信心与反省，载《胡适读书随笔》，华中科技大学出版社，2023，第 219 页。

❸ 赵林：《有底气有信心 铸就中华文化新辉煌》，2021 年 12 月 23 日，https://m.gmw.cn/baijia/2021-12/23/35401062.html，访问日期：2024 年 8 月 15 日。

LU Xun (1881–1936)

Schriftsteller und Denker. Seine Werke reichen von „Tagebuch eines Verrückten" über „Kong Yiji" und „Das Neujahrsopfer" bis hin zu „Die wahre Geschichte von Ah Q". Er setzte sich in seinen Werken sehr kritisch mit der traditionellen chinesischen Kultur und dem Nationalcharakter der Chinesen auseinander. Mit seiner Feder, die als „Wurfspeer und Dolch" bekannt ist, hat er die feudale Ethik, das konfuzianische Denken und die traditionellen Moralvorstellungen stark kritisiert. So urteilte MAO Zedong über ihn: „LU Xun bewies mehr Rückgrat als alle anderen, er hatte keine Spur von Huldigung oder Lobhudelei. [...] Er war der anständigste, tapferste, standhafteste, treueste, feurigste, bis dahin beispiellose Nationalheld an der Kulturfront, der als Repräsentant der großen Mehrheit der Nation die Stellungen des Feindes erstürmte." Der Grund liegt darin, dass LU Xun das Land und das Volk zutiefst liebte. Für ihn galt: Je tiefer die Liebe, umso schärfer die Kritik. Er glaubte, dass man vor allem den Geist retten musste, um das Land und das Volk zu retten.

鲁迅（1881—1936），文学家、思想家。从《狂人日记》《孔乙己》《祝福》到《阿Q正传》，鲁迅对中国传统文化、中国人的国民性进行了深刻的剖析。他的笔作为"投枪和匕首"对封建礼教、儒家思想、传统道德进行严厉的批判。毛泽东这样评价他："鲁迅的骨头是最硬的，他没有丝毫的奴颜和媚骨，……鲁迅是在文化战线上，代表全民族的大多数，向着敌人冲锋陷阵的最正确、最勇敢、最坚决、最忠实、最热忱的空前的民族英雄。" ❶ 这是因为鲁迅深爱着这片土地和人民，爱之深责之切，他认为救国救民必须先拯救思想。

❶ 毛泽东:《新民主主义论》(一九四○年一月)，载中共中央文献研究室、中央档案馆编《建党以来重要文献选编（1921—1949）》，中央文献出版社，2011，第11-55 页。

Die angeführten Fallbeispiele von den drei Meistern aus dem Kulturbereich zeigen, dass die Vertrautheit mit der westlichen Kultur nicht unbedingt auf eine Anbiederung an die westliche Welt hinweist. Der führende Kopf der Neuen Kulturbewegung zu sein, bedeutet nicht zwangsläufig kulturelles Selbstvertrauen zu haben. Scharfe Zurechtweisung der chinesischen Kultur bedeutet nicht zwangsläufig kulturelle Minderwertigkeit. Trotz eigener Erfolge bescheiden zu bleiben ist Selbstvertrauen. Sich nicht den eigenen Verpflichtungen zu entziehen ist Selbstvertrauen. Anstrengungen auszuhalten ist Selbstvertrauen. Pioniergeist zu haben ist noch mehr Selbstvertrauen. Was ist eigentlich kulturelles Selbstvertrauen?

从三位文化大师的例子可以看出，熟悉西方文化的未必崇洋媚外；领导新文化运动的未必有文化自信；痛责中国文化的未必是文化自卑。谦逊是自信，当仁不让是自信，隐忍是自信，敢为天下先更是自信，那么究竟什么是文化自信呢？

Kulturelles Selbstvertrauen ist es, das feste Vertrauen in die Lebenskraft der eigenen chinesischen Kultur zu haben, ohne die Vorzüge fremder Kulturen abzulehnen und die Mängel der eigenen Kultur zu leugnen. Wie Generalsekretär XI Jinping sagt: „Kulturelles Selbstvertrauen ist die elementarste, tiefinnerste und dauerhafteste Kraft für die Entwicklung eines Landes bzw. einer Nation. Eine Kultur, die nach Höherem und Gutem strebt, stellt eine wichtige geistige Verbindung dar, die ein Land oder eine Nation auf Gedeih und Verderb zusammenhält. Ganz gleich, wie sich die Zeiten verändern und wie schwierig die Lage ist, ganz gleich, wo man sich befindet und auf welches Fach man sich spezialisiert, der Chinesische Traum bleibt unverändert und die Entschlossenheit zum nationalen Wiederaufleben bleibt unverändert."

　　文化自信是对中华文化的生命力持有的坚定信心，不排斥异国文化的优点，不否认本国文化的糟粕。正如习近平总书记所说："文化自信是一个国家、一个民族发展中最基本、最深沉、最持久的力量。向上向善的文化是一个国家、一个民族休戚与共、血脉相连的重要纽带。无论时代如何变化、无论如何艰难、无论身在何方、无论研究什么专业，中国梦不变，为民族复兴的决心不变。"❶

❶ 习近平：《在全国抗击新冠肺炎疫情表彰大会上的讲话》，载《求是》2020年第20期，第4-15页。

第二讲 文化自信——愿得此身长报国

5-3 文化自信从何而来?

# 3 Woher kommt kulturelles Selbstvertrauen?
文化自信从何而来?

- **Kulturelles Selbstvertrauen ist von der traditionellen chinesischen Kultur überliefert**
文化自信是中华传统文化的传承

❶ 国家主席习近平发表二〇二四年新年贺词（全文），2023 年 12 月 31 日，https://www.gov.cn/gongbao/2024/issue_11086/202401/content_6924967.html，访问日期：2024 年 2 月 1 日。

❷ 游唤民：《孔子思想及其现代意义》，载《中国哲学史》1994 年第 1 期，第 52-56 页。

❸ 参见：《1789 年人权和公民权宣言》（王健学译本）第四条　自由是指能从事一切无害于他人的行为；因此，每一个人行使其自然权利，只以保证社会上其他成员能享有相同的权利为限制。此等限制只能以法律决定之。《法兰西共和国宪法》，载朱福惠，邵自红主编《世界各国宪法文本汇编（欧洲卷）》，厦门大学出版社，2013，第 225-238 页。

Die 5 000 Jahre alte Kultur der chinesischen Nation ist eine Schatzkammer, aus der wir unsere Weisheit und Kraft schöpfen. „Die Anfänge der Zivilisation in Liangzhu und Erlitou, die Orakelknochenschrift aus Yinxu, die Kulturschätze von Sanxingdui und die altehrwürdigen Druckerzeugnisse in Nationalen Archiven für Publikationen und Kultur... Das großartige Land China hat eine so lange Geschichte und eine so reiche Zivilisation. Das ist die Basis unseres Selbstvertrauens und die Quelle unserer Kraft."

中华民族 5000 年的文化是我们汲取智慧和力量的宝库。"良渚、二里头的文明曙光，殷墟甲骨的文字传承，三星堆的文化瑰宝，国家版本馆的文脉赓续……泱泱中华，历史何其悠久，文明何其博大，这是我们的自信之基、力量之源。"❶

In der Version von 1985 des *Peoples Almanac* der USA wurde Konfuzius zum Ersten der zehn größten Denker gewählt. Der Denker der Aufklärungszeit Voltaire bezeichnete Konfuzius als „Interpret der Wahrheit". In Artikel 4 der französischen *Deklaration der Menschen- und Bürgerrechte* wurden Ideen von Konfuzius zitiert: „Was du nicht willst, das man dir tu', das füg auch keinem andern zu."...

1985 版的美国《人民年鉴手册》将孔子推举为十大思想家之首、启蒙思想家伏尔泰称孔子为"真理的解释者"❷、法国《人权宣言》第四条❸引用孔子"己所不欲，勿施于人"的思想……

QU Yuan sagte: „Weit und lang zieht er sich hin, der Weg. Trotz aller Hindernisse werde ich nach Vollkommenheit trachten.", „Tränen der Trauer trocknend, seufze ich ob des entbehrungsreichen Alltags des Volkes."

Konfuzius sagte: „Mögen alle Länder miteinander harmonisieren und sich solidarisieren", „Innerhalb der vier Meere sind alle Menschen Brüder."

Menzius sagte: „Das Volk ist am wichtigsten, die Regierung kommt in zweiter Linie, und der Fürst ist am unwichtigsten."

In einem Gedicht aus der Han-Dynastie hieß es: „Das Leben ist weniger als hundert Jahre alt, aber ich trage tausend Jahre Sorgen."

FAN Zhongyan sagte: „Sorgen Sie sich um die Sorgen von der Welt und freuen Sie sich über die Freude von der Welt."

...

❶ 屈原：《离骚》，载刘庆华译注《楚辞》，广州出版社，2001，第 1-46 页。

❷《尚书·尧典》，载贺友龄校注《尚书》，高等教育出版社，2008，第 1-18 页。

❸《尚书·皋陶谟》，载贺友龄校注《尚书》，高等教育出版社，2008，第 19-31 页。

❹《论语·颜渊第十二》，载杨伯峻译注：《论语译注》，中华书局，2009 年，第 177-190 页。

❺《孟子·尽心章下》，载许卫全注《孟子》，凤凰出版社，2006，第 266-286 页。

❻《古诗十九首·生年不满百》，载李剑，刘道英主编《古诗十九首与乐府诗》，青岛人民出版社，2004，第 15-16 页。

❼《岳阳楼记》，载吴调侯《古文观止》，长江文艺出版社，2015，158 页。

屈原说：路漫漫其修远兮，吾将上下而求索，长太息以掩涕兮，哀民生之多艰❶；

孔子说：协和万邦❷，和衷共济❸，四海之内皆兄弟❹；

孟子说：民为贵，社稷次之，君为轻❺；

有汉诗言：生年不满百，常怀千岁忧❻；

范仲淹说：先天下之忧而忧，后天下之乐而乐。❼

……

Die Moralvorstellung, die Lebenseinstellung, die Weltanschauung und die Wunschträume der chinesischen Nation sind in der chinesischen Tuschmalerei, dem Nebelregen am Westsee in Hangzhou, der Terrakotta-Armee in Xi'an, den Gärten in Suzhou und dem exquisiten Porzellan verkörpert... Wir sollten uns mit der Geschichte, Tradition, Bedeutsamkeit und Philosophie dieser kulturellen Manifestationen intensiv beschäftigen.

中华民族的道德观、人生观、世界观、梦想就体现在水墨画中、西湖烟雨中、西安兵马俑中、苏州园林中、精美的瓷器中……我们应该通过文化表象深入探究其历史、传承、意蕴和哲理。

Generalsekretär XI Jinping hat gesagt: „Die chinesische Zivilisation hat eine Geschichte von mehr als 5 000 Jahren und blickt auf eine kontinuierliche und dynamische Entwicklung zurück. Im Laufe ihrer jahrtausendelangen Entwicklung hat sie ein einzigartiges Wertesystem, kulturelle Konnotationen und Charaktereigenschaften herausgebildet, mit denen das chinesische Volk

die Welt, die Gesellschaft und das Leben betrachtet. Dies ist das grundlegende Merkmal, das uns von anderen Ländern und Nationen unterscheidet. Das hat auch das kulturelle Selbstbewusstsein der chinesischen Nation hervorgebracht, die stets von den Stärken der Anderen lernt und profitiert."

习近平总书记曾说："中华文明 5000 多年绵延不断、经久不衰，在长期演进过程中，形成了中国人看待世界、看待社会、看待人生的独特价值体系、文化内涵和精神品质，这是我们区别于其他国家和民族的根本特征，也铸就了中华民族博采众长的文化自信。" ❶

❶ 习近平：《在敦煌研究院座谈时的讲话（2019 年 8 月 19 日）》，载《求是》，2020 年第 3 期，第 4 页。

- **Kulturelles Selbstvertrauen ist von Generationen der Chinesen schwer erkämpft**

  文化自信是中国人前仆后继铸造出来的

In seinem 1934 veröffentlichten Artikel „Haben die Chinesen ihr Selbstvertrauen verloren?" sagte LU Xun: „Wir haben seit alters her Menschen, die sich völlig in ihre Sache vertiefen, die sich bis zum Äußersten bemühen, Menschen, die sich selbstlos für das Volk einsetzen, Menschen, die ihr Leben für die Wahrheit opfern. [...] Sie sind das Rückgrat Chinas. [...] Sie sind fest überzeugt und betrügen sich selbst nicht; sie kämpfen kontinuierlich."

鲁迅先生在 1934 发表的《中国人失掉自信力了吗？》一文中说："我们从古以来，就有埋头苦干的人，有拼命硬干的人，有为民请命的人，有舍身求法的人……这就是中国的脊梁……他们有确信，不自欺；他们在前仆后继地战斗。" ❷

❷ 鲁迅：《拿来主义》，四川人民出版社，2023，215 页。

Die chinesischen Soldaten in der Schlacht von Triangle Hill trotzten dem amerikanischen Artilleriebeschuss, hielten ihre Stellung und wichen im Angesicht des Todes keinen Zentimeter zurück, weil sie wussten, dass ihr Vaterland direkt hinter ihnen lag und sie gerade das friedliche Leben ihrer Landsleute verteidigten.

上甘岭的战士冒着美军炮火坚守阵地，面对死亡寸步不退，因为他们知道退后一步就是家园，他们保卫的是祖国人民的和平生活。

WANG Jinxi, Arbeiter in der Erdölindustrie, bekannt als „der eiserne Mann", verhinderte mit seinem eigenen Körper die Erdöleruption. QIAN Xuesen, Wissenschaftler, bestand darauf, nach China zurückzukehren, obwohl seine

Ausreise aus den USA fünf Jahre lang gesperrt worden war. Funktionäre an der vordersten Front, die bei der Armutsbekämpfung ihr Leben opferten. Huawei, das „keinen anderen Weg mehr hat als den zum Sieg"... Sie stellen alle den Charakter der Nation dar, und das Selbstvertrauen der Nation ist von jedem Einzelnen wie ihnen schwer erkämpft worden.

用身体堵住井喷的石油工人"铁人"王进喜、在美国滞留 5 年仍坚持回国的科学家钱学森、扶贫中牺牲的基层干部、"除了胜利我们已经无路可走"的华为…… 他们都是民族的精神，民族的自信是一个个像他们这样的人铸成的。

- **Kulturelles Selbstvertrauen sollte gegenwartsbezogen und auch zukunftsorientiert sein**
  **文化自信应该把握当下、面向未来**

Wenn wir von kulturellem Selbstvertrauen sprechen, sollten wir nicht nur über unsere großartige traditionelle Kultur sprechen, sondern auch über unsere neue Kultur und unsere neuen Errungenschaften seit der Gründung der Volksrepublik China, insbesondere seit der Reform und Öffnung.

讲文化自信，不仅要讲伟大的传统文化，更要讲中华人民共和国成立以来，尤其是改革开放以来的新文化、新成就。

Zurzeit haben wir das vollständigste Industriesystem der Welt aufgebaut. Der Wert der verarbeitenden Industrie macht fast 30% der Weltproduktion aus und die Produktionsmenge von mehr als 220 Industrieprodukten steht weltweit an erster Stelle. Unser Land ist eines der Länder mit den vollständigsten Industriekategorien der Welt. Ausführliche Daten dazu sind der Tabelle 5-1 zu entnehmen.

今天，我们建成了世界上最完整的工业体系，制造业产值占全球近 30%❶，220 多种工业产品的产量居全球第一，是全球工业门类最齐全的国家之一❷，具体指标见表 5-1。

❶ 制造业增加值占全球比重近 30% 我国制造业综合实力持续提升，2022 年 7 月 26 日，https://www.gov.cn/xinwen/ 2022-07/26/content_5702895.htm，访问日期：2024 年 1 月 30 日。

❷ 产业体系更完善 产业链韧性更强，2023 年 2 月 9 日，https://www.gov.cn/xinwen/2023-02/09/content_5740719.htm? eqid=cbd2a1ab000 09c560000000464916075，访问日期：2024 年 1 月 30 日。

❶ 数据来源：《2023 中国统计摘要》，中国统计出版社，2023，第 203 页。

表 5-1　1978—2022 年中国主要经济指标和主要工农业产品产量居世界位次❶

| 指标 | 1978 | 1990 | 2000 | 2010 | 2019 | 2020 | 2022 |
|---|---|---|---|---|---|---|---|
| 国内生产总值 | 11 | 11 | 6 | 2 | 2 | 2 | 2 |
| 人均国民收入❷ | 175 (188) | 178 (200) | 141 (207) | 120 (215) | 73 (194) | 64 (187) | 61 (186) |
| 货物进出口额 | 29 | 16 | 8 | 2 | 1 | 1 | 1 |
| 外汇储备 | 38 | 10 | 2 | 1 | 1 | 1 | 1 |
| 主要工业品产量 | | | | | | | |
| 粗钢 | 5 | 4 | 1 | 1 | 1 | 1 | 1 |
| 煤 | 3 | 1 | 1 | 1 | 1 | 1 | 1 |
| 原油 | 8 | 5 | 5 | 4 | 6 | 6 | 5 |
| 发电量 | 7 | 3 | 2 | 2 | 1 | 1 | 1 |
| 水泥 | 4 | 1 | 1 | 1 | 1 | 1 | 1 |
| 化肥 | 3 | 3 | 1 | 1 | 1 | 1 | 1 |
| 棉布 | 1 | 1 | 2 | 1 | 1 | 1 | 1 |
| 主要农产品产量 | | | | | | | |
| 谷物 | 2 | 1 | 1 | 1 | 1 | 1 | 1 |
| 肉类❸ | 3 | 2 | 1 | 1 | 1 | 1 | 1 |
| 籽棉 | 2 | 1 | 1 | 1 | 1 | 1 | 1 |
| 大豆 | 3 | 3 | 4 | 4 | 4 | 4 | 4 |
| 花生 | 2 | 2 | 1 | 1 | 1 | 1 | 1 |
| 油菜籽 | 2 | 1 | 1 | 1 | 2 | 2 | 1 |
| 甘蔗 | 10 | 4 | 3 | 3 | 4 | 3 | 3 |
| 茶叶 | 2 | 2 | 2 | 1 | 1 | 1 | 1 |
| 水果 | 6 | 1 | 1 | 1 | 1 | 1 | 1 |

资料来源：联合国粮农组织数据库，联合国《统计月报》及世界银行数据库

❷ 括号内为参加排序的国家和地区数

❸ 1990 年前为猪、牛、羊产量位次

❹ 人类教育史上的奇迹——来自中国普及九年义务教育和扫除青壮年文盲的报告，2012 年 9 月 10 日，http://www.moe.gov.cn/jyb_xwfb/s5147/201209/t20120910_142013.html，访问日期：2024 年 1 月 30 日。

❺ 中国已建成全球最大的高速公路网络，2021 年 11 月 2 日，http://www.lygmedia.com/xinwen/xinwen/20211102/0257126.html，访问日期：2025 年 2 月 2 日。

❻ 我国高铁运营里程达到 4.2 万公里，2023 年 1 月 13 日，https://www.gov.cn/xinwen/2023-01/13/content_5736816.htm，访问日期：2024 年 1 月 30 日。

Es ist uns gelungen, die absolute Armut auszurotten und 2011 ist das Analphabetentum unter Jugendlichen und jungen Erwachsenen beseitigt worden.

我们成功消除绝对贫困，2011 年扫除了青壮年文盲。❹

Wir haben das weltweit größte Autobahnnetz und Hochgeschwindigkeitsbahnnetz aufgebaut.

我们建成了全球规模最大的高速公路网❺和高速铁路网。❻

Wir haben die grundlegende medizinische Absicherung für 95% der gesamten Bevölkerung des Landes verwirklicht und die allgemeine Schulpflicht für die schulpflichtigen Kinder eingeführt...

我们为95%的人口提供了基本医疗保障❶，我们为所有孩子提供了义务教育❷……

Der chinesische Mars-Rover „Zhurong" erforscht den Mars, der Mondrover „Yutu" ist auf einer Mondexpedition, und die Astronauten der Raumstation „Tiangong" geben im Weltraum Kindern Unterricht in Naturwissenschaften...

祝融号在火星探秘，玉兔号在月球考察，天宫空间站中的宇航员在太空为孩子们上科学课……

Wir helfen den Völkern in Afrika beim Anbau von Nahrungsmitteln, um den Hunger dort zu bekämpfen. Wir helfen den Einwohnern der Entwicklungsländer Südostasiens, sich aus der Armut zu befreien. Als es 2022 in Venezuela zu einer Überschwemmung kam, hat China unverzüglich 5 Satelliten mobilisiert, um die katastrophensituation zu überwachen...

我们帮助非洲人民种粮食摆脱饥饿，帮助东南亚国家脱贫❸。2022年委内瑞拉发生洪灾，中国马上调动5颗卫星帮助监控灾情……❹

2023 ist China trotz der Blockade großer Durchbruch in der Technologie der High-End-Chips gelungen und Huawei hat das Mobiltelefon Mate60 auf den Markt gebracht. Chinas Elektroautos auf der IAA MOBILITY 2023 München in Deutschland haben in der europäischen Automobilbranche großes Aufsehen erregt, weil sie technologisch ihren Konkurrenzprodukten aus Europa weit voraus sind. 2023 hat Chinas Automobilexportvolumen jeweils das von Japan und Deutschland überholt und belegten zum ersten Mal weltweit den ersten Platz...

2023年，中国高端芯片突破封锁，华为发布Mate60手机；中国电动汽车在德国慕尼黑车展上震惊欧洲汽车界，技术遥遥领先；中国汽车出口量超过日本和德国，首次跃居世界第一……

China ist der größte Handelspartner von mehr als 130 Ländern auf der Welt. Was exportiert China also? Die Zeiten, in denen 700 Millionen Hemden gegen

❶ 2022年全国医疗保障事业发展统计公报，2023年7月10日，http://www.nhsa.gov.cn/art/2023/7/10/art_7_10995.html，访问日期：2024年1月30日。

❷ 中国各级教育普及程度均达到或超过中高收入国家平均水平，2020年12月1日，http://www.moe.gov.cn/fbh/live/2020/52692/mtbd/202012/t20201201_502761.html，访问日期：2024年1月30日。

❸ 中国人教非洲人种水稻，万年荒地变粮仓，农业援助的意义何在？2022年12月31日，https://m.163.com/dy/article/HPUAR18S05369SE2.html，访问日期：2024年8月15日。

❹ 委内瑞拉遭遇洪灾，中国多颗卫星鼎力相助，北斗系统获多国认可，2022年10月13日，https://www.sohu.com/a/592467150_121470484，访问日期：2024年8月15日。

ein Flugzeug eingetauscht wurden, sind längst vorbei und werden nie wieder zurückkehren. Jetzt ist es eine Ära, in der China ein großes Maschinenprodukt im Tausch gegen Zehntausende Tonnen amerikanische Sojabohnen exportiert. Der Austausch von Hochgeschwindigkeitszügen und wehrtechnischen Produkten gegen Reis und der Austausch elektronischer Technologie gegen Erdöl sind die neuesten Geschäfte von China.

中国，是全球 130 多个国家的最大贸易伙伴，那中国出口的是什么？七亿件衬衫换一架飞机的时代早已成为过去，一去不返。现在，是中国出口一件大型机械产品换几万吨美国大豆的时代。高铁和军工换大米，电子技术换石油，才是最新的中国贸易。

Bei Chinas Exportgütern liegt der Anteil von Industriegütern wie Kleidung, Schuhen, Hüten, Möbeln und Spielzeugen unter 10%, während der Anteil von höher- und hochwertigen Industriegütern wie Maschinen, Elektronik, Automobilen und Geräten mehr als 68% beträgt.

在中国的出口货物中，服装、鞋帽、家具、玩具等工业品的比例低于 10%，机械、电子、汽车、仪器等中高档工业制成品所占的比例超过 68%。❶

Genau wie Vorsitzender MAO Zedong 1949 ausrief: „Das chinesische Volk ist aufgestanden!" Nach Jahrzehnten des Kampfes sind wir nicht nur politisch, wirtschaftlich und wissenschaftlich aufgestanden, sondern auch geistig und kulturell!

正如 1949 年毛泽东主席宣告的那样："占人类总数四分之一的中国人民从此站立起来了！"❷ 经过几十年奋斗，我们不仅在政治上、经济上站起来了，科学上站起来了，现在心理上和文化上也站起来了！

- **Was verkörpert kulturelles Selbstvertrauen?**
  **文化自信的具体表现是什么？**

Nach der Neuen Kulturbewegung wurden die Ideen von Wissenschaft und Demokratie aus der westlichen Welt nach China gebracht. Zu jener Zeit schätzten viele chinesische Intellektuelle die westliche Kultur in hohem Maße. CHEN Duxiu meinte, dass die Wissenschaft und Demokratie aus der westlichen

❶ 数据来自 2023 年 11 月进出口商品构成表（人民币值），2023 年 12 月 18 日，http://www.customs.gov.cn/customs/302249/zfxxgk/2799825/302274/302277/302276/5576595/index.html，访问日期：2024 年 2 月 1 日。

❷ 中国人民政协第一届会议上毛主席开幕词，2011 年 9 月 21 日，http://www.cppcc.gov.cn/2011/09/21/ARTI1316573733586951.shtml，访问日期：2024 年 1 月 30 日。

Welt „China aus all der Dunkelheit in seinem politischen, moralischen, akademischen und geistigen Leben retten können".

新文化运动后，西方的科学与民主观念传入中国。当时，很多中国知识分子对西方文化极其推崇，陈独秀就说过西方的科学与民主"可以救治中国政治上道德上学术上思想上一切的黑暗"❶。

❶ 陈独秀：《敬告青年》，《青年杂志》1915 年第 1 卷，发刊词。

Im Laufe der Zeit erkannten die Chinesen jedoch, dass die westliche Medizin nicht unbedingt gegen unsere spezifischen Beschwerden wirkte. Nur wenn man die Grundideen der westlichen Kultur aufgreift, sie entsprechend den chinesischen Bedingungen umgestaltet und den Weg der selbstständigen Innovation geht, kann man in China erfolgreich werden.

但是渐渐地中国人发现，西方的药方并不完全对中国的症，只有吸取西方文化的精髓，根据中国具体情况改造，走出中国自主创新的道路，才能取得成功。

MAO Zedong stellte die Theorie der chinesischen Revolution auf, nämlich die Umzingelung der Städte vom Land aus und hatte damit großen Erfolg, was viele Länder in Asien, Afrika und Lateinamerika zur erfolgreichen Unabhängigkeitsbewegung ermutigte. Die von China aufgestellten „Fünf Prinzipien der friedlichen Koexistenz" und Theorie der Aufteilung der „drei Welten" sind zu den grundlegenden Normen der internationalen Beziehungen und der internationalen Politik geworden.

毛泽东提出农村包围城市的中国革命理论取得了成功，鼓励了亚洲、非洲和拉丁美洲许多国家走向独立。中国提出的和平共处五项基本原则和"三个世界"划分的理论，成为国际关系和国际政治的基本准则。

Seit der Einführung der Reform- und Öffnungspolitik hat China von den erfolgreichen Erfahrungen der westlichen Welt gelernt und gleichzeitig seinen eigenen Weg der geordneten Öffnung nach außen und schrittweisen Vertiefung der Reformen konsequent verfolgt. Der berühmte Wirtschaftswissenschaftler LIN Yifu hat die erfolgreichen Erfahrungen bei der Chinesischen Modernisierung zusammengefasst und die New Structural Economics vorgestellt, die den Entwicklungsländern bei der strukturellen Umgestaltung ihrer Volkswirtschaften hilft.

中国的改革开放吸取了西方的成功经验，同时坚定走中国自己的道路，有序开放，逐步深化改革。著名经济学家林毅夫总结中国式现代化道路的成功经验，提出新结构经济学，帮助发展中国家实现经济结构转型。

Im Hinblick auf die Global Governance hat China die Initiative „Ein Gürtel und eine Straße" und den Aufbau einer Schicksalsgemeinschaft der Menschheit vorgeschlagen, um seine erfolgreichen Erfahrungen in mehr Länder zu tragen, damit mehr Länder an den Früchten der wirtschaftlichen Entwicklung Chinas teilhaben und mehr Völker vom Chinesischen Traum teilhaben können.

在全球治理方面，中国提出"一带一路"倡议和构建人类命运共同体，将自己的成功经验带给更多国家，让更多国家分享中国经济发展的红利，也让更多国家的人民分享中国梦。

Auch unsere wissenschaftliche Forschung wird zunehmend chinaorientiert und zeigt chinesisches Bewusstsein, chinesische Richtungen und chinesischen Stil, anstatt blind westlichen wissenschaftlichen Theorien zu folgen. Nature Index verzeichnet die Anzahl der veröffentlichten Artikel in weltweit führenden Fachzeitschriften nach Ländern. The Nature Index 2023 Annual Tables zeigten, dass China zum ersten Mal die USA in Bezug auf den Gesamtforschungsbeitrag überholt hatte und damit den ersten Platz einnahm (siehe Abbildung 5-1). Und die Chinesische Akademie der Wissenschaften (CAS) wurde weltweit zum elften Mal in Folge als top 1 Forschungsorganisation eingestuft (siehe Abbildung 5-2).

我们的学术研究也日益中国化，彰显中国意识、中国学派和中国风格，而不是盲目追随西方学术理论。自然指数（Nature Index）用来统计全球顶级期刊各国发表论文数量。2023 年自然指数年度榜单显示，中国对总体研究贡献首次超过美国，跃升至第一位（见图 5-1）。中国科学院已连续 11 年位列科研机构全球第一（见图 5-2）。❶

❶ 中国科学院连续十一年位列自然指数全球首位，中国科学院，2023 年 6 月 19 日，https://www.cas.cn/cm/202306/t20230619_4897937.shtml，访问日期：2024 年 9 月 22 日。

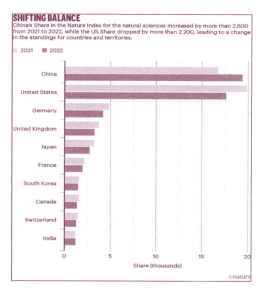

图 5-1　2023 年全球自然指数排行前十位国家❶

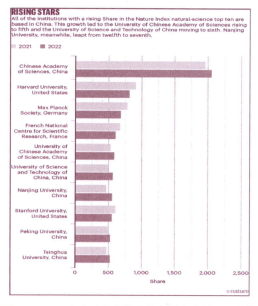

图 5-2　2023 年全球自然指数排行前十位科研机构❷

（中国占据 6 席）

Generalsekretär XI Jinping hat darauf hingewiesen, „die Stärkung des kulturellen Bewusstseins und des kulturellen Selbstvertrauens ist eine notwendige Voraussetzung für das Selbstvertrauen in den Weg, die Theorie und das System."

　　习近平总书记曾指出："增强文化自觉和文化自信，是坚定道路自信、理论自信、制度自信的题中应有之义。"❸

❶ ❷ Quelle: Woolston, Chris: Nature Index Annual Tables 2023: China tops natural-science table. nature, 2023 年 6 月 15 日，https://www. nature.com/articles/d41586-023-01868-3，访问日期：2024 年 1 月 30 日。

❸ 习近平：在文艺工作座谈会上的讲话，2015 年 10 月 14 日，http://www.xinhuanet. com/politics/2015-10/14/c_1116825558.htm?z=1，访问日期：2024 年 1 月 30 日。

第三讲 文化自信——
不识庐山真面目　只缘身在此山中

5-4 文化自信与跨文化沟通

## 4 Kulturelles Selbstvertrauen und interkulturelle Kommunikation
文化自信与跨文化沟通

In der Einleitung des vorliegenden Lehrbuchs haben wir „kognitive Verzerrung" und „kognitive Begrenzung" beim Menschen erwähnt, die sich in der interkulturellen Kommunikation in Form von „Stereotypen" niederschlagen. „Stereotyp" ist ein kognitives Muster, welches das Gehirn des Menschen entwickelt hat, um die Effizienz der Informationsverarbeitung zu steigern. Aber gleichzeitig hindert es die Menschen oft daran, neue Realitäten zu sehen und neue Informationen aufzunehmen. Wenn sie neue Informationen erhalten, die nicht mit ihren „Stereotypen" übereinstimmen, wird ihr Gehirn weiter nach Informationen suchen, die mit ihren „Stereotypen" übereinstimmen, um es rational zu machen. Und in diesem Prozess der „Zirkelschlüsse" verstärken sich die „Stereotype" immer mehr. So lässt sich feststellen, dass die „Stereotype" die Erkenntnis der Menschen starr und stagnierend machen, die Beurteilung konkreter Dinge mit objektiven, umfassenden, kritischen und entwicklungsorientierten Perspektiven beeinträchtigen und die Entwicklung von kreativem Denken und Innovationsfähigkeit behindern.

在导论中我们就提到人类存在"认知偏见"和"认知限制"，体现在跨文化交际中就是"模式固见"。"模式固见"是人脑为提高信息处理效率而逐渐形成的认知模式，但同时它往往阻碍人们看到新的现实，接受新的信息。当人们收到不符合其"模式固见"的新信息，大脑就会进一步搜寻与其"模式固见"相符合的信息，使之合理化，"模式固见"在这样的"循环证实"过程中得以加强。可见，"模式固见"使人们的认识僵化和停滞，影响其以客观、全面、批判和发展的眼光对具体事物进行判断，阻碍创新性思维和创新能力的培养。❶

❶ 李媛，范捷平:《跨文化交际中模式固见发展变化动态分析》,《外语教学与研究》2007年第2期，第123-127页。

Aufgrund von ideologischen Unterschieden, beabsichtigter Verzerrung der Informationen und Fakten durch westliche Massenmedien und unterschiedlichen wirschaftlichen Entwicklungswegen haben die Menschen in den westlichen Ländern seit langem alle möglichen „Stereotype" gegenüber China. Auch bei unserer Öffentlichkeitsarbeit für das Ausland bestehen „Stereotype" in Bezug auf Inhalt und Methodik. Um in einer international verständlichen Weise Chinas Geschichten gut zu erzählen und Chinas Stimme gut zu verbreiten, müssen wir uns aus einer interkulturellen Perspektive sowohl mit der westlichen Kultur als auch mit unserer eigenen Kultur eingehend befassen und darüber reflektieren.

由于意识形态不同、媒体故意扭曲与经济发展道路差异，一些西方国家民众长期对中国存在种种"模式固见"。而我们的对外宣传在内容和方法上也存在"模式固见"。为了以国际可理解的方式讲好中国故事，为中国发声，针对西方文化和我们自身的文化，我们必须用跨文化视角来审视和反思。

Beim kulturellen Selbstvertrauen geht es keineswegs darum, dass wir uns selbst als die Besten betrachten und blindlings andere Kulturen abwerten oder ablehnen. Im Internet finden sich Artikel, öffentliche Accounts und Videos, in denen viele Autorinnen bzw. Autoren unter dem Banner der Förderung des kulturellen Selbstvertrauens behaupten, die Geschichte der westlichen Zivilisation sei gefälscht und die chinesische Zivilisation habe eine Geschichte von mindestens 20 000 Jahren und sei deswegen die Quelle aller großen Zivilisationen der Welt. Dies ist ein Rückfall in die selbstbetrügerische Haltung in der Qianlong-Zeit, die sich selbst als „Reich der Mitte" und die westliche Welt als „barbarisch" ansah.

文化自信并不意味着"我们天下第一"，盲目贬低甚至拒绝外来文化。网络上有部分打着树立文化自信旗号的文章、公众号和视频，认为西方文明史都是伪造的，华夏文明至少有两万年历史，是世界各大文明的源头。这就倒退到乾隆时期"天朝上国"、西方均为"蛮夷"的自欺欺人心态了。

Beim kulturellen Selbstvertrauen geht es auch nicht darum, in einer öffentlichen Rede das Publikum mit chinesischer Kultur zu belehren und zu bekehren. Aus dem Grund der so genannten „politischen Korrektheit" wurden die Protagonistinnen bzw. die Protagonisten in den neuen Hollywood-Filmen *The*

*Littel Mermaid* und *Queen Cleopatra*, Schwarze. Dies hat aber in vielen nicht-westlichen Ländern zu schlechten Einspielergebnissen geführt. Die Ägypter haben sich darüber so erzürnt, dass sie eine Klage gegen die Filmemacher von *Queen Cleopatra* wegen der Verfälschung historischer Fakten eingereicht haben. All dies sind Aspekte, die wir bei der Auswahl des Inhalts, des Aufbaus und der Ausdrucksform von unseren öffentlichen Reden nach Möglichkeit vermeiden sollten.

　　文化自信并不是在演讲中试图用中国文化去教导、改造听众。为了所谓的"政治正确"，好莱坞新拍摄的电影《小美人鱼》和《埃及艳后》的主角都是黑人，结果在许多非西方国家票房惨淡。埃及人愤怒地对《埃及艳后》拍摄方发起诉讼，因为他们篡改史实。❶这些都是我们在选择演说内容、架构和表达形式时应极力避免的。

❶ 埃及艳后变黑人，网飞被告了，澎湃新闻，2023年4月20日，https://www.thepaper.cn/newsDetail_forward_22779539，访问日期：2024年9月22日。

5-5 文化自信与跨文化反思

## 5　Kulturelles Selbstvertrauen und interkulturelle Reflexion
### 文化自信与跨文化反思

Jede Kultur hat ihre eigenen Besonderheiten, und in der Kommunikation zwischen zwei Kulturen, treten unweigerlich Störungen und sogar Konflikte auf. Für die Entwicklung der Fähigkeit zur interkulturellen Reflexion ist es erforderlich, dass wir uns mit den kulturellen Konflikten auseinandersetzen, die Ursachen der Konflikte analysieren, die Unvermeidbarkeit kultureller Unterschiede erkennen und Widerwillen vermeiden.

　　每种文化都有其自身特质，与另一种文化相遇时不可避免地会遇到障碍，甚至冲突。跨文化反思能力要求我们正视这些文化冲突，分析冲突的根源，认识到文化差异的必然性，避免产生抵触情绪。

Für die Entwicklung der Fähigkeit zur interkulturellen Reflexion ist es auch notwendig, dass wir kulturelle Gemeinsamkeiten suchen und finden. Trotz der großen Unterschiede zwischen den Völkern in Bezug auf ihre Denkweisen, geografischen Umgebungen und Sprachsysteme usw. dürfen die Gleichheit der menschlichen Identität und Bedürfnisse sowie die Gemeinsamkeit der grundlegenden Überlebensprobleme aller Menschen nicht übersehen werden. Diese vielen Übereinstimmungen und Gemeinsamkeiten bilden die gemeinsame Wertebasis der Menschheit. Und dies ist gerade das kulturelle Fundament, auf dem wir eine Schicksalsgemeinschaft der Menschheit aufbauen. Nur wenn wir dies verstehen, können wir erst die Kulturen der Anderen mit einer toleranten und offenen Haltung als gleichberechtigt behandeln und unsere sozialen und persönlichen Fähigkeiten verbessern.

　　跨文化反思能力还表现为对文化共性的寻求。尽管各民族在思维方式、地理环境、语言体系等诸多方面相去甚远，但都不能掩盖人类的特性和需求上的一致性，以及所面临的基本生存问题的共通性。众多的一致性和共通性构成了人类共同的价值基础，这就是我们构建人类命运共同体的文化基础。只有理解了这点，我们才能以一种宽容、开放的态度平等对待对方文化，提升社会和个人能力。

Im Folgenden werden wir die erste Hälfte der Erzählung „Luo Cha Hai Shi" aus dem Erzählungsband *Liao Zhai Zhi Yi* aus der interkulturellen Perspektive analysieren.

　　接下来我们用跨文化视角另类解读一下《聊斋志异》"罗刹海市"的前半部分。

In das Reich der Luo Cha kam ein Chinese namens MA Ji. Die Einwohner dort waren in den Augen der Chinesen hässlich, also das komplette Gegenteil des chinesischen ästhetischen Standards. Und als die Einwohner dort den schönen MA Ji sahen, liefen sie ihm davon, wie von der Tarantel gestochen. Glücklicherweise nahm ihn ein sympathischer Herr bei sich auf. Während des Essens improvisierte MA Ji ein Lied, das die volle Anerkennung seines Gastgebers fand. So empfahl ihn der Gastgeber dem König. Um den König nicht zu erschrecken, malte sich MA Ji das Gesicht kohlrabenschwarz. Tatsächlich fanden ihn die Einwohner dort nun sehr schön. In der großen Halle war der König von seinem Gesang sehr begeistert, und er wurde dann großzügig belohnt. Der junge Herr MA Ji erntete Gutes aus Bösem und wurde damit zu einem Mitglied der Oberschicht.

　　罗刹国来了一个叫马骥的中国人。这里的人在国人眼中都很丑，跟华夏审美标准是完全相反的。这里的人看到英俊的马骥，都像见了鬼一样四散奔逃。所幸当地一位好心人收留了他。吃饭时马骥即兴献唱一曲，主人很赏识马骥的歌声并推荐他去见国王。为了避免吓到国王，马骥把脸涂成了炭黑，果然当地人都觉得他非常漂亮。大殿之上他的歌唱让国王龙心大悦，对他大加封赏。小马哥也因祸

❶ 蒲松龄：《聊斋故事》，煤炭工业出版社，2016，第68-72页。

得福，跻身上层贵族。❶

Der Autor PU Songling hat uns dabei unbeabsichtigt ein anschauliches Fallbeispiel von interkultureller Reflexion gezeigt. China und das Reich der Luo Cha hatten große kulturelle Unterschiede in ihrer Auffassung von Schönheit und Hässlichkeit, aber kulturelle Gemeinsamkeiten in der Schönheit der Musik. Der gut aussehende Chinese MA Ji hat die kulturellen Unterschiede erkannt und gleichzeitig die kulturellen Gemeinsamkeiten entdeckt und ist so zum Gewinner im Leben geworden. Während des gesamten Prozesses hat MA Ji seinen Standpunkt der chinesischen Kultur nicht aufgegeben.

作者蒲松龄在无意之中为我们描写了一个跨文化反思的案例：中国和罗刹国在美丑观上有巨大的文化差异，但是对音乐之美又有文化共性。中国帅哥马骥认识到了文化差异，同时也发现了文化共性，从而成为人生赢家。在整个过程中，马骥的中国文化立场并没有发生变化。

Wir sollten durch die Beschäftigung mit zwei oder mehreren Kulturen eine kulturell pluralistische Ansicht herausbilden. Wir sollten an dem chinesischen Standpunkt festhalten und mit vollem kulturellem Selbstvertrauen interkulturelle Reflexionen anstellen. Gleichzeitig sollten wir durch den Vergleich der Kulturen Selbstreflexionen anregen, um Defizite zu entdecken und ein Kriesenbewusstsein zu entwickeln.

我们需要在两种文化，甚至多种文化的学习中形成多元的文化视角。我们要站稳中国立场，以充分的文化自信来进行跨文化反思，同时也在文化对比中触发自省，发现不足，产生忧患意识。

5-6 文化自信与文明互鉴

# 6 Kulturelles Selbstvertrauen und gegenseitiges Lernen der Zivilisationen
## 文化自信与文明互鉴

In den 1990er Jahren stellte FEI Xiaotong, der renommierte Soziologe und Anthropologe das Konzept des „kulturellen Bewusstseins" auf. Er fasste es wie folgt zusammen: „Die eigene Kultur wird zur Entfaltung gebracht. Es wird sich auch an anderen Kulturen ein Vorbild genommen, unterschiedliche Kulturen entfalten sich gleichermaßen und tolerieren einander." Im Gegensatz zur Theorie „Clash of Civilisations" des amerikanischen Politikwissenschaftlers Samuel Huntington ist die Theorie von Herrn FEI von einer seit alters her in der chinesischen Zivilisation bestehenden Idee: „Allergrößte Harmonie unter dem Himmel" überliefert.

20 世纪 90 年代，著名社会学家和人类学家费孝通先生提出"文化自觉"的概念。他将其概括为："各美其美，美人之美，美美与共，天下大同。"❶ 相较于美国政治学家萨缪尔·亨廷顿提出的"文明冲突"理论，费老的理论传承了中华文明自古以来的天下大同思想。

❶ 费孝通:《关于"文化自觉"的一些自白》，载《学术研究》2003 年第 7 期，第 5-9 页。

Generalsekretär XI Jinping hat gesagt: „Die volle Pracht und die unerschöpfliche Vielfalt der chinesischen Kultur liegen in deren Aufgeschlossenheit und Inklusivität. [...] Die Kulturen der verschiedenen Völker strahlen miteinander und die chinesische Kultur erneuert sich ständig. Dies ist die Quelle unseres starken kulturellen Selbstvertrauens heute."

习近平总书记曾指出："中华文化之所以如此精彩纷呈、博大精深，就在于它兼收并蓄的包容特性。……各族文化交相辉映，中华文化历久弥新，这是今天我们强大文化自信的根源。"❷

❷ 中国民族报评论员：必须坚持正确的中华民族历史观，2021 年 11 月 8 日，https://www.neac.gov.cn/ seac/xw zx/202111/1154705.shtml，访问日期：2024 年 8 月 15 日。

Wie ist auf der Grundlage des kulturellen Selbstvertrauens das gegenseitige Lernen der Zivilisationen zu fördern?

如何在文化自信的基础上促进文明互鉴呢？

In den 1950er Jahren lag den Dozenten und Studierenden von Shanghai Conservatory of Music eins schwer auf der Seele: Die Violine, ein westliches Instrument existierte seit über 400 Jahren, fand jedoch in China wenig Anklang. Inspiriert von Premier ZHOU Enlai erkannten sie, dass es nicht am Instrument selbst lag, sondern dass es notwendig war, diesem Instrument eine „chinesische Stimme" zu verleihen. So kam das Violinkonzert *The Butterfly Lovers* zustande, das nach westlicher Art komponiert und mit westlichen Instrumenten gespielt wird, aber eine chinesische Geschichte erzählt. Dieses Violinkonzert wurde im In- und Ausland weit und breit gefeiert und hat sich in den letzten Jahrzehnten zu einer Visitenkarte der chinesischen Kultur entwickelt.

20 世纪 50 年代，上海音乐学院的师生很苦恼：小提琴这件西洋乐器已有 400 多年历史了，传到中国却一直不受欢迎。受周恩来总理的启发，他们认识到：乐器本身并没有责任，要做的是给它增加一个说"中国话"的功能。小提琴协奏曲《梁祝》应运而生，用西方方式作曲、用西方乐器演奏，但讲的却是中国故事。小提琴曲《梁祝》在中外广受欢迎，几十年来长盛不衰，成为中国文化的名片。

Kulturelles Selbstvertrauen ermöglicht uns eine Haltung des von LU Xun befürworteten „Copinism" gegenüber fremden Kulturen. Kulturelles Selbstvertrauen ermöglicht es uns, durch Kulturvergleich und Interaktion mit dem Rest der Welt den Impuls für Chinas kulturelle Transformation und die Fähigkeit zur kulturellen Innovation zu gewinnen und letztlich unser Ziel einer „kulturell starken Nation" zu verwirklichen.

文化自信让我们在面对外来文化时可以主动采取鲁迅所说的"拿来主义"。文化自信让我们在与世界各国的文化对比和互动中获得中国文化转型的动力和文化创新的能力，最终实现我们"文化强国"的目标。

Generalsekretär XI Jinping hat auf der nationalen Konferenz für Öffentlichkeits-, ideologische und Kulturarbeit im Oktober 2023 gesagt: Wir müssen das Vertrauen in die eigene Kultur festigen, auf der Offenheit und Inklusivität bestehen, an den Ursprüngen festhalten und Innovationen vornehmen. Wir müssen für den umfassenden Aufbau eines modernen sozialistischen Landes und für das umfassende Vorankommen des Wiederauflebens der chinesischen Nation eine solide ideelle Gewährleistung, eine starke geistige Kraft und günstige kulturelle Bedingungen bieten.

在 2023 年 10 月的全国宣传思想文化工作会议上，习近平总书记做出指示：坚定文化自信，秉持开放包容，坚持守正创新，为全面建设社会主义现代化国家，全面推进中华民族伟大复兴提供坚强思想保证、强大精神力量和有利文化条件。❶

❶ 董振华：担负起新的文化使命，2023 年 10 月 13 日，http://theory.people.com.cn/n1/2023/1013/c40531-40094312.html，访问日期：2024 年 1 月 30 日。

# 7 Zusammenfassung und Redestrategie
## 总结与演讲策略

Bei der folgenden Abbildung handelt es sich um das Modell der „Handlungskompetenz im interkulturellen Kontext"(siehe Abbildung 5-3), das auf der Grundlage von dem „Kompetenzmodell" von deutschen Bildungsforschern Gabriele Lehmann und Wolfgang Nieke entwickelt worden ist.[1]

  图 5-3 是根据德国教育学家莱曼和涅克"行为能力模式"研发的"以行为能力为导向的跨文化能力模型"。

5-7 总结与演讲策略
跨文化能力

[1] Li, Yuan (2011): Das kompetenzorientierte Modell der Integrativen Landeskunde: Vom theoretischen Konstrukt zur didaktisch-methodischen Umsetzung. München: iudicium, 第 59 页。

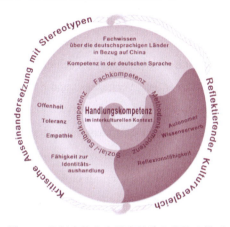

图 5-3 以行为能力为导向的跨文化能力模型

Die Handlungskompetenz ist der Ausgangspunkt der interkulturellen Kompetenz und bildet deswegen das übergeordnete Ziel für die Heranbildung der Fachkräfte für interkulturelle Kommunikation, da sie eine integrierte Kompetenz bzw. ganzheitliche Qualitäten darstellt, die Wissen, Einstellungen und Fähigkeiten vereinen. Die Beherrschung der Sprache und Landeskunde der Zielsprachenländer bei gleichzeitiger Identifizierung mit chinesischer Kultur ist eine wichtige Voraussetzung für eine erfolgreiche interkulturelle Kommunikation. Wir müssen auch den kulturellen Austausch und das gegenseitige Lernen der Zivilisationen unter dem Blickwinkel der kulturellen Vielfalt der Welt und des Aufbaus einer Schicksalsgemeinschaft der Menschheit betrachten, studieren und fördern.

  行为能力是跨文化能力的本源和跨文化人才培养的终极目标，因为行为能力是一种复合能力和综合素质，是知识、情感和能力的统一体。在立足和认同中国文化的基础上，掌握目的语国家的语言和国情知识，是顺利实现跨文化交际的重要前提。我们还要从全球多元文化、构建人类命运共同体的角度来观察、思考并推动文化交流和文明互鉴。

Besonders zu beachten ist, dass Kultur sowohl aus sichtbaren als auch aus unsichtbaren Elementen besteht. Das ist eine Frage, die in Übung 5 von Text 2 der Lektion 7 des Lehrbuchs *Öffentliches Reden* aufgeworfen und mit Hilfe des Eisbergmodells aus der Kulturwissenschaft zu beantworten ist. ❶

特别需要引起注意的是，文化由显性文化部分和隐性文化部分组成，《德语演讲教程》第七单元课文 2 的练习 5 中提出了这个问题，并需要用文化学中的冰山理论来回答。

Ganz gleich, ob es sich um sichtbare oder unsichtbare Elemente handelt, sie können nur durch den Prozess des „Verstehens" und der „Rezeption" durch die Lernenden in Wissen umgewandelt werden. Wissen und Ansichten werden im Wesentlichen nicht vermittelt, sondern müssen von den Lernenden konstruiert werden. ❷ Die Rezeption unserer Redeinhalte durch ausländische Zuhörer erfolgt auf die gleiche Weise wie die Überlieferung unserer eigenen Kultur. Was die Gestaltung von Reden anbelangt, so sollten wir die Zielgruppe nicht einfach schablonenhaft belehren, sondern unser interkulturelles Bewusstsein entwickeln und die Zielgruppe zur aktiven Konstruierung des Wissens und der Ansichten anleiten. Für die Entwicklung des interkulturellen Bewusstseins ist es erforderlich, dass wir autonomes Lernen und Reflexionsfähigkeit entwickeln. Schließlich sind „Offenheit", „Toleranz", „Empathie" und „Identitätsaushandlung" usw. auch relevante interkulturelle Kommunikationskompetenzen, die keinesfalls außer Acht gelassen werden dürfen. ❸

无论是显性还是隐性文化，只有经过学习主体的"理解"和"接受"这一环节，才能升华为知识。知识和观点不是靠传授的，而是需要学习主体通过建构获得。外国人对我们演讲内容的接受是这样，我们对本民族文化的传承也是这样。具体到演讲设计，我们不能简单地采用八股式说教，而应有跨文化意识，引导受众主动构建。培养跨文化意识需要我们大力发展自主学习能力和反思能力。最后，"开放""宽容""移情""身份调适"等也属于不可或缺的跨文化交际能力。

❶ 李媛等编：《德语演讲教程》（"理解当代中国"德语系列教材），外语教学与研究出版社，2022，第 140 页。

❷ Li, Yuan (2007): Integrative Landeskunde. München: iudicium, 第 130-131 页。

❸ Li, Yuan (2011): Das kompetenzorientierte Modell der Integrativen Landeskunde: Vom theoretischen Konstrukt zur didaktisch-methodischen Umsetzung. München: iudicium, 第 80-84 页。

Wie aus dem Modell „Handlungskompetenz im interkulturellen Kontext" ersichtlich ist, sind die Komponente Fach-, Methoden-, Sozial- und Selbstkompetenz ineinander integriert. Sie ergänzen und unterstützen sich gegenseitig in hohem Maße, sodass eine Synergie entsteht, welche die interkulturelle Handlungskompetenz darstellt. Nur mit solchen interkulturellen Handlungskompetenzen können wir erst in der Lage sein, so zu handeln, wie Staatspräsident XI Jinping sagt, „gegenseitiges Lernen der Zivilisationen fördern und die Errungenschaften der menschlichen Zivilisationen umfassend aufnehmen und daraus lernen, durch den Austausch zwischen den Zivilisationen ihre Fremdheit, durch ihr gegenseitiges Lernen ihre Konflikte sowie durch ihr Nebeneinander ihre Hierarchie überwinden, die gemeinsamen Werte der gesamten Menschheit, die der chinesischen Zivilisation innewohnen, weiterführen und den Aufbau einer Schicksalsgemeinschaft der Menschheit fördern."

　　从"以行为能力为导向的跨文化能力模型"图中可见，专业、方法、社会与个人等能力要素之间并没有严格的界限，它们是相互融合渗透的，形成的合力便是跨文化行为能力。只有具备这样的跨文化行为能力，我们才能做到像习近平主席说的那样："推动文明互鉴，广泛吸收借鉴人类文明成果。以文明交流超越文明隔阂，以文明互鉴超越文明冲突，以文明共存超越文明优越，弘扬中华文明蕴含的全人类共同价值，推动构建人类命运共同体。"❶

❶ 习近平：《深化文明交流互鉴 共建亚洲命运共同体——在亚洲文明对话大会开幕式上的主旨演讲》，《思想政治工作研究》2019年第6期，第4-6页。

Diese Lektion bezieht sich nicht nur auf die gute Erzählung chinesischer Geschichten und die Verbreitung der herausragenden chinesischen Kultur, sondern auch darauf, wie man mit vollem kulturellem Selbstvertrauen öffentliche Reden entwerfen soll, wobei die Strategien für öffentliches Reden bereits integriert sind. Deswegen werden die Strategien nicht in einem separaten Teil extra behandelt.

　　本单元的课程内容既包括讲好中国故事，传播优秀中国文化，又涉及如何以充分的文化自信来设计演讲，演讲策略已经融汇其中，因此不再单列细讲。

## 8 Meine Rede
## 演讲实践

Am „Tag der offenen Tür" des Konfuzius-Instituts in Berlin werden Sie das Forum „Verständnis der eigenen Kultur" leiten und eine drei- bis fünfminütige Rede dazu halten. Bitte bereiten Sie diese Rede vor. ❶

　　柏林的孔子学院即将迎来开放日，您将主持题为"了解本土文化"的论坛，并作一个三至五分钟的演讲，请自行选择相关主题和切入角度。

❶ 李媛等编：《德语演讲教程》（"理解当代中国"德语系列教材），外语教学与研究出版社，2022，第147页。

## 9 Reflexionsaufgaben
## 课后思考

（1）文化自信的实质是什么？

（2）如何在文明互鉴中正确看待本民族文化？

（3）如何在文明互鉴中正确看待他国文化？

（4）青年人可以如何助力中华文化"走出去"？

（5）青年人在国际交流中可以如何展示文化自信？

## 第四讲 圆桌点评

○── **演讲学生**：孙盛洲（浙江大学）、李君康（浙江大学）
○── **点评教师**：练斐（浙江大学）、邵勇（浙江大学）

5-8 学生演讲实例

5-9 演讲点评

**练　斐：** 大家好，欢迎来到今天的德语演讲课。本单元的主题是文化自信，我们的圆桌论坛也来到了浙江大学图书馆。在这里我们可以看到与讲好中国故事相关的多语种、各类型的书籍，比如有《习近平谈治国理政》的德文版，还有我们的《德语演讲教程》。各位同学在准备演讲时可以利用好校内的各类资源，为自己的演讲找到合适的语言材料。

　　非常感谢两位同学精彩的演讲，按照惯例我们来聊一聊大家刚刚的演讲表现。首先请孙同学来谈一谈，你对刚才自己的表现满意吗？

**孙盛洲：** 我还是比较满意的，因为我在演讲当中特别注重把自己的专业知识和演讲内容结合起来。我平时比较喜欢做一些跟学习者语言相关的研究，我也把相关的知识融入我的演讲中去，这样可以一方面让我的演讲更加专业、更有深度，另一方面也会让整个题材更加新颖。所以这是我从语言文字这个角度切入演讲主题的主要原因。

**练　斐：** 你的这个尝试非常不错，在自己平时做的事情和演讲主题中找到结合点。在讲述的时候对内容非常熟悉，就会很有自信，而不是新去学一个主题，要讲完全陌生的内容。如果这样，在讲的时候可能会有些不自然、不流畅，所以我觉得孙同学的做法非常值得大家学习。

**孙盛洲：** 虽然我在演讲中融入了我的专业知识，但是在听完李同学的演讲之后，我觉得自己的演讲缺少了一些现实中的例子，或者说我自己的例子。因为李同学在演讲中以一位书法家为例，讲述了他的故事，而我在演讲中只是举了一些语言相关的例子。那这里我也想请教一下李同学，怎么样才能找到一个适合自己演讲的主题，同时也非常吸引观众的例子呢？

**李君康：** 我很高兴能够回答孙同学的这个问题。我也是通过咱们这本教材，从中学习到一些寻找合适的演讲故事和例子的方法，比如说选择跌宕起伏的或者是有转折的故事，这样更有利于表达我们演讲的主旨。通过这样的方法，我在网络上检索了有关中国书法家的故事，最后选择了书法家郑振铎。将他在幼年时期不顾旁人的反对，毅然决然潜心学习书法，最终功成名就的故事作为自己演讲的开篇。我也非常推荐大家使用这样的方法，先设立一个标准，然后根据这个标准去寻找适用于自己演讲的故事。

**练　斐：** 这个单元的演讲策略，大家还记得是什么吗？我们可以尝试着去引用一些和主题相关的故事或者是名人名言，我觉得李同学的做法就挺好的。但我也观察到，同学们在准备演讲时会有一个误区，就是觉得必须要加入一个故事，没有故事似乎演讲就进行不下去了。有的时候会想先找到这个故事，然后再考虑如何围绕这个故事展开演讲，这样其实有些本末倒置。故事是用来做什么的？它其实是来帮助我们确立观点、推进内容的。假如为了讲故事而讲故事，出发点可能就有问题了，所以这也是各位同学日后准备演讲的时候应该注意的一点。

**孙盛洲：** 这也让我想到，我觉得李同学选的故事非常好的一个原因，就是很多人都想了解中国书法，现在的人为什么还在学习书法？为什么中国如此注重一种过去才使用的书写方式？这个例子也很生动地展现出了书法的魅力。

　　我之所以在演讲中没有增加很多例子，其实是因为我一开始的准备方式有个小小的问题：我最早是根据自己的专业知识来构思演讲稿，却把文化自信这个主题搁置在旁了。等我写完整个演讲稿之后，我才增加了一些跟文化自信相关的例子，比如有很多源于中文的外来词，在其他语言中有很大的影响；中文中有很多富有我们祖先智慧的词汇，等等。这些是我之后才加上去的，显得有些突兀，而且例子数量显得偏少。这让我意识到，在撰写演讲稿的时候需要有眼观六路、耳听八方的本事。在动笔之前需要有大局观，知道自己要讲哪些内容，以及哪些内容是重点。这样才能让自己的演讲既切题，又包含了自己的专业知识，并且也能达到很好的效果。

练　斐：没错，就像孙同学刚刚说的，我们在准备演讲的时候应把演讲所需要的各种内容都考虑到。在此我也给大家推荐一个小方法，就是大家可以在拿到演讲题目、了解了你的受众之后，进行一次头脑风暴。首先把演讲主题写在中间，然后把你能联想到的相关关键词都写在旁边。其中可能有一些是老生常谈的内容或者和主题相对没有那么契合的，甚至是有些跑偏的，那我们就把它们划去，只圈出那些你觉得是自己的创新点和亮点的信息，继续深挖。这样我们就能顺利找到演讲的重点，接着再尝试着把这些要点用线性的顺序串起来，就得到了演讲的主干。主干有了，再用各种语言材料、素材将躯干补充完整，让我们的演讲变得更加有血有肉，这个主题的红线也就更加明确了。

李君康：是的，刚刚练老师提到了头脑风暴，也让我想起在刚开始准备这个演讲的时候遇到了一些困难。几份初稿当中存在许多问题，比如主题过于空洞、过于宏大，还有就是我刚开始想讲的东西很多，很难做出选择。得到练老师的建议和帮助之后，我也进行了一次头脑风暴。我就想，我们中国的传统文化，到底有哪些是对外国人具有非常强的吸引力的？他们好奇的是哪些方面？我就把它们一一列举出来。比如说我当时想到中医、京剧、川剧、国画、书法等等。最后我选择了中国书法作为主题，并通过引用书法家郑振铎的故事，对我的演讲主题进行支撑。我觉得这是一个非常好的方法，非常感谢练老师对我的帮助！

练　斐：通过准备演讲的过程，我也看到了李同学的成长。我们刚刚主要是围绕着内容来聊的，其实演讲语言也是非常重要的一个方面，下面想请邵老师来聊聊对两位同学演讲的印象。

邵　勇：好的。我刚才听了以后，觉得两位同学的演讲效果非常好。李同学以书法这一中华文化的瑰宝作为切入点然后展开，又融入了郑振铎这位中国文化大家的故事，把两者联系在一起，使得演讲更为生动。书法是外国人也知道的，很多外国人不远万里来到中国，就是为了学中国书法。你刚才提到中医，因为你自身对中医不是太了解，你说起来可能就不会那么自信，所以选择书法更好。

　　　　孙同学的演讲我觉得也非常好，立意明确，通篇贯穿着一个主题。而且表现得非常自信，给人感觉你很有文化自信。论证也非常到位，有点像辩论的味道，当然和正式的辩论是不太一样的。总体来说，整个结构非常好。

　　　　我觉得两位同学的德语都非常流利，当然在某些表达上还有提升的空间，但总体来说已经非常不错了。

练　斐：我也非常同意邵老师的观点。说到这个，其实还有一个大家常遇到的问题，就是在演讲当中怎样避免"中式德语"。我观察到有不少同学在准备德语演讲稿的时候，会先写一个中文稿，然后再翻译成德语，在这个过程中你就会受到非常多的限制。建议大家在开始准备的时候就用德语思维：用德语写下关键词，寻找德语的相关资料，你会发现无论在叙述，还是在语言的表达逻辑上，德语和汉语都是有所区别的。中式思维确实很难避免，但我们也要慢慢地努力、尝试，相信大家的德语也会越来越地道。

　　　　就像刚刚邵老师说的，两位同学在演讲当中表现都非常自信，我觉得这就很好地体现了我们的文化自信。本单元的主题和之前的内容有所不同，文化自信并不是一个内容，也不是一个特定的主题或概念，而是一种策略和立场。只有我们对自己的文化有自信，在表达的时候才能展现出自信和坚定的立场。

孙盛洲：我在平时的学习生活中也体验到这种文化自信的感觉。刚刚也提到我会做一些跟学习者语言相关的研究，我在团队中做出一些成果之后，会去和德国人进行交流。我在介绍结果的时候，就能感受到我带着文化自信：就是我们中国的研究者得出的研究结果，也能够帮助DaF（德语作为外语）这个外语教育学学科进一步发展，学界也听到来自中国的声音。这样大声地在国际学术界说出我们的研究成果，告诉大家我们中国人的贡献，我觉得这也是一种文化自信的体现。

练　斐：没错！刚才两位同学从语言和书法两个方面展现了我们的文化自信。我们今天的圆桌讨论就到此为止，非常感谢邵老师以及两位同学参与讨论。

# Lektion 6
## Die Diplomatie chinesischer Prägung und Global Governance

# 中国特色大国外交与全球治理

中国特色大
国外交与全
球治理

# 第六单元
# 中国特色大国外交
# 与全球治理

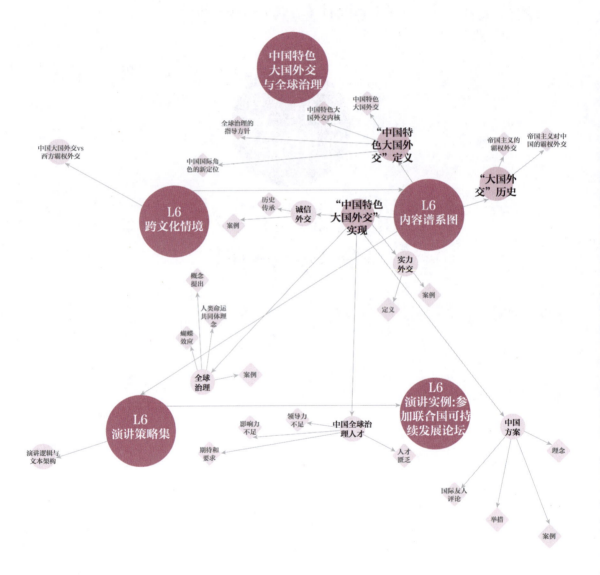

## Teil 1 · Ehrlich und verlässlich währen am längsten; geachtet ist, wer aufrichtig und ehrenhaft bleibt

### 第一讲 诚实守信 正大光明

Am 10. März 2023 rückte Beijing erneut in den globalen Fokus: China, Saudi-Arabien und der Iran gaben in Beijing eine gemeinsame Erklärung ab, in der Saudi-Arabien und der Iran sich auf die Initiative von China hin versöhnen sollten. Saudi-Arabien und der Iran wollten ihre diplomatischen Beziehungen wiederherstellen und wirtschaftlich enger zusammenarbeiten. Die positiven Ergebnisse der Verhandlungen wurden von allen beteiligten Partnern begrüßt.

6-0 引言

2023 年 3 月 10 日，北京再次成为全球焦点：中华人民共和国、沙特阿拉伯王国和伊朗伊斯兰共和国在北京发布三方联合声明，响应中国倡议，沙伊双方达成和解。沙特阿拉伯和伊朗恢复外交关系，重建经济合作。会谈成果受到参与各方的一致欢迎。❶

Jahrzehntelang hatten Saudi-Arabien und der Iran um die Vorherrschaft und den größeren Einfluss in Regionen wie dem Jemen, Syrien und dem Irak gekämpft und dies hätte fast zu einer kriegerischen Auseinandersetzung geführt. Niemand hätte damit gerechnet, dass diese beiden großen Länder an den Verhandlungstisch zurückkehren würden, geschweige denn, dass sie so schnell eine Versöhnung erzielen würden. Wie auch immer, bereits mit dem ersten Handschlag glätteten sich die Wogen.

❶ 中华人民共和国、沙特阿拉伯王国、伊朗伊斯兰共和国三方联合声明，2023 年 3 月 11 日，https://www.gov.cn/xinwen/2023-03/11/content_5745983.htm，访问日期：2024 年 8 月 17 日。

过去多年，沙特和伊朗在也门、叙利亚和伊拉克等地争夺地区主导权和影响力，甚至走向了冲突的边缘。没有人能预料到两个大国能坐下来谈判，更想不到这么快就达成了和解，相逢一笑泯恩仇。

Schon der erste Satz ihrer gemeinsamen Erklärung zeigt den breiteren Kontext der saudi-iranischen Annäherung – als Reaktion auf die positive Initiative von Staatspräsident XI Jinping bezüglich der Unterstützung Chinas für die Entwicklung gutnachbarlicher und freundschaftlicher Beziehungen zwischen dem Königreich Saudi-Arabien und der Islamischen Republik Iran. Zur konkreten Umsetzung der gemeinsamen Erklärung fand am 15. Dezember 2023 in Beijing die erste Sitzung des Gemeinsamen Dreierausschusses von China,

Saudi-Arabien und Iran statt... Die Diplomatie chinesischer Prägung hat sich dabei hervorragend bewährt und gleichzeitig auch einen wichtigen Beitrag zur Global Governance geleistet.

联合声明的第一句话就揭示了沙特和伊朗和解的大背景——为响应中华人民共和国主席习近平关于中国支持沙特阿拉伯王国同伊朗伊斯兰共和国发展睦邻友好关系的积极倡议。❶ 为具体落实联合声明，2023 年 12 月 15 日，中沙伊三方联合委员会首次会议在北京召开。这是中国特色大国外交的锋芒小试，也是中国参与全球安全治理的重大贡献。

❶ 中华人民共和国、沙特阿拉伯王国、伊朗伊斯兰共和国三方联合声明，2023 年 3 月 11 日，https://www.gov.cn/xinwen/2023-03/11/content_5745983.htm，访问日期：2024 年 8 月 17 日。

6-1 什么是大国外交？

# 1 Was ist Großmachtdiplomatie?
## 什么是大国外交？

Die wortwörtliche Übersetzung des Begriffs „Großmachtdiplomatie" erinnert oft an den Begriff „westliche Großmächte", der häufig in Geschichtslehrbüchern auftaucht. Vor der Unabhängigkeit der Kolonien in Asien, Afrika und Lateinamerika war die neuere und neueste Geschichte fast ausschließlich die Geschichte der westlichen Großmächte.

"大国外交"一词常让人联想起历史课本上经常出现的"西方列强"。在亚非拉殖民地独立之前，世界近现代史几乎就是西方列强的历史。

Der Wiener Kongress 1815, der auf die Niederlage Napoleons folgte, schuf eine internationale politische Ordnung, in der Russland, Österreich, Preußen und Großbritannien Europa dominierten, Polen unter sich aufteilten und die Interessen vieler kleiner Länder mit Füßen traten, um das Machtgleichgewicht der Großmächte zu erhalten. Ende des 19. Jahrhunderts ergriffen Großmächte wie Russland, Deutschland, Frankreich, Großbritannien, die USA und Japan widerrechtlich und gewaltsam Besitz von Konzessionen in China und teilten „Einflusssphären" unter sich auf. Damit wurde eine Welle der Aufteilung Chinas ausgelöst.

1815 年，拿破仑战败后的维也纳会议，确立了俄、奥、普、英四国支配欧洲的国际政治秩序，瓜分了波兰，牺牲了许多小国利益以保持大国间的势均力敌。19 世纪末，俄、德、法、英、美、日等列强纷纷在中国强占租借地和划分"势力范围"，掀起了瓜分中国的狂潮。

Nach dem Ende des Ersten Weltkriegs wurde auf der Pariser Friedenskonferenz 1919 festgelegt, dass die Vertreter der USA, Großbritanniens und Frankreichs über die wichtigsten Fragen entscheiden sollten. Auf dieser Konferenz traten die Siegermächte Deutschlands Rechte in Shandong, China, gewaltsam an Japan ab, was einen Volksprotest in China auslöste, mit dem die Vierter-Mai-Bewegung eingeläutet wurde und damit auch das Erwachen der chinesischen Nation.

1919 年，第一次世界大战结束后的巴黎和会，确定了重大问题均由美、英、法三国代表决定。就在这次会议上，列强强行把德国在中国山东的"特权"移交给日本，激起了中国的全民抗议，五四运动由此开始，中华民族开始觉醒。

Auf der Konferenz von Teheran 1943 und der Konferenz von Jalta 1945 legten die USA, Großbritannien und die Sowjetunion eine neue Nachkriegsweltordnung fest und regelten die Interessen der Großmächte.

在 1943 年的德黑兰会议和 1945 年的雅尔塔会议上，美国、英国和苏联确立战后世界新秩序，分配列强利益。

Polen wurde in seiner Geschichte dreimal geteilt. Auf der Münchner Konferenz 1938 wurden die Sudetengebiete der Tschechoslowakei durch das Münchner Abkommen an Hitler-Deutschland abgetreten. Die willkürlich gezogenen Grenzen der afrikanischen Länder, der Aufbau der Berliner Mauer usw... All dies wurde von den Großmächten zur Abgrenzung ihrer Einflussbereiche verursacht. Von Zentralasien über Südostasien, den Nahen Osten, Afrika bis Südamerika,... hinter allen Staatsstreichen und regionalen Konflikten standen immer die Großmächte.

波兰历史上三次被瓜分，1938 年，在慕尼黑会议上签订的《慕尼黑协定》把捷克斯洛伐克的苏台德地区割让给纳粹德国，非洲国家的国界横平竖直，修筑柏林墙，等等。这一切都是列强划分势力范围所造成的后果。从中亚、东南亚、中东、非洲到南美洲，所有的政变和地区冲突背后都有大国的影子。

Bei solcher Großmachtdiplomatie ging es keinesfalls um den Schutz der Schwachen oder die Ausübung von Gerechtigkeit, sondern um eine hegemoniale Diplomatie: Die Großmächte konkurrierten um Macht und Privilegien, während die vielen kleinen und mittelgroßen Entwicklungsländer als Opfer zurückblieben.

这样的大国外交不是保护弱者，伸张正义，而是霸权外交。列强争权夺利，牺牲品则是广大中小发展中国家。

6-2 中国特色大国外交

❶ 中央外事工作会议在京举行 习近平发表重要讲话，2014 年 11 月 30 日，http://cpc.people.com.cn/n/2014/1130/c64094-26119225.html?q=pv0fl，访问日期：2024 年 1 月 31 日。

❷ 习近平：努力开创中国特色大国外交新局面，2018 年 6 月 23 日，https://www.cac.gov.cn/2018-06/23/c_1123025853.htm，访问日期：2025 年 2 月 2 日。

# 2 Die Diplomatie chinesischer Prägung
## 中国特色大国外交

Generalsekretär XI Jinping wies eindeutig darauf hin: China muss eine dem Status eines großen Landes entsprechende Diplomatie mit eigener Prägung betreiben. 2018 betonte Generalsekretär XI Jinping des Weiteren: Wir müssen mit Blick auf das Wiederaufleben der chinesischen Nation eine dem Status eines großen Landes entsprechende Diplomatie mit eigener Prägung auf den Weg bringen.

习近平总书记曾明确指出，中国必须有自己特色的大国外交。❶ 2018 年习近平总书记进一步强调，坚持以实现中华民族伟大复兴为使命推进中国特色大国外交。❷

Nach unserem Verständnis hat die Diplomatie chinesischer Prägung die folgenden Kernelemente:

根据我们的理解，中国特色大国外交有以下几个内核：

- **Frieden**: China wird unbeirrt am Weg der friedlichen Entwicklung festhalten und sich gleichzeitig für die Wahrung des Weltfriedens einsetzen.
- **Humanität**: China respektiert das Recht aller Völker, ihren Entwicklungsweg selbst zu wählen und ist dagegen, anderen den eigenen Willen aufzuzwingen, sich in die inneren Angelegenheiten anderer Staaten einzumischen und dass Stärkere sich anmaßend über Schwächere stellen.
- **Entwicklung**: China strebt nach Kooperation zum gemeinsamen Gewinnen und fördert die gemeinsame Entwicklung.
- **Unabhängigkeit und Eigenständigkeit**: China wird sich nie von anderen Ländern abhängig machen und auch nie auf seine legitimen Rechte und Interessen verzichten.
- **Fairness und Gerechtigkeit**: China befürwortet den Aufbau neuartiger internationaler Beziehungen und fördert den Aufbau einer Schicksalsgemeinschaft

der Menschheit.

- **和**：坚持走和平发展道路，也致力于维护世界的和平。
- **仁**：尊重各国人民自主选择发展道路的权利，反对把自己的意志强加于人，反对干涉别国内政，反对以强凌弱。
- **发展**：合作共赢，促进共同发展。
- **独立自主**：不依附他国，也决不放弃自己的正当权益。
- **公平公正**：建设新型国际关系，推动构建人类命运共同体。

Sie können dies mit den fünf Grundsätzen der friedlichen Koexistenz vergleichen, die Premier ZHOU Enlai 1953 als Grundprinzipien der Diplomatie des neuen Chinas aufstellte:

- Gegenseitige Achtung der Souveränität und der territorialen Integrität
- Gegenseitiger Nichtangriff
- Gegenseitige Nichteinmischung in die inneren Angelegenheiten
- Gleichheit und gegenseitiger Nutzen
- Friedliche Koexistenz

大家可以比较一下 1953 年周恩来总理提出新中国外交的基本原则——和平共处五项原则：互相尊重主权和领土完整、互不侵犯、互不干涉内政、平等互利、和平共处。

In den letzten Jahrzehnten hat sich China mit der wachsenden Stärke des Landes allmählich von der Zuschauerrolle in den Mittelpunkt der internationalen Arena begeben und ist vom passiven Nachzügler zum aktiven Vorreiter geworden. Dabei hat sich der Kerninhalt der chinesischen Außenpolitik nie geändert.

几十年间，随着国力不断增强，中国逐渐从国际舞台的观众席走到舞台的中央，从被动落后转为积极引领，但中国外交的内核从未改变。

## 3 Wir lügen nicht, wir betrügen nicht und wir stehlen nicht
## 我们不撒谎，我们不欺骗，我们不偷窃

6-3 不撒谎，不欺骗，不偷窃

Am 15. April 2019 sagte U.S. Secretary of State Mike Pompeo in seiner Rede an der Texas A&M University: „Wir haben gelogen, betrogen, gestohlen. Wir haben auch einen Kurs, der sich mit diesem Thema befasst. Das ist der Ruhm von dem US-amerikanischen Experiment."

2019 年 4 月 15 日，时任美国国务卿迈克·蓬佩奥在美国得克萨斯 A&M 大学演讲时说："我们撒谎、我们欺骗、我们偷窃。我们还有一门课程专门来教这些。这才是美国不断探索进取的荣耀。" ❶

Ehrlichkeit ist eine grundlegende Anforderung an die Edlen in der chinesischen Kultur. Konfuzius sagte: „Man muss sein Wort halten und konsequent handeln." Dies ist auch eines der Grundprinzipien der chinesischen Außenpolitik. China verfolgt eine Politik der Blockfreiheit, aber wir haben Freunde in der ganzen Welt, und das beruht auf der Glaubwürdigkeit in der Diplomatie.

诚信是中国文化对君子的基本要求，孔子曰："言必信，行必果。" ❷ 这也是中国外交的基本原则之一。中国奉行不结盟政策，但是我们的朋友遍天下，靠的就是外交上的诚信。

Pakistan ist Chinas „eisenfester Freund". Als sich 2008 das Erdbeben in Wenchuan, China ereignete, sammelte Pakistan unverzüglich seine gesamten Vorräte an Zelten ein und lieferte sie als Sachspenden per Lufttransport in das Katastrophengebiet. Der pakistanische Außenminister Bilawal sagte: „Im Wesentlichen sind die Beziehungen zwischen uns keine Geschäftsbeziehungen im allgemeinen Sinne, keine unbeständigen Beziehungen, sondern konstante Beziehungen. [...] In Pakistan sagen wir, dass die chinesisch-pakistanische Freundschaft höher ist als der Himalaya und süßer als Honig."

巴基斯坦是中国的"铁杆朋友"。❸ 2008 年中国汶川地震时，巴基斯坦捐赠了全国所有库存帐篷，第一时间空运灾区。❹ 巴基斯坦外交部长比拉瓦尔说："我们关系的真实本质不是交易关系，不是忽冷忽热的关系，而是一贯的……在巴基斯坦我们说，中巴友谊比喜马拉雅山高，比蜂蜜甜。" ❺

Nach der sowjetischen Invasion in Afghanistan im Jahr 1979 gewährten die USA Pakistan umfangreiche wirtschaftliche und militärische Unterstützung und exportierten hochmoderne Kampfflugzeuge dorthin, um die Sowjetunion zu schwächen. Nach dem Rückzug der Sowjetunion aus Afghanistan im Jahr 1989 und dem Ende des Kalten Krieges stellten die USA unter dem Vorwand der Demokratie, der Menschenrechte und der Atomaufrüstung ihre Hilfe ein, begannen dann, Sanktionen gegen Pakistan zu verhängen und hielten sogar noch

❶ 新华国际时评：且看蓬佩奥的"荣耀观"，2019 年 6 月 14 日，http://www.xinhuanet.com/world/2019-06/14/c_1124625353.htm，访问日期：2025 年 2 月 3 日。

❷《论语·子路篇》，https://so.gushiwen.cn/mingju/juv_2935442d307a.aspx，访问日期：2024 年 7 月 25 日。

❸ 习近平会见巴基斯坦总理卡卡尔，2023 年 10 月 19 日，https://www.gov.cn/yaowen/liebiao/202310/content_6910384.htm，访问日期：2024 年 1 月 31 日。

❹ 张春祥谈李克强出访巴基斯坦与中巴关系发展【3】，2013 年 5 月 23 日，http://fangtan.people.com.cn/n/2013/0523/c147550-21588899-3.html，访问日期：2024 年 1 月 31 日。

❺ 外交部：巴基斯坦外长的涉华表态真实反映了中巴友好和互信的本色，2022 年 9 月 30 日，https://www.shobserver.com/wx/detail.do?id=533700，访问日期：2024 年 8 月 17 日。

28 Kampfjets zurück, die Pakistan bereits bezahlt hatte.

1979 年，苏联入侵阿富汗。为拖垮苏联，美国向巴基斯坦提供大量经济和军事援助，出口最先进的战机。1989 年苏联从阿富汗撤军、冷战结束后，美国就以民主、人权、核武器等理由中断援助，开始制裁巴基斯坦，并扣押了巴基斯坦已经付款购买的 28 架战斗机。

Nach den Terroranschlägen am 11. September 2001 in den USA kamen die Amerikaner wieder zurück und baten um Versöhnung, um mit Pakistans Hilfe den sogenannten „Krieg gegen den Terror" zu führen. Sie gewährten umfangreiche Unterstützung und Geldmittel, und die zurückgehaltenen Kampfjets wurden sofort ausgeliefert. Nachdem die USA 2021 ihre Truppen aus Afghanistan abgezogen hatten, kehrten sie Pakistan jedoch sofort den Rücken. Auf die Initiative der USA hin wurde 2021 der Quadrilaterale Sicherheitsdialog im indopazifischen Raum (QUAD) ins Leben gerufen, um mit vereinten Kräften von den USA, Australien, Indien und Japan gegen China vorzugehen.

2001 年，"9·11"事件发生后，为了借道巴基斯坦进行所谓的"反恐"战争，美国又转身要求和好，大量增加援助与资金，扣押的战斗机也马上送回。但是 2021 年美国从阿富汗撤军后，马上又翻脸抛弃巴基斯坦，转而拉印度、澳大利亚和日本建立"四方安全对话"（QUAD），围堵中国。

Die Freundschaft zwischen den Edlen beruht auf gleicher Aufrichtigkeit, die zwischen den niedrig Gesinnten auf gleichen Interessenvorteilen.

君子以义交，小人以利交。

Ganz gleich, wie sich die internationale Lage entwickelt hat und welche politischen und sozialen Unruhen es in Pakistan gegeben hat, China hat Pakistan kontinuierlich und vorbehaltlos alle möglichen Hilfeleistungen angeboten: Aufbau von Straßen, Eisenbahnen sowie Häfen, Technologietransfer, Investitionen in Betriebsgründungen und Armutsbekämpfung usw...

无论国际风云如何变幻，无论巴基斯坦国内政局如何动荡，中国一直默默地为巴基斯坦提供力所能及的各种帮助：修建公路、铁路、港口，输出技术，投资办厂，扶贫……❶

❶ 扩展阅读：
· 中巴友谊路——喀喇昆仑公路
· 中巴经济走廊
· 瓜达尔港建设项目
· 中国红十字会援巴医疗队和中巴博爱医疗急救中心
……

Zur Instandsetzung der Rechte der Volsrepublik China in den UN im Jahre 1971 sagte Vorsitzender MAO Zedong: „Es sind unsere afrikanischen Brüder, die uns hineingetragen haben." Die Länder der Dritten Welt haben China deshalb unterstützt, weil sie eingesehen haben, wie China vorbehaltlos die Entwicklung von Afrika und anderen Ländern der Dritten Welt unterstützt hat. Mehr als 50 Jahre seit der Instandsetzung der Rechte Chinas in den UN haben wir konsequent die Entwicklungsländer bei deren Wahrung der Souveränität und deren Umsetzung der Entwicklungsziele unterstützt und sind unbeirrbar für die Interessen der Entwicklungsländer eingetreten.

1971 年中华人民共和国恢复联合国合法席位，毛泽东主席有一句名言："这是非洲黑人兄弟把我们抬进去的。"❶第三世界国家支持中国，是看到中国全心全意帮助非洲和其他第三世界国家的发展。中国恢复联合国合法席位 50 多年来，我们也同样坚定不移地支持广大发展中国家维护自身的主权安全和发展利益，坚定不移地为发展中国家仗义执言。

Heute ist China die zweitgrößte Volkswirtschaft der Welt geworden, aber es ist noch immer ein afrikanisches Land, das der chinesische Außenminister jedes Jahr zuerst besucht. Staatspräsident XI Jinping hat darauf hingewiesen: „Ganz gleich, wie sich die internationale Lage ändert, ganz gleich, wie weit sich China entwickelt, China wird für immer an der Seite Afrikas und anderer Entwicklungsländer stehen und stets Afrikas aufrichtiger Freund und verlässlicher Partner bleiben." „China wird weiterhin an der Seite der zahlreichen Entwicklungsländer stehen und sich entschieden dafür einsetzen, die Vertretung und das Stimmrecht der Entwicklungsländer, insbesondere der afrikanischen Länder, im internationalen Governance-System zu stärken. Chinas Stimme in den UN wird immer den Entwicklungsländern gehören."

今天，中国已经成为世界第二大经济体，中国外长每年首访必往非洲。❷习近平主席指出："无论国际风云如何变幻，无论中国发展到哪一步，中国都将始终同非洲等广大发展中国家站在一起，永远做非洲的真诚朋友和可靠伙伴。"❸"中国将继续同广大发展中国家站在一起，坚定支持增加发展中国家特别是非洲国家在国际治理体系中的代表性和发言权。中国在联合国的一票永远属于发展中国家。"❹

❶ 杨洁篪：70 年风雨兼程 70 载春华秋实——纪念联合国成立 70 周年，人民网，2015 年 9 月 18 日，www.chinatoday.com.cn/chinese/sz/news/201509/t20150918800038679.html，访问日期：2025 年 5 月 3 日。

❷ 王毅：中国外长每年首访非洲从未改变、从不动摇，2025 年 1 月 6 日，https://www.fmprc.gov.cn/web/wjbzhd/202501/t20250106_11527879.shtml，访问日期：2025 年 3 月 2 日。

❸ 一带一路建设开辟中非合作新天地，2018 年 8 月 30 日，http://cpc.people.com.cn/n1/2018/0830/c419242-30259793.html，访问日期：2024 年 8 月 17 日。

❹ 习近平在第七十届联合国大会一般性辩论时的讲话（全文），2015 年 9 月 29 日，https://news.12371.cn/2015/09/29/ ARTI1443480286202978.shtml?from=groupmessage&isappinstalled=0，访问日期：2024 年 1 月 31 日。

Dies ist die Diplomatie chinesischer Prägung. Sie demonstriert die rationale, selbstbewusste und verantwortungsvolle Rolle eines großen Landes und dessen Mission zum Aufbau einer Schicksalsgemeinschaft der Menschheit.

这就是中国特色的大国外交，彰显理性、自信、负责任的大国担当和构建人类命运共同体的使命。

## 第二讲 相知无远近 万里尚为邻

6-4 从实力的地位出发

# 4 Aus einer Position der Stärke heraus
## 从实力的地位出发

Während des hochrangigen strategischen Dialogs zwischen den USA und China in Anchorage 2021 erhob die amerikanische Seite in der Eröffnungsrede unberechtigte Vorwürfe gegen China. YANG Jiechi, damaliger Büroleiter der Kommission für Auswärtige Angelegenheiten beim ZK der KP Chinas wies es zurück: „Die USA haben kein Recht dazu, aus einer sogenannten Position der Stärke heraus mit China zu sprechen. Das lassen wir Chinesen uns nicht gefallen."

2021 年，在安克雷奇中美高层战略对话中，面对美方开场白中无理的指责，时任中央外事工作委员会办公室主任杨洁篪当面驳斥美方："你们没有资格在中国的面前说，你们从实力的地位出发同中国谈话，中国人是不吃这一套的。"❶

Auch China glaubt an Stärke. Staatspräsident XI Jinping sagt: „Das Gefüge der Global Governance ist von den internationalen Kräfteverhältnissen abhängig und die Reform des Systems der Global Governance resultiert aus deren Veränderung. Wir müssen an der zentralen Aufgabe der wirtschaftlichen Entwicklung festhalten, unsere Kräfte auf unsere eigene Sache konzentrieren sowie unser Mitspracherecht und unsere Beteiligung an internationalen Angelegenheiten kontinuierlich erhöhen."

中国也相信实力。习近平主席说："全球治理格局取决于国际力量对比，全球治理体系变革源于国际力量对比变化。我们要坚持以经济发展为中心，集中力量办好自己的事情，不断增强我们在国际上说话办事的实力。"❷

Schon vor der Reform und Öffnung begann China, jede Menge medizinische

❶ "中国人不吃这一套！" 现场霸气回应，热搜爆了，2021 年 3 月 20 日，https://www.thepaper.cn/newsDetail_forward_11804545，访问日期：2024 年 7 月 25 日。

❷ 中共中央政治局进行第三十五次集体学习，2016 年 9 月 28 日，https://www.gov.cn/xinwen/2016-09/28/content_5113091.htm，访问日期：2024 年 1 月 31 日。

Teams und Agrarexperten in die Länder von Asien und Afrika zu entsenden und tat sein Bestes, um diesen Ländern Unterstützung zu geben. Dieses Engagement war jedoch in Bezug auf Umfang und Einfluss bei weitem nicht mit dem der westlichen Länder vergleichbar. In den Jahrzehnten nach der Instandsetzung der Rechte der Volksrepublik China in den UN 1971 stellte China nämlich „sein Licht unter den Scheffel" und hielt sich nur als Unterstützer, Mitwirkender, Teilnehmer und Beobachter der internationalen Politik zurück.

改革开放前中国就开始向亚洲、非洲派出大量医疗队、农业专家，提供力所能及的支持，但规模和影响远不能和西方国家相比。在 1971 年中华人民共和国恢复联合国合法席位后的几十年间，中国一直韬光养晦，低调地作为国际政治的跟随者、合作者、参与者和观察者。

In seiner Rede vor der Generalversammlung der UN im September 2015 sagte Staatspräsident XI Jinping, China sollte Erbauer des Weltfriedens, Förderer der globalen Entwicklung und Bewahrer der internationalen Ordnung werden. Seitdem hat China seine Rolle in internationalen Organisationen und auf der Weltbühne neu positioniert: als Initiator, Förderer und Vorreiter (siehe Abbildung 6-1).

2015 年 9 月习近平主席在联合国大会发表讲话，提出中国要做世界和平的建设者、全球发展的贡献者和国际秩序的维护者。自此，中国重新定位了自身在国际组织和世界舞台上的角色：倡导者、推动者和引领者（见图 6-1）。❶

❶ 习近平在第七十届联合国大会一般性辩论时的讲话（全文），2015 年 9 月 29 日，https://cpc.people.com.cn/n/2015/ 0929/c64094-27645649. html?t=1446135576906，访问日期：2024 年 1 月 31 日。

Chinas Neupositionierung in der internationalen Politik spiegelt die Erhöhung der umfassenden Landesstärke, das Selbstvertrauen in den Weg und die Vision für den Aufbau einer Schicksalsgemeinschaft der Menschheit wider. Dies zeigt auch, dass China begonnen hat, wirklich die Verantwortung eines großen Landes zu übernehmen, die Reform des Systems der Global Governance zu fördern und eine Vorreiterrolle bei der globalen Entwicklung einzunehmen.

中国在国际政治中定位的转变体现了国力的增强，对道路的自信以及构建人类命运共同体的愿景，开始真正承担起大国的责任、推动全球治理体系的变革和引领世界发展的重任。

图 6-1　中国在国际上扮演的角色

Aus einer sogenannten Position der Stärke heraus haben die USA das Land Afghanistan 20 Jahre lang wild und unterschiedslos bombardiert, was 2,3 Billionen USD gekostet hat und ihre Truppen im August 2021 in einer peinlichen Situation abgezogen, wobei sie die Guthaben der afghanischen Zentralbank in Höhe von 7 Milliarden USD eingefroren und es Afghanistan unmöglich gemacht haben, dringend benötigte Lebensmittel und Medikamente zu erwerben.

美国从"实力的地位"出发，在阿富汗狂轰滥炸 20 年，花费 2.3 万亿美元军费❶；2021 年 8 月狼狈撤军，冻结了阿富汗央行 70 亿美元资产，致使阿富汗无法购买急缺的粮食和药品❷。

Aus einer Position der Stärke heraus hat China am 29. September 2021 per Luftfracht die ersten humanitären Soforthilfen nach Kabul geschickt, darunter auch Lebensmittel und Winterausrüstung. Aufgrund der Blockade durch die USA konnten afghanische Landwirte ihre Pinienkerne nicht exportieren. Von Oktober 2021 bis März 2022 hat China deswegen 36 Charterflüge organisiert, um afghanische Pinienkerne nach China zu transportieren. Diese sind über E-Commerce-Plattformen schnell verkauft worden und es hat afghanischen Landwirten Einnahmen von über 220 Millionen USD gebracht. Im März 2022 hat China angekündigt, Afghanistan eine Milliarde RMB für humanitäre Hilfe und Entwicklungshilfe zur Verfügung zu stellen. Noch etwas früher, am 7. Oktober 2013 wurde Afghanistan von einem schweren Erdbeben erschüttert, bei dem mehr als 2.000 Menschen ums Leben kamen. Bereits am 15. Oktober 2013 ist ein mit Hilfsgütern beladenes Transportflugzeug der chinesischen Luftwaffe auf dem örtlichen Flughafen gelandet...

中国从实力的地位出发，于 2021 年 9 月 29 日空运首批紧急人道主义援助物资抵达喀布尔，包括粮食和越冬物资。❸ 由于美国

❶ 仓皇撤离阿富汗三年了 美国仍未担起应尽的历史责任，2024 年 9 月 1 日，https://news.cnr.cn/native/gd/20240901/t20240901_526882164.shtml?liebao，访问日期：2024 年 9 月 23 日。

❷ 美军仓皇撤离阿富汗两周年｜美国非法冻结阿央行外汇资产遭批评，2023 年 8 月 30 日，https://content-static.cctvnews.cctv.com/snow-book/index.html?item_id=1122269719668390496&channelId=1119&track_id=6C03533F-A8E3-4CDA-9BE0-2FCA3C0D2D6B_715059535050，访问日期：2024 年 8 月 17 日。

❸ 中国首批紧急人道主义援助物资运抵阿富汗，2021 年 10 月 1 日，https://t.m.china.com.cn/convert/c_rTrgL4TV.html，访问日期：2024 年 1 月 31 日。

封锁，阿富汗农民收获的松子无法出口。2021 年 10 月至 2022 年 3 月，中国安排 36 架包机紧急空运阿富汗松子到中国，通过电商平台销售，一抢而空，为阿富汗农民带来 2200 多万美元的收入❶。2022 年 3 月，中国宣布向阿富汗提供 10 亿元人民币人道主义和发展援助❷。更早些时候，2013 年 10 月 7 日，阿富汗发生大地震，2000 多人丧生；15 日中国空军运输机满载紧急救援物资降落在当地机场……

❶ 支持和帮助"邻居"阿富汗，中国在行动，2022 年 3 月 31 日，https://m.gmw.cn/baijia/2022-03-31/1302876543.html，访问日期：2024 年 1 月 31 日。

❷ 阿富汗邻国关于支持阿富汗经济重建及务实合作的屯溪倡议，2022 年 4 月 1 日，http://www.cidca.gov.cn/2022-04/01/ c_1211630188.htm，访问日期：2024 年 8 月 17 日。

Wir kümmern uns zunächst um unsere eigenen Angelegenheiten sowie Entwicklungen und können dann anderen besser helfen. Die Amerikaner haben recht: Alles basiert auf einer Position der Stärke.

我们做好自己的事情，发展好了，才能更多更好地帮助别人。美国人说得对：一切从实力的地位出发。

## 5 Globales Dorf – Schicksalsgemeinschaft der Menschheit
## 地球村——人类命运共同体

6-5 地球村——人类命运共同体

Der amerikanische Meteorologe Edward N. Lorenz (1917–2008) schlug 1963 die Chaostheorie vor. In einer Rede vor der American Association for the Advancement of Science in Washington im Jahr 1979 fragte er: „Kann ein Schmetterling, der in Brasilien mit den Flügeln schlägt, einen Tornado in Texas verursachen?" (Does the flap of a butterfly's wings in Brazil set off a tornado in Texas?) Daher auch der Name „Schmetterlingseffekt". Die heutigen globalen Probleme greifen immer mehr ineinander und wirken sich aufeinander aus, so wie der „Schmetterlingseffekt". Deswegen müssen sie durch eine gemeinsame globale Governance bewältigt werden.

美国气象学家爱德华·洛伦兹（1917—2008）在 1963 年提出混沌理论。1979 年，他在华盛顿的美国科学促进会上演讲时问道："一只蝴蝶在巴西扇动翅膀会在得克萨斯引起龙卷风吗？"❸"蝴蝶效应"因此得名。如今的全球性问题，也像"蝴蝶效应"一样牵一发而动全身，必须通过全球共同治理来解决。

❸ Vernon, Jamie (2017): Understanding the Butterfly Effect. In: American Scientist. 105(3). 第 130 页。

Allbekannte globale Herausforderungen wie die globale Erderwärmung, die COVID-19-Pandemie, Flüchtlingskrisen, Drogenprobleme und viele andere haben längst die Grenzen eines einzelnen Landes überschritten und übersteigen die Verwaltungsfähigkeiten und Befugnisse einer einzelnen Regierung. In dieser weltweiten Krisenzeit bleibt nichts anderes übrig als der Aufbau einer Schicksalsgemeinschaft der Menschheit und die Krisenbewältigung im Rahmen der Global Governance.

　　大家所熟知的全球变暖问题、新冠疫情、难民危机、毒品问题等等，都早已超出了一个国家的能力范围，超出了一国政府的管理能力和权限。危机当前，只有构建人类命运共同体，以全球治理的方式解决。

China ist eines der Länder der Welt mit den strengsten Gesetzen im Bereich der Drogenbekämpfung. Das an China grenzende Goldene Dreieck und Afghanistan sind jedoch die weltweiten Zentren der Drogenproduktion. Aus Profitgier flammt der Drogenhandel immer wieder auf, sodass Chinas Drogenproblem nicht vollständig gelöst werden kann.

　　中国是世界上禁毒最严格、最彻底的国家之一。但邻近中国的金三角、阿富汗是世界毒品生产中心，毒品交易在利益驱使下死灰复燃，中国的毒品问题始终无法彻底解决。

Solche oder ähnliche Probleme sind länder-, religions- und nationenübergreifend und erfordern eine gemeinsame Anstrengung auf globaler Ebene.

　　诸如此类的问题跨越了国家、宗教、民族，需要全球合力共同解决。

Deutschland ist Wegbereiter für die Global Governance. Das Konzept der „Global Governance" wurde nämlich erstmals 1990 vom ehemaligen deutschen Bundeskanzler Willy Brandt (1913–1992) vorgeschlagen. 1992 initiierte er zusammen mit dem ehemaligen schwedischen Ministerpräsidenten Gösta Ingvar Carlsson (1934– ) und 28 weiteren internationalen Persönlichkeiten die Gründung der Kommission für Global Governance (Commission on Global Governance) bei den UN. Diese veröffentlichte 1995 den Bericht *Unsere globale Nachbarschaft* (*Our Global Neighbourhood*), in dem das Konzept und der Wert der Global Governance sowie deren Beziehung zu globaler Sicherheit, wirtschaftlicher Globalisierung, Reform der UN und Stärkung der weltweiten Rechtsstaatlichkeit ausführlich dargelegt wurden.

德国是全球治理的发源地。1990 年德国前总理维利·勃兰特（1913—1992）首次提出"全球治理"概念，他与瑞典前首相卡尔森（1934— ）等 28 位国际知名人士于 1992 年在联合国发起成立了全球治理委员会，并于 1995 年发表《天涯若比邻》（*Our Global Neighborhood*）报告，较为系统地阐述了全球治理的概念、价值以及全球治理同全球安全、经济全球化、改革联合国和加强全世界法治的关系。❶

❶ 习近平外交思想研究中心：《推动构建人类命运共同体》，五洲传播出版社，2024 年，281 页。

Chinas Konzept des Aufbaus einer Schicksalsgemeinschaft der Menschheit knüpft an die chinesische Zivilisation an und steht in hohem Maße im Einklang mit den Zielen der Charta der UN, wie der Entwicklung freundschaftlicher Beziehungen auf der Grundlage souveräner Gleichheit und der Achtung der gleichen Rechte aller Völker, der Wahrung der internationalen Sicherheit und der Förderung der Lösung wirtschaftlicher, sozialer und kultureller Probleme zwischen den Ländern. Es bietet somit eine neue Perspektive und ein neues Paradigma für die Global Governance: Großmächte sollten Erbauer des Weltfriedens werden, Förderer der globalen Entwicklung und Bewahrer der internationalen Ordnung werden.

中国构建人类命运共同体理念与中华文明一脉相承，又同《联合国宪章》以主权平等、尊重各国人民平等权利为基础发展友好关系、维护国际安全、推动解决各国间经济、社会、文化问题等宗旨高度契合，为全球治理提供了新的视角和范式：大国应该成为世界和平的建设者、全球发展的贡献者和国际秩序的维护者。

# 6 Chinas Teilnahme an der Global Governance
## 中国参与全球治理

6-6 中国参与全球治理

Seit Beginn des 21. Jahrhunderts beteiligt sich China aktiv an der Global Governance.

进入 21 世纪以来，中国积极参与全球治理。

2015 hat China den mit 1 Milliarde USD dotierten China-UN-Fond für Frieden und Entwicklung eingerichtet.

2015 年，中国设立总额 10 亿美元的中国—联合国和平与发展基金。❷

❷ 中国—联合国和平与发展基金设立五周年"成就与展望"研讨会举行，2020 年 12 月 9 日，https://www.gov.cn/xinwen/ 2020-12/09/ content_5568475.htm，中国政府网，访问日期：2024 年 10 月 21 日。

2016 hat China als Gastgeber den G20-Gipfel in Hangzhou ausgerichtet. Auf diesem G20-Gipfel wurde zum ersten Mal den Entwicklungsthemen eine prominente Rolle bei der Abstimmung der globalen Makropolitik eingeräumt, zum ersten Mal ein globaler Rahmen für multilaterale Investitionsregeln geschaffen und zum ersten Mal das Konzept der nachhaltigen Finanzierungen in die G20-Agenda aufgenommen... China hofft, die Funktion der G20-Gruppe als Hauptplattform für die Regulierung der Weltwirtschaft zu stärken bzw. zur Entfaltung zu bringen und damit die G20-Gruppe zu einem dauerhaften Governance-Mechanismus zu machen.

2016 年，中国作为东道国举办 G20 杭州峰会，首次把发展议题置于全球宏观政策的突出位置，首次形成全球多边投资规则框架，首次把绿色金融列入议程……❶中国希望巩固并发挥 G20 集团全球经济治理主平台的作用，推动 G20 集团向长效治理机制转型。

❶ 中共中央政治局进行第三十五次集体学习，2016 年 9 月 28 日，https://www.gov.cn/xinwen/2016-09/28/content_5113091.htm，访问日期：2025 年 2 月 4 日。

China wird weiterhin den Aufbau der Initiative „Ein Gürtel und eine Straße" fördern und darauf hinarbeiten, dass alle beteiligten Länder ihre Entwicklungspläne und -strategien optimieren und miteinander koordinieren.

中国将继续深入推进"一带一路"建设，推动各方加强发展规划和战略对接。

China hat die Gründung von multilateralen Finanzinstitutionen wie die Asiatische Infrastruktur-Investmentbank (AIIB) initiiert und zur erfolgreichen Reform des Internationalen Währungsfonds in Bezug auf Stimmrechtsanteile und Governance-Mechanismen beigetragen.

中国发起成立亚洲基础设施投资银行等多边金融机构，促成国际货币基金组织完成份额和治理机制改革。

China beteiligt sich aktiv an der Ausarbeitung von Regeln für die Governance neuer Bereiche wie Hochsee, Polarregionen, Internet, Weltraum, Nuklearsicherheit, Korruptionsbekämpfung und Klimawandel und fördert die Reform der Global Governance zur Beseitigung ungerechter und unvernünftiger Arrangements.

中国积极参与制定海洋、极地、网络、外太空、核安全、反腐败、气候变化的国际公约，推动改革全球治理体系中的不公正不合理安排。

China fördert den Aufbau von Governance-Mechanismen wie der Shanghai Cooperation Organisation, dem CICA-Gipfel, dem Ostasiengipfel und dem ASEAN-Regionalforum und vervollkommnet die Koordinierungsmechanismen für Verhandlungen über den regionalen Freihandel.

中国推动上海合作组织、亚信和东亚峰会、东盟地区论坛等治理机制建设，完善地区自由贸易谈判协调机制。

Zur Seuchenbekämpfung hat China während der COVID-19-Pandemie 82 Ländern der Welt, der Weltgesundheitsorganisation und der Afrikanischen Union Unterstützung gewährt.

在新冠疫情期间，中国政府宣布向 82 个国家和世界卫生组织、非盟提供抗疫援助。

Ein altes chinesische Sprichwort lautet: „das Fischen beibringen statt Fische zu geben". China hat bei der Ernährungs- und Landwirtschaftsorganisation der UN einen Treuhandfonds für die Süd-Süd-Zusammenarbeit eingerichtet. Seit 2009 haben mehr als 300 chinesische Experten im Rahmen der Fondprojekte anderer Entwicklungsländern geholfen, deren Ernährungssicherheit und umfassende landwirtschaftliche Produktionskapazitäten weiter zu erhöhen, indem sie den Entwicklungsländern die chinesischen Technologien und Erfahrungen angeboten haben.

中国有句古话：“授人以鱼不如授人以渔。”中国在联合国粮农组织设立南南合作信托基金，2009 年以来 300 多名中国专家通过基金项目“授人以渔”，分享中国经验和技术，帮助其他发展中国家进一步提升粮食安全水平和农业综合生产能力。❶

Im Rahmen der wirtschaftlichen Zusammenarbeit in der Greater Mekong Subregion (GMS) unterstützt China seit den 1990er Jahren Nachbarländer, wie Myanmar, Laos und Thailand aktiv bei der Entwicklung der Agrarwirtschaft, z.B. in den Bereichen Nahrungsmittel, Kautschuk und Tee, um damit dem Drogenanbau in den Ländern ein Ende zu setzen.

通过大湄公河次区域（GMS）经济合作框架，中国从 20 世纪 90 年代起就积极帮助缅甸、老挝、泰国等周边国家发展粮食、橡胶、茶叶等农业经济，替代毒品种植。

❶ 驻智利大使牛清报出席中国—联合国粮农组织南南合作项下数字乡村示范项目成果发布会，2024 年 6 月 14 日，https://www.fmprc.gov.cn/zwbd_673032/wjzs/202406/t20240617_11436998.shtml，访问日期：2024 年 8 月 18 日。

Text 2 der Lektion 8 des Lehrbuchs *Öffentliches Reden* ist ein Auszug von dem Artikel *50 Jahre „Instandsetzung der Rechte der Volksrepublik China in den Vereinten Nationen"*, der von Dr. Michael Borchmann aus Deutschland verfasst wurde. In dem Artikel hat er geschrieben: „Und diese Entscheidung (die Instandsetzung der Rechte der Volksrepublik China in den Vereinten Nationen) erwies sich als ausgesprochen fruchtbar für die Völkerfamilie der Vereinten Nationen".[1] Und er hat noch eine Vielzahl von Zahlen und Fallbeispielen angeführt, um die Geschichten über Chinas aktive Teilnahme an internationalen Angelegenheiten und seinen wichtigen Beitrag zu erzählen.

　　《德语演讲教程》第八单元课文 2 节选自德国米歇尔·博喜曼博士撰写的《中华人民共和国恢复联合国合法席位 50 周年》一文。他在文中写道："这一决议（指中国恢复联合国合法席位）对联合国国际大家庭来说意义非凡。"他还列举了大量数字和事例，讲述中国积极参与国际事务并做出了重要贡献的故事。

[1] Borchmann, Michael: 50 Jahre „Instandsetzung der Rechte der Volksrepublik China in den Vereinten Nationen", 2021 年 10 月 26 日, http://german.china.org.cn/txt/2021-10/26/content_77833740.htm, 访问日期：2024 年 1 月 31 日。

第三讲 长江后浪推前浪 雏凤清于老凤声

## 7 Dringender Bedarf an Fachkräften für die Global Governance
全球治理急需人才

6-7 全球治理急需人才

Was ist aus den vorstehend angeführten Fallbeispielen für Chinas Teilnahme an der Global Governance zu schließen?

从以上列举的中国参与全球治理案例中，我们可以得出什么结论呢？

Erstens, China beteiligt sich hauptsächlich über bestehende internationale Organisationen und mittels vorhandener internationaler Regeln an der Global Governance. China fördert die Reform der ungerechten und unvernünftigen Arrangements im bestehenden System der Global Governance und gründet neue internationale Organisationen als Ergänzung zu den bestehenden Organisationen. Dies trägt in hohem Maße zur Stabilität des internationalen Umfelds bei. Damit wird auch versucht, Konflikte zwischen Großmächten zu vermeiden und Missverständnisse und Vorwürfe auf Chinas Bestrebungen nach weltweiter Vorherrschaft zu beseitigen.

首先，中国主要通过现有国际组织、利用现有国际规则参与全球治理，推动对现有全球治理体系中的不公正不合理安排进行改革，并成立新的国际组织作为对现有组织的补充。这能在很大程度上保证国际治理环境的稳定，努力避免大国冲突，并且尝试消弭对中国谋求全球霸权的误解和攻击。

Zweitens, Global Governance umfasst nicht nur die Diplomatie, sondern auch die Landwirtschaft, die Industrie, die Architektur, das Militär, die Ökologie, das Gesundheitswesen und viele andere Fachgebiete. China braucht dringend Fachkräfte für seine Beteiligung an der Global Governance und hat zurzeit auch einen großen Mangel an solchen Fachkräften für die Global Governance, was dazu geführt hat, dass China in den internationalen Organisationen, insbesondere den UN, stark unterrepräsentiert ist. Dies hat China daran gehindert, seine Stimme in der Welt zur Geltung zu bringen, seine Soft Power zu verbessern und sein Mitspracherecht zu erhöhen.

　　第二，全球治理包括但不限于外交，涵盖农业、工业、建筑、军事、生态、卫生等诸多专业领域。国家急需国际治理人才，国家也奇缺这样的国际化人才，这导致了中国在以联合国为首的国际组织中代表性严重不足，掣肘中国作用的发挥、软实力的提升和话语权的增强。

Bis Ende 2022 waren insgesamt 1564 internationale Mitarbeiter chinesischer Nationalität in 33 internationalen Organisationen von den UN tätig, während die USA 5642 Mitarbeiter hatten, was fast mehr als das 3,6-Fache der Zahl der chinesischen Mitarbeiter war und Frankreich 4622 Mitarbeiter, was mehr als das 3-Fache der Zahl der chinesischen Mitarbeiter war (siehe Abbildung 6-2).

　　截至 2022 年底，联合国共有中国籍国际职员 1564 人，分布在 33 个主要国际组织中，而美国有 5642 人，是我们的 3.6 倍；法国有 4622 人，是我们的 3 倍（见图 6-2）。●

❶联合国文件 CEB/2023/HL CM/HR/4，Chief Executives Board for Coordination，2023 年 7 月 29 日，第 77-129 页。

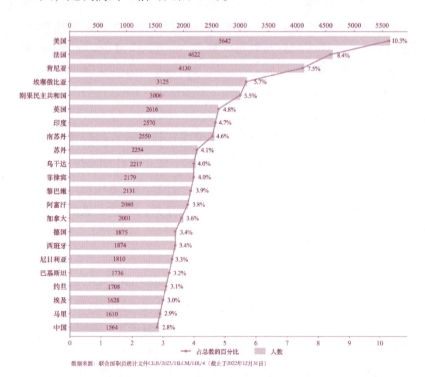

图 6-2　联合国职员数最多的 22 个国家及其数量与所占比例

Nehmen wir das UN-Sekretariat (siehe Tabelle 6-1) als Beispiel: China hatte 569 Mitarbeiter und stand an der 19. Stelle, was nur 1,59% der Gesamtzahl der Mitarbeiter ausmachte.

仅以联合国秘书处为例（见表6-1）：中国职员有569人，位列世界第19位，占职员总数的1.59%。❶

❶联合国文件：秘书处工作人员情况统计A77/580, 2022年11月7日，第85-109页。

表6-1　联合国总部职员的国别及人数

| 序号 | 国别 | 人数 | 占比/% | 序号 | 国别 | 人数 | 占比/% |
|---|---|---|---|---|---|---|---|
| 1 | 美国 | 2445 | 6.84 | 11 | 埃塞俄比亚 | 793 | 2.22 |
| 2 | 刚果（金） | 1796 | 5.02 | 12 | 中非 | 670 | 1.87 |
| 3 | 肯尼亚 | 1683 | 4.71 | 13 | 乌干达 | 659 | 1.84 |
| 4 | 南苏丹 | 1423 | 3.98 | 14 | 菲律宾 | 610 | 1.71 |
| 5 | 法国 | 1400 | 3.91 | 15 | 加拿大 | 611 | 1.71 |
| 6 | 黎巴嫩 | 1163 | 3.25 | 16 | 伊拉克 | 605 | 1.69 |
| 7 | 马里 | 931 | 2.6 | 17 | 西班牙 | 583 | 1.63 |
| 8 | 阿富汗 | 902 | 2.52 | 18 | 印度 | 569 | 1.59 |
| 9 | 意大利 | 851 | 2.38 | 19 | 中国 | 569 | 1.59 |
| 10 | 英国 | 782 | 2.19 | 20 | 德国 | 565 | 1.58 |

Bis Ende 2022 hätte China aufgrund seiner Mitgliedschaft, seiner Mitgliedsbeiträge und seiner Bevölkerungszahl 237 bis 321 Stellen nach dem Prinzip der geografischen Verteilung erhalten sollen. In der Tat waren jedoch nur 106 Stellen besetzt, was bedeutet, dass mehr als die Hälfte unbesetzt blieb. In dieser Hinsicht bildete China einen Kontrast zu Ländern wie Deutschland, Frankreich, Italien und Großbritannien, die weit mehr Stellen besetzten, als ihnen zugewiesen wurden. Auch bei Entwicklungsländern wie Kenia und Mexiko waren die tatsächlichen Besetzungen höher als die zugewiesenen Quoten.

2022年底，依据会籍、会费和人口因素计算数据，中国在联合国秘书处应得地域分配岗位为237—321个，但实际仅有106人供职❷，半数以上的岗位空缺。不仅德国、法国、意大利、英国的任职人数远超其配额，肯尼亚、墨西哥等发展中国家的实际任职人数也同样高于配额。

❷联合国文件：秘书处工作人员情况统计A77/580, 2022年11月7日，第156页。

Die Anzahl der chinesischen Mitarbeiter in anderen internationalen Organisationen sieht ähnlich aus. Laut Statistiken von Herrn SONG Yunfu, einem ehemaligen hochrangigen Beamten der WHO, liegt China bei den Mitgliedsbeiträgen an zweiter Stelle und bei den Spendenbeiträgen an siebter

Stelle in der WHO. Nach dem Prinzip der geografischen Verteilung sollte die ideale Anzahl der chinesischen Mitarbeiter im Jahr 2022 bei 46 bis 63 liegen, aber in Wirklichkeit waren es nur 43 Mitarbeiter, weit weniger als die 140 Mitarbeiter aus Indien und auch weniger als die jeweilige Zahl der Mitarbeiter aus Entwicklungsländern wie den Philippinen, Uganda und Ägypten. Fünf Entwicklungsländer, darunter auch Indien, haben ihre jeweilige Quote um das 7- bis 11-Fache übertroffen. Aus dem Dokument der 76. WHO-Generalversammlung im Mai 2023 (A76/26) geht hervor, dass die WHO bis zum 31. Dezember 2022 insgesamt 8 983 Mitarbeiter beschäftigte, davon 51 chinesische Mitarbeiter, was 0,57% der Gesamtzahl der Mitarbeiter von der WHO ausmachte. Von den 51 chinesischen Mitarbeitern waren 92,2% auf der Ebene P1 bis P5 angesiedelt, nur 4 auf der Ebene der Direktoren.

中国籍职员在其他国际组织任职的情况类似。据世界卫生组织（WHO）前高级官员宋允孚先生统计，在世界卫生组织中，中国会费排第二位、捐款排第七位，按地域分配原则我国 2022 年的理想职员人数应为 46—63 人，但实际上只有 43 人，远低于印度的 140 人，也低于菲律宾、乌干达和埃及等发展中国家。印度等 5 个发展中国家超出的幅度甚至达 7—11 倍。2023 年 5 月，第 76 届世卫大会文件（A76/26）显示，截至 2022 年 12 月 31 日，世界卫生组织共有 8983 名职员，其中中国职员 51 人，占世卫职员总数的 0.57%。在 51 名中国籍职员中，92.2% 是 P1 至 P5 级别，司长级别仅 4 人。❶

❶宋允孚：走近联合国 | 世卫组织成就与中国贡献，2023 年 6 月 9 日，http://www. chisa.edu.cn/global/202503/ t20250303_2111310525.html，访问日期：2025 年 3 月 22 日。

Darüber hinaus ist Chinas Beteiligung an internationalen Organisationen nicht umfassend genug, seine Führungsrolle noch nicht stark genug und sein Einfluss noch nicht groß genug.

此外，中国还面临参与国际组织广泛性不足、领导力不够、影响力偏弱等问题。

Laut Statistiken der U.S.-China Economic and Security Review Commission bekleideten bis zum Dezember 2023 insgesamt 39 internationale Mitarbeiter aus China Führungspositionen in internationalen Organisationen, davon 18 auf der Ebene eines Stellvertreters, und nur 2 hatten eine leitende Stellung inne (siehe Tabelle 6-2).

据美中经济与安全评估委员会统计，截至 2023 年 12 月，中国担任国际组织领导岗的国际职员为 39 人，其中副职以上共 18 人，

仅 2 人任正职（见表 6-2）。❶

❶ PRC in International Organizations. U.S.- CHINA ECONOMIC and SECURITY REVIEW COMMISSION, 2023 年 11 月 17 日 , https://www.uscc.gov/research/prc-international-organizations, 访问日期 : 2024 年 1 月 31 日 .

表 6-2　中国担任国际组织领导岗的职员

| 序号 | 姓名 | 国际组织名称 | 职务 | 开始任职年份 |
|---|---|---|---|---|
| 1 | 李军华 | 联合国 United Nations (UN) | 副秘书长 Under-Secretary-General | 2022 |
| 2 | 徐浩良 | 联合国 United Nations (UN) 联合国开发计划署 The United Nations Development Programme (UNDP) | 副秘书长 Under-Secretary-General 协理署长 Associate Administrator | 2023 |
| 3 | 屈冬玉 | 联合国粮农组织 Food and Agriculture Organization (FAO) | 总干事 Director-General | 2023 |
| 4 | 吴国起 | 国际农业发展基金 International Fund for Agricultural Development (IFAD) | 助理副总裁 Associate Vice-President | 2018 |
| 5 | 郝斌 | 国际劳工组织 International Labor Organization (ILO) | 助理总干事 Assistant Director-General | 2023 |
| 6 | 邹刺勇 | 联合国工业发展组织 United Nations Industrial Development Organization (UNIDO) | 副总干事 Deputy to the Director-General | 2022 |
| 7 | 王斌英 | 世界知识产权组织 World Intellectual Property Organization (WIPO) | 副总干事 Deputy Director- General | 2009 |
| 8 | 张文建 | 世界气象组织 World Meteorological Organization (WMO) | 助理秘书长 Assistant Secretary-General | 2016 |
| 9 | 李波 | 国际货币基金组织 International Monetary Fund (IMF) | 副总裁 Deputy Managing Director | 2021 |
| 10 | 杨少林 | 世界银行 World Bank (WB) | 常务副行长兼世行集团首席行政官 Managing Director and World Bank Group Chief Administrative Officer | 2016 |
| 11 | 陈广哲 | | 副行长 Vice President | 2023 |
| 12 | 常军红 | | 执行董事 Executive Director | 2020 |

续表

| 序号 | 姓名 | 国际组织名称 | 职务 | 开始任职年份 |
|---|---|---|---|---|
| 13 | 陈士新 | 亚洲开发银行<br>Asian Development Bank<br>(ADB) | 副总裁<br>Vice-President | 2018 |
| 14 | 刘伟华 | | 执行董事<br>Executive Director | 2020 |
| 15 | 金立群 | 亚洲基础设施投资银行<br>Asian Infrastructure<br>Investment Bank (AIIB) | 总裁兼董事长<br>President and Chair of the<br>Board of Directors | 2021 |
| 16 | 周强武 | 新开发银行<br>New Development Bank<br>(NDB) | 副总裁兼首席行政官<br>Vice-President and Chief<br>Administrative Officer | 2021 |
| 17 | 张向晨 | 世界贸易组织<br>World Trade Organization<br>(WTO) | 副总干事<br>Deputy Director-General | 2021 |
| 18 | 刘华 | 国际原子能机构<br>International Atomic<br>Energy Agency (IAEA) | 副总干事<br>Deputy Director-General | 2021 |

Nach dem Prinzip der geografischen Verteilung der UN gab es bis zum 31. Dezember 2021 insgesamt 374 Stellen auf der Ebene D (Direktorenebene) und höher, von denen China nur 13 hatte und damit an siebter Stelle stand.

按联合国地域分配原则，截至 2021 年 12 月 31 日，共有 D 级（司级）以上职务 374 个，其中中国仅有 13 人，排第 7 位（见表 6-3）。❶

❶ 秘书处工作人员情况统计 A77/580，2022 年 11 月 7 日，第 78-81 页。

表 6-3　各国联合国 D 级（司级）以上职务职员

| 序号 | 国家 | 合计 | USG<br>副秘书长 | ASG<br>助理秘书长 | D2<br>司级 -2 | D1<br>司级 -1 |
|---|---|---|---|---|---|---|
| 1 | 美国 | 41 | 2 | 5 | 7 | 27 |
| 2 | 英国 | 22 | 1 | 2 | 7 | 12 |
| 3 | 德国 | 19 | / | / | 6 | 13 |
| 4 | 意大利 | 17 | / | 1 | 3 | 13 |
| 5 | 法国 | 16 | 1 | 1 | 5 | 9 |
| 6 | 印度 | 13 | 1 | 2 | 1 | 9 |
| 7 | 中国 | 13 | 1 | / | 4 | 8 |
| 8 | 俄罗斯 | 12 | 2 | 1 | 2 | 7 |
| 9 | 加拿大 | 11 | 1 | / | 6 | 4 |
| 10 | 日本 | 11 | 1 | / | 3 | 7 |

Obwohl Chinesisch eine der sechs von den UN festgelegten Amtssprachen ist, wird es nur sehr selten verwendet. Laut Statistiken aus dem *Yearbook of International Organizations*, das von der Association for International Organisations (AIO) herausgegeben wurde, ist Chinesisch zwar eine häufig verwendete Arbeitssprache in 350 internationalen Organisationen, aber rangiert unter den häufig verwendeten Arbeitssprachen nur an der 13. Stelle, sogar hinter Dänisch und Norwegisch.

虽然汉语是联合国规定的六种官方语言之一，但其使用频率极低。据国际组织协会编纂的《国际组织年鉴》统计，汉语是 350 个国际组织的常用工作语言，但在常用工作语言中仅位列第 13 位，甚至低于丹麦语和挪威语。❶

❶ Union of International Associations. (2018): Yearbook of International Organizations. 2018/2019, 第 303 页。

Laut Statistiken aus diesem Jahrbuch waren von den weltweit 47 022 internationalen Organisationen aller Art nur 256 in China angesiedelt, weniger als 781 in Japan und 389 in Südkorea. Weltweit stand China in dieser Hinsicht nur an der 28. Stelle.

据此年鉴统计，在全球 47022 个各类国际组织中，位于中国的仅 256 家，低于日本的 781 家和韩国的 389 家，全球仅列第 28 位。

All dies entspricht bei weitem nicht dem derzeitigen internationalen Status Chinas und hat die Beteiligung Chinas an der Global Governance massiv eingeschränkt bzw. beeinträchtigt. Das Problem liegt im Wesentlichen in dem Mangel an hochqualifizierten Fachkräften für den Dienst in internationalen Organisationen. Es besteht deswegen ein dringender Bedarf an hochqualifizierten Fachkräften auf diesem Gebiet und es ist dringend notwendig, herausragende Fachkräfte für den Dienst in internationalen Organisationen heranzubilden, um sie dorthin zu entsenden und Chinas Vertretung in den UN und ihren Sonderorganisationen zu stärken.

这些情况都与中国当前所处的国际地位远不匹配，也严重制约和影响了中国参与全球治理的进程。问题的核心在于，我们缺乏高素质的国际组织人才。培养推送优秀人才到国际组织任职，提升中国在联合国及其专门机构的代表性，迫在眉睫、任重道远！

Staatspräsident XI Jinping hat betont: „Für unsere Teilnahme an der Global Governance werden zahlreiche Fachleute benötigt, die sich in den Richtlinien und politischen Maßnahmen der Partei und der Regierung sowie in unseren nationalen Gegebenheiten auskennen, über eine globale Sichtweise und gute

Fremdsprachenkenntnisse verfügen und mit den internationalen Regeln und den Gepflogenheiten bei internationalen Verhandlungen vertraut sind." „Wir müssen hochqualifizierte Fachleute für die Global Governance ausbilden, den auf diesem Gebiet noch bestehenden Engpass beheben und ein Fachkräftereservoir aufbauen, um sicherzustellen, dass für Chinas Teilnahme an der Global Governance die nötige personelle Unterstützung vorhanden ist."

习近平主席特别强调："参与全球治理需要一大批熟悉党和国家方针政策、了解我国国情、具有全球视野、熟练运用外语、通晓国际规则、精通国际谈判的专业人才。要加强全球治理人才队伍建设，突破人才瓶颈，做好人才储备，为我国参与全球治理提供有力人才支撑。" ❶

❶ 中共中央政治局进行第三十五次集体学习，2016 年 9 月 28 日，https://www.gov.cn/xinwen/2016-09/28/content_ 5113091.htm，访问日期：2024 年 9 月 30 日。

Um die Welt zu verstehen, müssen wir zuerst China verstehen. Die wichtigste Qualifikation, die Staatspräsident XI Jinping von chinesischen Fachkräften für die Global Governance verlangt, ist, dass sie zum einen mit den Gegebenheiten des Landes, des Volkes und der Partei vertraut sind und zum anderen die Gegebenheiten der Welt gut kennen. Darüber hinaus sollten unsere Fachkräfte Multitalente sein, die mit den internationalen Regeln und den Gepflogenheiten bei internationalen Verhandlungen vertraut sind.

要了解世界，必先了解中国。大家请注意，习近平主席要求参与全球治理的人才首先应具备的素质是熟悉国情、民情和党情，了解世情。此外，我们的人才应当是通晓国际规则、精通国际谈判的复合型人才。

Liebe Studentinnen, liebe Studenten, streben Sie hohe Ziele an, lernen Sie fleißig und setzen Sie Erlerntes unbeirrt in die Tat um. Wir hoffen, dass Sie in Zukunft China im Zentrum der Weltbühne repräsentieren und hervorragende Fach- und Führungskräfte für die chinesische Beteiligung an der Global Governance werden können.

同学们，志存高远，勤学笃行，希望你们将来能代表中国走向世界舞台的中央，成为中国参与全球治理的中坚力量。

# 8 Zusammenfassung
## 总结

Die Globale Entwicklunginitiative, die Globale Sicherheitsinitiative und die Globale Zivilisationsinitiative, die jeweils von China vorgeschlagen worden sind, bilden die drei Säulen des Konzepts einer Schicksalsgemeinschaft der Menschheit. Sie sind auch die Leitlinien für die Diplomatie chinesischer Prägung und die Global Governance.

中国提出的全球发展倡议、全球安全倡议、全球文明倡议是人类命运共同体理念的三大支柱，也是中国特色大国外交和全球治理的指导方针。

Mein Mann hat 2018 Freunde in Äthiopien besucht. Er hat gesagt, dass er sich als Chinese in Äthiopien äußerst respektiert gefühlt hat und deswegen sehr stolz war. China hat die äthiopische Revolution im 20. Jahrhundert vorbehaltlos unterstützt. Die Wolkenkratzer in der Hauptstadt, die Eisenbahnen, die breite und glatte Asphaltstraßen, die schönen Schulen und die modernen Bewässerungsanlagen wurden alle durch die Unterstützung von China gebaut und werden von chinesischen Fachkräften gepflegt bzw. gewartet.

我先生于 2018 年到埃塞俄比亚访友。他说，作为中国人，他在埃塞俄比亚受到无比尊重，他感到骄傲和自豪。在 20 世纪，中国为埃塞俄比亚革命提供了无私的援助。今天他们首都的高楼大厦、轻轨和铁路，在偏远的山区宽敞平整的柏油公路、漂亮的学校、先进的灌溉设施等都是由中国援助、建设和维护的。

Äthiopien orientiert sich bei seiner Entwicklung an dem chinesischen Modell. Immer mehr Äthiopier arbeiten in Fabriken, in die China investiert hat und stellen Schuhe und Kleidung her, lernen moderne industrielle Managementmethoden und befreien sich so aus der wirtschaftlichen Unterentwicklung und Bildungsarmut...

埃塞俄比亚以中国的发展模式为样板，越来越多的埃塞俄比亚人在中国人投资的制鞋、制衣等工厂中工作，学习先进的工业管理模式，摆脱经济和知识上的贫困……

Mein Mann hat mir erzählt, dass er auf den Straßen in Äthiopien oft von den

Einwohnern dort umringt wurden. Sie bettelten nicht, sondern wollten einem Chinesen nur die Hand geben und ein herzliches Dankeschön sagen. Einige Male, nachdem die Einwohner dort gewusst hatten, dass er Chinese ist, kauften sie Obst und bestanden darauf, dass er es unbedingt annahm.

我先生告诉我，他在埃塞俄比亚街头常常被当地人围住，他们不是过来乞讨的，而只是想和中国人握握手，说声谢谢。有好几次，当地人知道他是中国人后，买来水果请他一定要收下。

China wird das Banner von Frieden, Entwicklung, Zusammenarbeit und gemeinsamem Gewinnen hochhalten, die Freundschaft mit den Völkern aller Länder auf der Welt vertiefen, den Austausch verstärken, den Aufbau neuartiger internationaler Beziehungen fördern, den Aufbau einer Schicksalsgemeinschaft der Menschheit voranbringen, die hochwertige Entwicklung beim gemeinsamen Aufbau der Initiative „Ein Gürtel und eine Straße" unterstützen und der Welt durch Chinas neue Entwicklung neue Chancen bieten.

中国将高举和平、发展、合作、共赢旗帜，同世界各国人民深化友谊、加强交流，推动建设新型国际关系，推动构建人类命运共同体，推动共建"一带一路"高质量发展，以中国的新发展为世界提供新机遇。

Unsere ursprünglichen Zielvorstellungen und Träume haben sich nie geändert. Hoffentlich werden immer mehr Leute auf der Welt durch Ihre Bemühungen unsere ursprünglichen Zielvorstellungen und unsere Mission kennenlernen und verstehen.

我们的初心和梦想从未改变，希望通过同学们的努力让世界上更多的人了解并理解我们的初心和使命。

6-9 演讲策略
演讲逻辑与文本框架

# 9 Redestrategie
## 演讲策略

Um das heutige China zu verstehen und chinesische Geschichten gut zu erzählen, werden Sie sich selbstverständlich mit zahlreichen politischen Texten und offiziellen Reden beschäftigen. Die in dem vorliegenden Lehrbuch behandelten Grundideen und politischen Leitlinien stammen aus diesen Texten. Vielen von Ihnen fällt es vielleicht schwer, die Kernaussagen dieser Texte zu erfassen, da diese oft in der Amtssprache mit mehrdeutiger Konnotation geschrieben sind. Es ist wirklich gar nicht leicht, die Ideen in diesen Texten systematisch zu ordnen und in Ihren Reden zu verwenden.

　　为了理解当代中国、讲好中国故事，同学们当然要接触大量政论性文本和官方讲话。我们这本《跨文化演讲》的基本思想和政策指引也都来自这些文本。很多同学或许会感觉这些文本用词官方，含义晦涩，难以把握重点，难以系统整理其中的思想为自己的演讲所用。

Jetzt nehmen wir die Rede „Chinas Kompetenz zur Teilnahme an der Global Governance verbessern" in Text 1 der Lektion 8 des Lehrbuchs *Öffentliches Reden* als Beispiel, um die Kernaussagen der Rede von Staatspräsident XI Jinping herauszuarbeiten. Bitte lesen Sie den Text Abschnitt für Abschnitt und vergleichen Sie ihn mit den Kernaussagen der acht Abschnitte, die wir im Folgenden zusammengefasst haben (siehe Abbildung 6-3).

　　现在我们以《德语演讲教程》第八单元课文 1 中的演讲文本《提高我国参与全球治理的能力》❶为例，提炼习近平主席讲话的精髓，请大家逐段阅读课文，并与以下我们总结的 8 个段落大意进行对照（见图 6-3 ）。

❶ 李媛等编:《德语演讲教程》（"理解当代中国"德语系列教材），外语教学与研究出版社，2022，第154-157 页。

图 6-3　课文结构

Abschnitt 1: Ziele der chinesischen Diplomatie und Global Governance

Abschnitt 2: Entschieden die internationale Ordnung auf der Grundlage der Ziele und Grundsätze der UN-Charta verteidigen und die Reform ungerechter und unvernünftiger Arrangements im System der Global Governance fördern.

Abschnitt 3: Am Beispiel von dem G20-Gipfel in Hangzhou erläutern, wie China die Vorreiterolle im bestehenden System der Global Governance einnimmt.

Abschnitt 4: Beteiligung an der Global Governance basiert auf der Stärke des Landes, deswegen müssen wir uns zuallererst auf eigene Entwicklung konzentrieren.

Abschnitt 5: Sich für die Rechte und Interessen der Entwicklungsländer einsetzen und die Reform des Systems der Global Governance fördern.

Abschnitt 6: Das, was sich verrichten lässt, zuerst erledigen. Zeit lässt nicht auf sich warten.

Abschnitt 7: Schicksalsgemeinschaft der Menschheit

Abschnitt 8: Dringender Bedarf an Fachkräften für die Global Governance

第一段：中国外交和全球治理的目标。

第二段：坚决维护以《联合国宪章》的宗旨和原则为核心的国际秩序，但要推动改革全球治理体系中不公正不合理的安排。

第三段：以 G20 杭州峰会为例，讲述中国在现有国际治理体系中如何发挥引领作用。

第四段：全球治理靠国家实力说话，中国要先发展好自己。

第五段：中国要为发展中国家发声，推动全球治理体系变革。

第六段：能做的事先做，时不我待。

第七段：人类命运共同体。

第八段：全球治理急需专门人才。

Wie man deutlich sehen kann, hat Staatspräsident XI Jinping in seiner Rede den Kerninhalt der chinesischen Außenpolitik umfassend erläutert und die Leitlinien Chinas für die Beteiligung an der Global Governance dargelegt: Einerseits werden wir innerhalb des bestehenden internationalen Governance-Systems handeln, andererseits werden wir im Namen der Entwicklungsländer fordern, dass die ungerechten und unvernünftigen Arrangements im bestehenden Governance-System reformiert werden.

可以看出，习近平主席的讲话全面阐述了中国特色外交的内核，表述了我国参与全球治理的方针：一方面，我们将在现有国际治理秩序内行动；另一方面，我们将代表发展中国家要求对现有治理体系的不合理之处进行改革。

Vermutlich haben Sie bemerkt, dass wir bereits versucht haben, die Kernaussagen der Rede von Staatspräsident XI Jinping in unsere Erläuterungen zu integrieren. Der Sinn und Zweck des vorliegenden Lehrbuchs besteht nämlich darin, Ihnen dabei zu helfen, die Geschichten und die Logik hinter den Ideen von Staatspräsident XI Jinping zur Regierungsführung Chinas zu verstehen, um die politischen Leitlinien des Landes besser zu beherrschen und in Ihren Reden wirklichkeitstreue und zutreffende Geschichten Chinas in Ihren eigenen Worten zu erzählen (siehe Abbildung 6-4).

也许大家注意到了，我们已经尝试将习近平主席的讲话精髓融入我们讲解中。本教材的设计初衷就是帮助同学们理解习近平主席治国理政思想背后的故事和逻辑，从而更好地掌握国家的方针政策，能在演讲中用自己的话讲述真实准确的中国故事（见图 6-4）。

图 6-4　演讲策略结构图

## 10 Meine Rede
## 演讲实践

Im Forum „Nachhaltige Entwicklung" der deutschen Model-United-Nations-Konferenz beschäftigen Sie und die Delegierten aus dem deutschsprachigen Raum sich mit den Nachhaltigkeitszielen der Agenda 2030 der Vereinten Nationen. Wozu hat China in den verschiedenen Bereichen zur Erreichung dieser Ziele beigetragen? Bereiten Sie dazu eine Rede vor. ❶

在德语模拟联合国会议的可持续发展论坛上，您和德语国家的代表共同探讨联合国 2030 议程可持续发展目标。为实现这些目标，中国在各个领域都做了哪些贡献？请准备一个演讲。

❶ 李媛等编：《德语演讲教程》（"理解当代中国"德语系列教材），外语教学与研究出版社，2022，第 170 页。

## 11 Reflexionsaufgaben
## 课后思考

（1）什么是中国特色大国外交？
（2）中国特色大国外交与霸权外交有什么不同？
（3）中国特色大国外交提供了哪些全球治理方案？
（4）青年人可以通过哪些方式参加全球治理？
（5）有哪些常见的演讲文本结构？它们如何服务于演讲目标？

## 第四讲 圆桌点评

6-10 学生演讲实例

6-11 演讲点评

—○ 演讲学生：王翼飞（浙江大学）、杜娟（浙江大学）
—○ 点评教师：练斐（浙江大学）、李媛（浙江大学）

练　斐：各位同学大家好！欢迎来到今天的德语演讲课。刚才我们听了两位同学的演讲，下面就让我们来做一个回顾，请王翼飞同学先来吧！

王翼飞：好的，这个单元的主题是大国外交与全球治理，考虑到全球可持续发展目标中各个目标的特点，我选择抓住重点，选择中国针对第 17 个可持续发展目标——全球伙伴关系发展所做的一些举措作为主题。刚好今年也是习近平总书记提出人类命运共同体概念 10 周年，我想借助这个理念引起本国听众的共鸣，并且帮助国外代表们更好地理解中国的举措和方案。当然，这 17 个目标讲起来是一个很庞大的工程，所以我这次主要选择了中国在文化领域，还有中国在联合国中的态度和做法去论述。但是我感觉这之间的逻辑关系不是特别地紧密，缺少层层递进的感觉。此外，这是一个模拟联合国大会，所以我更应该注重自己的措辞，使表达更加得体一些，更加契合这个会议的背景。

李　媛：我觉得翼飞刚才的这个反思挺到位的。我们在演讲的时候首先需要考虑的就是受众。我想问问翼飞，今天你的这个演讲是在一个什么样的场合？是面向谁来进行演讲的呢？

王翼飞：这是一个会议的场合，我觉得更多还是面向德国的，或者说德语国家的一些青年人。

李　媛：那好，那我们就应该从德语国家青年人的视角来考虑话题是不是他们感兴趣的。刚才你讲得非常好，有很多事实、数据。我觉得，如果这是到一个非常官方的、正式的场合去官宣中国在可持续发展上的举措，那是非常合适的。但如果是一个青年人论坛的场合，我们是不是可以考虑更多地从中德合作，以及青年人感兴趣的话题去切入呢？比如说，中国和德国携手为建设 17 个可持续发展目标所做出的努力，现在已经体现在了一些新型的国际合作模式上。中国推出的这种新型国际合作模式是和西方国家企业共同在第三方市场上进行一些科技经济合作，典型案例就是在莫桑比克的马普托大桥项目。这个项目由中国承建，同时中国邀请德国来进行监理咨询服务，所以从这个角度上来说中国与德国在第三世界国家共同发展，联手为推动这些国家的可持续发展做出努力。这样的案例想必德国同学也会感兴趣，你说呢？

王翼飞：是的是的，非常感谢老师的建议。

杜　娟：李老师的建议也使我深受启发。我对翼飞在演讲一开始提出的观点特别感兴趣，翼飞说第 17 个可持续发展目标是实现其他可持续发展目标的基础。我就很疑惑，为什么是第 17 个目标，而不是其他目标是基础呢？我想知道翼飞是如何论证这个观点的。在这之后，翼飞也分点论述了中国同其他行为体建立国际伙伴关系的实践。我想，如果能够进一步论证这些伙伴关系建立后对实现其他目标的推动作用，那么这个演讲会更有说服力，结尾也不会有一种戛然而止的感觉。

李　媛：可以举《中国参与国际事务案例集》[1]中的例子，来论述如何在第 17 个国际合作的目标大背景下，推动其他 16 个目标。例如，中国如何和其他国家一起来改变气候环境、消除贫困的。有非常多的案例，我觉得如果能结合进去将会非常生动。

练　斐：是的。我也觉得翼飞演讲的整体结构非常清晰，就像刚刚杜同学提到的，她一开始有一个非常宏观的引入，然后分三点对这个论点进行了阐述。在演讲中她也提到了很多当下社会的热词，比如说核能、汉服、"云游中国"等等。核能是一个全球关切的问题，大家对此都会比较了解、感兴趣。汉服和"云游中国"是非常具有中国特色的关键词，选取这些例子想必也是为了促进听众对中国文化的了解。但是在演讲中这两个词就是一带而过，没有进行更深入的解释。听众可能还没有听清这是个什么词，它就过去了。这样你是否达到了最初选取这个素材的目的呢？可能就要打上一个问号了。

　　我觉得在这个方面杜娟同学的演讲显得更加紧凑，内

[1] 李媛主编：《中国参与国际事务案例集：气候环境治理和消除贫困》，MBV出版社，2023。

容更加贴合主题。杜同学，你是如何破题、解题的呢？

杜　娟：谢谢练老师！这次的主题对我来讲并不陌生，因为在前不久的中日韩青年论坛上，我就对可持续发展主题作了发言，参与了讨论。在破题的时候，我抓住了演讲情景中的两个重点。第一，这是联合国的会议，联合国峰会，所以里面就会有德语的听众，有德国代表参与进来。第二，就是这样的情境对我提出了要求，我一定要特别注意演讲的结构。所以我在准备演讲的时候，特别关注在开头以什么样的方式去称呼大家，要照顾到与会的各国代表。第三，我最好能够从联合国的视角进行切入，所以我引用了联合国秘书长古特雷斯的话，使大家一下就能融入到这个场景当中。最后，我就从中国角度来论述，中国是如何促进实现这些可持续发展目标的，其中既有中国在内部的努力，也有中国与外部世界的联系。

但我也有一些疑惑的地方，就是我觉得我的陈述比较干瘪枯燥，没有从自身的经历展开、以小见大，使大家身临其境。我自己也很疑惑，一方面我既想用有限的时间尽可能多地告诉德语国家听众，中国在很多可持续发展目标方面都做了哪些努力；另一方面我也想从自身的经历带大家更真切地感受中国努力带来的细微改变。但是在有限的时间内，其实是很难同时实现这两个目标的，我想知道我该如何做好两者之间的平衡呢？

李　媛：这是一个非常好的问题，也是我们在演讲的时候普遍会碰到的问题。我尝试着跟大家一起讨论，一起来解决这个问题。

一方面，我们演讲时需要在短时间内吸引听众，迅速拉近彼此之间的距离，让其为我们所感染。为此一个比较常用的方法，也是我们在演讲课中多次提到的，要从小处入手，从自己的经历和故事入手。如果没有经历，没有故事，那至少要从自己的感悟入手。这就是以小见大，也就是从一个小切口来展示社会。我在读德国报刊文章时发现，它们常常都是从一个非常小的微观故事开篇，通过个人的视角去揭示更大的世界。这种方法是德国人比较惯用的，我们可以试着借用他们习惯的叙事思维来讲述我们想讲的故事。

我刚才说到小切口，我认为同时也要有大格局。小切口是为了什么呢？是为了更宽的视野和更大的格局。这个时候就需要我们不断地学习，需要像你所说的，有一种宏伟的、宏观的、鸿篇巨制的感觉。在这个方面也说不上有一定之规。比如，第二单元改革开放的演讲策略提到，好的开篇是演讲成功的一半，好的开篇有千千万万，但是没有标准答案。开篇如此，整个演讲更是如此。有现成的模式可以套用吗？恐怕没有。我们只能用我们的眼睛去发现，用我们的心去感知，然后讲述出来。通过小的切口折射出一个大的、宏伟的议题和场景。

在这个方面，我们的演讲教材做了一些尝试，我想再举三个小例子。

第一个就是"脱贫攻坚与共同富裕"这一单元，以英国小伙子纳迪姆为例，讲述了他跟着扶贫专员走家串户，登记每家每户贫穷情况的故事。他跟着走了一圈后，内心有非常大的触动。在视频中他都落下了眼泪，从外国人的视角讲述出那些让他感动的故事，还有我们中国老百姓也好，政府也好，对脱贫攻坚做出了多么巨大的努力，克服了多少艰难险阻，非常真实。

第二个例子是"改革开放"这一课。一提起改革开放，很多人会想到从改革开放前后的对比、宏观数据、各方面的显著进步、人民生活水平的显著提高等角度论述。这些都非常好，但是大家想一想，德国人的生活一直是比较富足的，所以他们可能对我们的数据或进步并不是特别敏感。改革开放的实质是思想的解放，改革开放突破坚冰的第一步是1977年高考的恢复，这一件事情改变了一代人的命运，而这一代人中一定有你身边的人，比如你的爷爷、奶奶或者你的爸爸妈妈、你的亲戚。从他们的命运如何因高考而改变讲起，就是很好的切入口。

第三个例子就是深圳这座城市。很多同学喜欢讲自己的家乡，我觉得这也是个很不错的切入口。讲家乡的故事时，我们不要堆砌枯燥的数据，而是要去讲实实在在发生的事，以及和德国相关联的故事。我们在本书第二单元中讲深圳时，讲到了默克尔访问深圳，看到数字化、高科技和经济发展所带来的变化，深受感触，甚至有震惊的感觉。

回到德国后没几天，她就召开专家会议，希望德国在这些方面能够向中国学习。

我觉得这样的故事，既跟德国有关联，同时又是我们身边发生的，还可以折射出中国的改革开放、脱贫攻坚的伟大成就。不知道是不是可以给你一些启发呢？

练 斐：谢谢李老师的建议，与我们分享了很多生动的例子以及实用的演讲策略。杜同学是浙江大学外国语学院国际组织与国际交流专业的在读生，平常也会经常参加模联、青年论坛，所以从刚刚的表现中可以看到，她已经是一位非常自信和成熟的演讲者了。我觉得这主要体现在以下两个方面：

一是她很有受众意识，清楚地知道自己在对谁讲话，需要讲什么，所以她的内容非常切题，包括对与会者的称呼也很贴切。她三次使用了"meine Damen und Herren, liebe Freunde"这样的称呼来唤起听众的注意力，抓住大家的注意力，跟她一起往下走，同时在情感上也可以步步推进。另外在结束的时候，她说预祝大会取得圆满成功并期待接下来的讨论，这也是我们在会议发言当中常用的句式。

第二点是杜同学的肢体语言和表情都非常丰富，语音语调有起伏，突出强调重点。我们在本书中也学到了，这些非言语要素也是构成一个好演讲的关键所在。两位同学的演讲给了我们很大的启发，比如我们在演讲的过程中如何换位思考，如何从跨文化视角、从德国人的视角来准备演讲。

另外，在讨论中两位也向我们提出了问题，这些问题有待我们在今后的实践中去关注和解决。很多同学反映，拿到大国外交与全球治理这个主题感觉距离自己非常遥远。但其实在生活中，我们有很多参与外交的机会，比如和外国朋友分享中国的故事、历史，参加各种国际活动，然后表达自己的立场观点，这其中其实也部分体现了中国的立场和观点。大家现在也有很多机会担任各类国际活动的志愿者，甚至还可以抓住机会申请到各个国际组织去实习。在这些跨文化交流中大家都是小小外交官。但是，当我们有了这些机会，想要讲中国故事的时候，却发现由于自己对中国的历史、社会和国情了解得不深、不透，或者说不会用德语来讲述中国故事，那就非常可惜了。我们也希望《跨文化演讲》这本教材能在这方面帮助到大家。

# Lektion 7
## „Ein Gürtel und eine Straße" und die Schicksalsgemeinschaft der Menschheit

第七
单元

"一带一路" 与
人类命运共同体

# 第七单元
# "一带一路"与
# 人类命运共同体

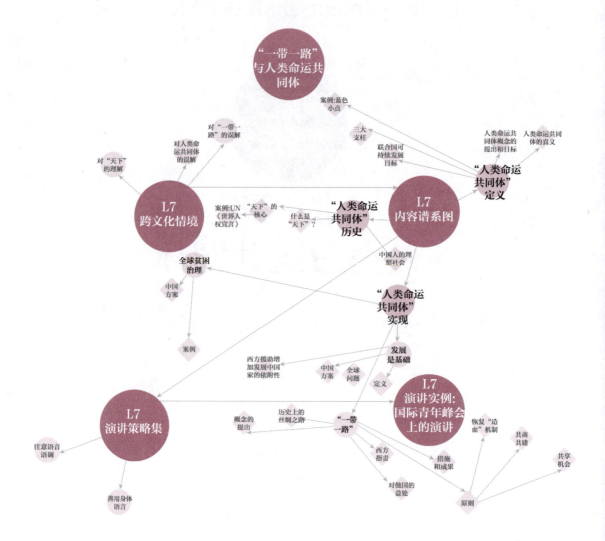

# Teil 1 Den allerletzten Sprung in das Reich der Freiheit erleichtert die altchinesische Weisheit

## 第一讲 仁民爱物 天下大同

Übersetzen ist eine Kunst, die nicht jeder kann. Unsachgemäße Übersetzungen können leicht zu interkulturellen Missverständnissen führen.

翻译是一门艺术，不当的翻译容易造成跨文化误解。

7-0 引言

Am 3. Dezember 2020 veröffentlichte der Direktor des Nationalen Nachrichtendienstes der USA, John Ratcliffe, einen Artikel in *The Wall Street Journal*, in dem er behauptete, dass China mit Hilfe von „Gen"-Manipulation 2 Millionen Soldaten zu „Super-Soldaten mit biologisch verbesserten Fähigkeiten" umwandle. Herr Ratcliffe äußerte sich voller Überzeugung, jedoch stellte sich später heraus, dass seine Informationen aus einem Leitspruch in der Öffentlichkeitsarbeit der Volksbefreiungsarmee Chinas gestammt hatte: „inherit the red gene". Die unterschiedlichen Bedeutungen des Begriffs „Gene" hatten zu einer Fehlübersetzung geführt und diese hat ihn weltweit zur Lachnummer gemacht.

2020 年 12 月 3 日，美国国家情报总监约翰·拉特克里夫在《华尔街日报》上撰文，宣称中国正使用生物技术对 200 万士兵进行"基因编辑"，以此制造"超级生化战士"。美国国家情报总监言之凿凿，但据说他的情报来自中国人民解放军的宣传口号"传承红色基因"，但他们不知道此"基因"非彼"基因"，错误的翻译让他沦为世界的笑柄。❶

Ebenso ist der Ausdruck „Tianxia" den Leuten im Westen eher fremd und schwerverständlich. Wenn man jedoch das Konzept von „Tianxia" versteht, kann man auch die Idee einer „Schicksalsgemeinschaft der Menschheit" verstehen.

同样，"天下"也是一个西方人较为陌生，也难以真正理解的词。懂得了"天下"，也就理解了"人类命运共同体"。

❶ 美国指责我国打造"基因战士"，"证据确凿"！，2022 年 10 月 2 日，https://www.hswh.org.cn/wzzx/xxhq/bm/2022-10-02/77832.html，访问日期：2024 年 8 月 21 日。

7-1 什么是"天下"？

# 1 Was bedeutet „Tianxia"?
## 什么是"天下"？

Die Intellektuellen in den verschiedenen Dynastien Chinas haben stets „Tianxia" als ihre eigene Verantwortung angesehen. Angesichts des riesigen und grenzenlosen Dongting-Sees schrieb FAN Zhongyan, der berühmte Politiker in der Song-Dynastie im Jahr 1046 den Satz: „Sorgen Sie sich um die Sorgen von ‚Tianxia' und freuen Sie sich über die Freude von ‚Tianxia'". Seitdem ist der Satz zu einem Lebensmotto für chinesische Intellektulle über Tausende von Jahren geworden.

中国历代士人均"以天下为己任"。1046 年，宋朝著名政治家范仲淹面对浩浩荡荡、横无际涯的洞庭湖，写下"先天下之忧而忧，后天下之乐而乐"的名句，成为千百年来中国知识分子的座右铭。

Was ist „Tianxia"? „Tianxia" ist ein zeitlicher und räumlicher Begriff, der das bekannte Ganze der Menschheit und dessen geografische Ausdehnung umfasst, ähnlich wie „die Welt".

什么是"天下"？"天下"是一种时空概念，包括了已知的人类整体和地理范围，类似"世界"的概念。

In den Augen der Chinesen ist „Tianxia" auch ein politisches Konzept. Es besagt, dass beim Festlegen von Regierungspolitik das Wohl aller Menschen auf der Welt berücksichtigt werden muss und nicht nur eigene Interessen. *Das Buch der Riten* besagt, dass ein Edler Schritt für Schritt daran arbeiten sollte, „den eigenen moralischen Charakter zu kultivieren, die eigene Familie gut zu führen, das eigene Land gut zu regieren und schließlich die Welt zu befrieden". Dies bedeutet nicht, dass die Chinesen seit jeher die Ambition hatten, die Welt zu beherrschen, sondern es verkörpert das höchste Ideal der „Befriedung der Welt". Zuerst muss man seinen moralischen Charakter kultivieren, seine Familie und sein Land gut führen bzw. regieren, um schließlich in der Lage zu sein, dem ganzen Volk unter dem Himmel zu dienen.

在中国人眼里，"天下"更是一个政治概念，指在制定治理政策时必须考虑全天下人的福祉，而不能只顾及一己私利。《礼记》说君子应一步步做到"修身、齐家、治国、平天下"， ❶ 这并不是说中国人自古就有独霸天下的野心，而是为着"平天下"的最高理想。首

❶《修身齐家治国平天下》，http://keywords.china.org.cn/2022-10/13/content_78463673.html，访问日期：2024年7月26日。

先要修养好自身的品德，管理好自己的家庭和国家，最终才有能力服务"天下苍生"。

Konfuzius setzte sich folgendes Ziel: „Sollte jeder sich selbst zurückhalten und soziale Normen befolgen, so gehört die Menschenliebe der ganzen Welt." Menzius wünschte, „Möge Güte die ganze Welt schirmen". Mo Zi wollte „alle Menschen der Welt lieben"... Unsere Vorfahren waren in der Lage, die zeitliche und räumliche Beschränkung von „kleinen Staaten" zu überwinden und hatten die gesamte bekannte zivilisierte Welt im Sinn. Sie konstruierten ein philosophisches und politisches System vom Regieren der „Welt". Diese Sichtweise von „Tianxia" ist eine einzigartige Weltsicht, soziale Perspektive und ethische Überzeugung in der chinesischen Kultur. Sie bildet auch die kulturelle Herkunft für Chinas Weisheit, Ansichten und Lösungsvorschläge in Bezug auf die Global Governance.

孔子立志要"克己复礼，天下归仁"[1]，孟子志愿要"仁覆天下"[2]，墨子要"兼爱天下之人"[3]……古人能超越"小国"的时空局限，心怀整个已知文明世界，构建"世界"治理的哲学和政治体系，这种"天下观"是中国文化独特的世界观、社会观和道德观，也是今天全球治理的中国智慧、中国主张、中国方案的文化根源。

[1] 向世陵：《"克己复礼为仁"研究与争鸣》，新星出版社，2018，第467页。

[2] 张定浩：《孟子读法》，译林出版社，2020，第199页。

[3] 戚文、李广星等：《墨子十讲》，上海人民出版社，2007，第56页。

## 2 Das Konzept von „Tianxia" und die Schicksalsgemeinschaft der Menschheit
## 天下观与人类命运共同体

7-2 天下观与人类命运共同体

„Harmonie" ist der Kern des Konzepts von „Tianxia" und repräsentiert die Art und Weise des Umgangs zwischen Menschen und zwischen Nationen. Konfuzius sagte: „Mögen alle Länder miteinander harmonisieren und sich solidarisieren", „Innerhalb der vier Meere sind alle Menschen Brüder". Indem man mit „Harmonie" auf andere zugeht, betrachtet man die gesamte Menschheit als eine große sich gegenseitig unterstützende Familie. Eine Welt der „Harmonie" können nur Menschen mit „REN" im Herzen verwirklichen. Aber wie sollte „REN" korrekt ins Deutsche übersetzt werden?

"和"是天下观的核心，是人与人之间、国与国之间的相处之道。孔子说："协和万邦，和衷共济"[4]，"四海之内皆兄弟"[5]。以"和"待人，把全人类看成一个互帮互助的大家庭。"和"的世界需

[4] 余长保：《尚书全鉴（典藏诵读版）》，中国纺织出版社，2019，第22页。

[5] 孔子：《论语》，杨伯峻、杨逢彬注译，岳麓书社，2018，第148页。

要心中有"仁"的人来实现，但是"仁"又该如何正确翻译呢？

Im Jahr 1947 setzten die Vereinten Nationen den Ausschuss für Menschenrechte ein, der für den Entwurf *der Allgemeinen Erklärung der Menschenrechte (AEMR)* zuständig sein sollte. Der chinesische Gelehrte ZHANG Pengchun wurde als stellvertretender Vorsitzender dieses Ausschusses ernannt. Er sprach sich dafür aus, dass die *AEMR* die Weisheit der verschiedenen Zivilisationen beinhalten sollte. Er schlug vor, dass der Begriff „REN" aus dem Konfu-zianismus genauso wie der Begriff der „Vernunft" als grundlegende menschliche Eigenschaft betrachtet werden sollte. Er übersetzte „REN" als „zwischenmenschliche Empathie" und „Einfühlungsvermögen in die Situation anderer".

1947年联合国设立人权委员会，负责起草《世界人权宣言》，中国学者张彭春担任副主席。张彭春主张《世界人权宣言》应当融合不同文明的智慧。他提出，儒家"仁"这个概念，应该与"理性"概念一样，共同被看作是人类的基本特质。他把"仁"字翻译成"人与人之间的感知"和"对于别人处境的感同身受"。❶

❶ 朱力宇：《世界人权宣言》是多元文化融通的范本，《现代法学》2018年第5期：第3-11页。

Sein Vorschlag wurde schließlich angenommen, und Artikel 1 der verabschiedeten *AEMR* von 1948 lautet: „Alle Menschen sind frei und gleich an Würde und Rechten geboren. Sie sind mit Vernunft und Gewissen begabt und sollen einander im Geiste der Brüderlichkeit begegnen." Das Wort „Gewissen" ist die Übersetzung von „REN". Gemäß „REN" sollte die Welt nicht von Konflikten und Eroberung geprägt sein, sondern von Zusammenarbeit und gegenseitigem Gewinnen.

他的建议最终被采纳，1948年通过的《世界人权宣言》第一条是这样措辞的："人人生而自由，在尊严和权利上一律平等。他们赋有理性和良心，并应以兄弟关系的精神相对待。"这里的"良心"一词就是"仁"的英文表达。以"仁"处事，世界不应该是冲突与征服，而是合作共赢。

Basierend auf „Harmonie" und „REN" träumten unsere Vorfahren von einer idealen Gesellschaft, in der „die Welt allen gehört" und „unter dem Himmel die allergrößte Harmonie" herrschen möge. *Das Buch der Riten* besagt: „Wenn das höchste Prinzip waltet, gehört die Welt allen. Wählt die Tugendhaften und die Tüchtigen, achtet auf die Ehrlichkeit und pflegt die Harmonie [...] Damit die Alten einen gesicherten Lebensabend haben, die Starken einen Nutzen haben, die Jungen ein Wachstum haben, [...] Dies wird die allergrößte Harmonie genannt."

在"和"与"仁"的基础上，古人梦想的理想社会就是"天下为公""天下大同"。《礼记》："大道之行也，天下为公。选贤与能，讲信修睦。……使老有所终，壮有所用，幼有所长，…… 是谓大同。" ❶

❶《礼记》，https://www.gushiwen.cn/mingju/juv_748b92d61241.aspx，访问日期：2024年7月22日。

Am 23. März 2013 stellte Staatspräsident XI Jinping während einer Rede am Moskow State Institute of International Relations zum ersten Mal das Konzept einer „Schicksalsgemeinschaft" vor. Am 18. Januar 2017 nahm Staatspräsident XI Jinping an einem hochrangigen Treffen zum Thema „Gemeinsame Beratung zum gemeinsamen Aufbau einer Schicksalsgemeinschaft der Menschkeit" in Genf, der Schweiz teil, bei dem er das Ziel einer Schicksalsgemeinschaft der Menschkeit näher erläuterte: Eine offene, inklusive, saubere und schöne Welt aufzubauen, die sich eines dauerhaften Friedens, allgemeiner Sicherheit und gemeinsamer Prosperität erfreut. Diesen Ideen liegt die gleiche Philosophie zugrunde wie dem altchinesischen Konzept von „Tianxia".

2013 年 3 月 23 日，习近平主席在莫斯科国际关系学院演讲时，面向世界首次提出"命运共同体"❷ 理念。在 2017 年 1 月 18 日，国家主席习近平在瑞士日内瓦出席"共商共筑人类命运共同体"高级别会议，进一步阐述了人类命运共同体的目标：建设持久和平、普遍安全、共同繁荣、开放包容、清洁美丽的世界。❸ 这些都与中国古人的天下观一脉相承。

❷ 国家主席习近平在莫斯科国际关系学院的演讲(全文)，2013 年 3 月 24 日，https://www.gov.cn/ldhd/2013-03/24/content_2360829.htm?eqid=d190dfd80007472f0000000264708782，访问日期：2024 年 1 月 31 日。

❸ 习近平：《共同构建人类命运共同体》，《求是》2021年第 1 期，第 4-13 页。

In Lektion 10 des Lehrbuchs *Öffentliches Reden* werden eine Rede von Staatspräsident XI Jinping im Hauptquartier der UN in New York (Text 1)❹ und seine andere Rede im Büro der UN in Genf (Text 2)❺ aufgenommen. Bei den beiden Reden handelt es sich um den „Aufbau einer Schicksalsgemeinschaft der Menschheit". Sie spiegeln nichts anderes als die Weisheit des altchinesischen Konzeptes von „Tianxia" wider.

《德语演讲教程》第十单元选取了习近平主席在美国纽约联合国总部和联合国日内瓦总部的两篇（课文 1、课文 2）关于"人类命运

❹ 李媛等编：《德语演讲教程》（"理解当代中国"德语系列教材），外语教学与研究出版社，2022，第 195-197 页。

❺ 李媛等编：《德语演讲教程》（"理解当代中国"德语系列教材），外语教学与研究出版社，2022，第 199-203 页。

共同体建设"的讲话，无不体现了中国传统天下观的智慧。

# 3 Win-Win oder Weltherrschaft?
## 合作多赢还是独霸世界？

Vor über 2 500 Jahren hatte der Dichter QU Yuan volles Mitleid mit dem einfachen Volk der Welt: „Tränen der Trauer trocknend, seufze ich ob des entbehrungsreichen Alltags des Volkes."

　　早在 2500 多年前，诗人屈原就对天下苍生满怀悲悯："长太息以掩涕兮，哀民生之多艰。"❶

❶《离骚》, https://www.gushiwen.cn/shiwenv_f5714bcd33e3.aspx，访问日期：2024 年 7 月 26 日。

Die Menschheit sieht sich heute mit immer mehr und immer größeren Herausforderungen konfrontiert. In Warming-up der Lektion 10 des Lehrbuchs *Öffentliches Reden* ❷ werden die folgenden Punkte aufgeführt:

❷ 李媛等编：《德语演讲教程》（"理解当代中国"德语系列教材），外语教学与研究出版社，2022，第 194 页。

- schwächelndes Wachstum der Weltwirtschaft　　• Terrorismus　　• Finanzkrise
- schwere Infektionskrankheiten　　• Flüchtlingskrisen　　• Entwicklungskluft
- bewaffnete Konflikte　　　　• Klimawandel　　　　• Machtpolitik

　　今天，人类面临着更多更大的挑战。在《德语演讲教程》第十单元的"热身练习"中列举了如下问题：

- 全球经济增长乏力　　• 恐怖主义　　• 金融危机
- 严重的传染病　　　　• 难民危机　　• 发展差距
- 武装冲突　　　　　　• 气候变化　　• 强权政治

Die Entwicklung bildet die Grundlage für Sicherheit und Zivilisation. Sowohl das schwere Leben des einfachen Volkes, das QU Yuan erkannte, als auch die meisten der oben genannten Probleme sind auf die unzureichende, ungleiche oder ungerechte wirtschaftliche Entwicklung zurückzuführen.

　　发展是安全和文明的基础。无论是屈原看到的民生困苦，还是上面列举的大多数问题，都是因为经济发展不足、不均或者不公平引起的。

Die Förderung der umfassenden sozialen Entwicklung und des gesellschaftlichen Fortschritts auf der Grundlage der wirtschaftlichen Entwicklung ist das Leitprinzip der Reform und Öffnung Chinas. Generalsekretär XI Jinping hat mehrfach betont: „Die Konzentration auf den wirtschaftlichen Aufbau ist der Schlüssel zum Aufstieg einer Nation, und die Entwicklung bleibt der Schlüssel zur Lösung aller Probleme Chinas." „Die Entwicklung ist die Grundlage, ohne wirtschaftliche Entwicklung kann nichts diskutiert werden."

以经济发展为基础促进社会全面发展进步，是中国改革开放的指导思想。习近平总书记多次强调："以经济建设为中心是兴国之要，发展仍是解决我国所有问题的关键"。❶ "发展是基础，经济不发展，一切都无从谈起。"❷

Im Inland hat die chinesische Regierung durch Maßnahmen zur Armutsbekämpfung und zum Aufbau schöner ländlicher Gebiete sowie andere Projekte das Problem der Armut gelöst und das Potenzial des Human- und Naturkapitals in ärmeren Regionen freigesetzt. Im Ausland ist China durch internationale Entwicklungsprojekte und die Initiative „Ein Gürtel und eine Straße" auf die dringenden Wünsche der Entwicklungsländer nach beschleunigter wirtschaftlicher Entwicklung eingegangen und hat sich unermüdlich für den Abbau des Entwicklungsungleichgewichts zwischen unterschiedlichen Ländern eingesetzt. Damit hat China für die Verbesserung des Wohlergehens der Bevölkerung in Entwicklungsländern und die Förderung der globalen Entwicklung und Zusammenarbeit einen chinesischen Lösungsansatz im Rahmen des Aufbaus einer „Schicksalsgemeinschaft der Menschheit" zur Verfügung gestellt.

对内，中国政府通过脱贫攻坚、美丽乡村等项目解决了贫困问题，释放了贫困地区人口潜力和资源潜力；对外，中国通过国际扶贫合作项目、"一带一路"倡议回应发展中国家加快经济发展的强烈愿望，破解国家间发展不平衡问题，为提高发展中国家人民福祉、推进世界发展合作提供了"人类命运共同体"的中国方案。

Entwickelte Länder, allen voran die USA sind die Hauptgeldgeber für Entwicklungsländer. Aber wie bereits in der Lektion 3 des vorliegenden Lehrbuchs erläutert, hat ihre Hilfe nicht dazu beigetragen, dass die Entwicklungsländer ihre eigenen Industrieketten und ihren eigenständigen Selbstentwicklungsmechanismus aufbauen, sondern eher dazu geführt, dass die Entwicklungsländer um so abhängiger von den entwickelten Volkswirtschaften werden.

以美国为首的发达国家是对发展中国家捐助的主要金主，但正

❶ 习近平：《发展是解决我国一切问题的基础和关键》，载中共中央文献研究室编《习近平关于社会主义经济建设论述摘编》，中央文献出版社，2017，第1-16页。

❷ 习近平：《以新的发展理念引领发展，夺取全面建成小康社会决胜阶段的伟大胜利（二○一五年十月二十九日）》，载中共中央文献研究室编《十八大以来重要文献选编（中）》，中央文献出版社，2016，第822-836页。

如本教材第三单元中所讲到的，这些援助并没能帮助发展中国家建立自己的产业链和自我造血机制，反而使发展中国家更加依附于发达经济体。

Der 20-jährige Krieg in Afghanistan hat die USA fast 2,3 Billionen USD gekostet. Die Folge waren Menschenrechtsverletzungen, Not und Leid des Volkes und unzählige Obdachlose. Das Welternährungsprogramm der UN weist darauf hin, dass 98% der Afghanen nicht genug zu essen haben und fast die Hälfte der Kinder unter 5 Jahren stark unterernährt sind. Im krassen Gegensatz dazu hat China mit etwa einem Zehntel der Kosten des Krieges in Afghanistan, etwa 250 Milliarden USD, innerhalb von zehn Jahren die als Rest übriggebliebenen 100 Millionen Menschen in extremer Armut im Inland aus der Armut befreit und damit die absolute Armut vollständig beseitigt. Wenn die USA dem chinesischen Modell gefolgt hätten, hätten sie mit den Kosten des Krieges in Afghanistan theoretisch die gesamte extreme Armut in der Welt, auch die in den USA, beseitigen können.

持续 20 年的阿富汗战争耗费了美国将近 2.3 万亿美元，结果是人权遭到践踏，生灵涂炭，百姓流离失所。世界粮食计划署指出，98% 的阿富汗人吃不饱饭，近一半的 5 岁以下儿童严重营养不良。❶与此对比鲜明的是，中国以美国阿富汗战争费用的大约十分之一，也就是大约 2500 亿美元，在十年内使国内最后的 1 亿贫困人口彻底脱贫，中国完全消除了极端贫困。如果参照中国模式去做的话，美国发动阿富汗战争的开销理论上可以消除世界上所有的极端贫困，包括美国国内的极端贫困。

❶ 简军波：《欧盟的多重困境与一体化前景》，上海人民出版社，2021，第 227 页。

第二讲 达则兼济天下

# 4 Schicksalsgemeinschaft der Menschheit – Globale Armutsbekämpfung

## 人类命运共同体——全球贫困治理

7-4 人类命运共同体——
全球贫困治理

Die Grundziele der Entwicklung der menschlichen Gesellschaft sind materielle Fülle, Frieden und Stabilität sowie geistige Erfüllung. Die Globale Entwicklungsinitiative, die Globale Sicherheitsinitiative und die Globale Zivilisationsinitiative, die jeweils von China vorgeschlagen worden sind, bilden die drei Säulen des Konzepts einer Schicksalsgemeinschaft der Menschheit (siehe Abbildung 7-1). Sie sind auch die Leitlinien für die Diplomatie chinesischer Prägung und die Global Governance. Nur wenn alle Länder gedeihen und sich entwickeln, kann der Frieden langfristig bestehen und die Zivilisation fortschreiten.

物质丰富、和平稳定、精神富有是人类社会发展的基本追求。中国提出的全球发展倡议、全球安全倡议、全球文明倡议是人类命运共同体理念的三大支柱（见图7-1），也是中国特色大国外交和全球治理的指导方针。只有各国繁荣发展，和平才能持久，文明才能进步。

Die Grundziele der Entwicklung der menschlichen Gesellschaft sind
**materielle Fülle, Frieden und Stabilität sowie geistige Erfüllung**

**Schicksalsgemeinschaft der Menschheit**

| Globale Entwicklungsinitiative | Globale Sicherheitsinitiative | Globale Zivilisationsinitiative |

die Leitlinien für Diplomatie chinesischer Prägung und die Global Governance

图7-1 人类命运共同体理念的三大支柱

Diejenigen, welche die Lektion 3 des Lehrbuchs *Öffentliches Reden*:

„Armutsbekämpfung und Förderung gemeinsamen Wohlstandes" gelernt haben, erinnern sich sicherlich noch an die Maßnahmen der chinesischen Regierung zur Armutsbekämpfung: Erhöhung des Bildungsniveaus, Gesundheitsfürsorge, berufliche Ausbildung, Bereitstellung der Finanzmittel zur Armutsbekämpfung, Wohnraumversorgung, Förderung von Industrien und ein gerechter und transparenter Prozess. Diese Maßnahmen stimmen stark mit den von den UN im Jahr 2015 formulierten Zielen für nachhaltige Entwicklung überein (siehe Tabelle 7-1).

学习过《德语演讲教程》第三单元"脱贫攻坚与共同富裕"的同学们肯定还清楚地记得中国政府的扶贫举措，包括教育、医疗保障、职业培训、扶贫资金、住房保障、产业扶持、过程的公正透明等等。这些举措与联合国 2015 年提出的可持续发展目标❶（见表 7-1）高度契合。

❶ 李皓：《走向低碳时代，建设美丽中国》，中国环境出版集团，2022 年，第 6 页。

表 7-1　联合国可持续发展目标（SDGs）

| 可持续发展目标（标志） | 可持续发展目标（德文） | 可持续发展目标（中文） |
|---|---|---|
| 1 NO POVERTY | Armut in jeder Form und überall beenden | 消除贫困 |
| 2 ZERO HUNGER | Ernährung weltweit sichern | 零饥饿 |
| 3 GOOD HEALTH AND WELL-BEING | Gesundheit und Wohlergehen | 良好健康与福祉 |
| 4 QUALITY EDUCATION | Hochwertige Bildung weltweit | 优质教育 |
| 5 GENDER EQUALITY | Gleichstellung von Frauen und Männern | 性别平等 |
| 6 CLEAN WATER AND SANITATION | Ausreichend Wasser in bester Qualität | 清洁饮水和卫生设施 |

续表

| 可持续发展目标（标志） | 可持续发展目标（德文） | 可持续发展目标（中文） |
|---|---|---|
| 7 AFFORDABLE AND CLEAN ENERGY | Bezahlbare und saubere Energie | 经济适用的清洁能源 |
| 8 DECENT WORK AND ECONOMIC GROWTH | Menschenwürdige Arbeit und Wirtschaftswachtum | 体面工作和经济增长 |
| 9 INDUSTRY, INNOVATION AND INFRASTRUCTURE | Industrie, Innovation und Infrastruktur | 产业、创新和基础设施 |
| 10 REDUCED INEQUALITIES | Weniger Ungleichheiten | 减少不平等 |
| 11 SUSTAINABLE CITIES AND COMMUNITIES | Nachhaltige Städte und Gemeinden | 可持续城市与社区 |
| 12 RESPONSIBLE CONSUMPTION AND PRODUCTION | Nachhaltige/r Konsum und Produktion | 负责任消费与生产 |
| 13 CLIMATE ACTION | Maßnahmen zum Klimaschutz | 气候行动 |
| 14 LIFE BELOW WATER | Leben unter Wasser | 水下生物 |
| 15 LIFE ON LAND | Leben an Land | 陆地生物 |
| 16 PEACE, JUSTICE AND STRONG INSTITUTIONS | Frieden, Gerechtigkeit und starke Institutionen | 和平、正义与强大机构 |
| 17 PARTNERSHIPS FOR THE GOALS | Partnerschaften zur Erreichung der Ziele | 促进目标实施的伙伴关系 |

Chinas erfolgreiche Erfahrungen mit der Armutsbekämpfung dienen als Vorbild für die Bemühungen der Entwicklungsländer, sich aus der Armut zu befreien und eine nachhaltige Entwicklung zu erreichen. Das Konzept der „Schicksalsgemeinschaft der Menschheit" und die Initiative „Ein Gürtel und eine Straße" bieten China eine praktische Plattform für die Beteiligung an der internationalen Armutsbekämpfung.

中国扶贫的成功经验成为发展中国家摆脱贫困、可持续发展的样板。人类命运共同体理念和"一带一路"倡议，为中国参与国际减贫提供了实践平台。

Usbekistan, ein zentralasiatisches Land, hat in allen Aspekten von Chinas Erfahrungen mit der Armutsbekämpfung gelernt: Beauftragte für die Armutsbekämpfung sind in ländliche Gebiete entsandt worden. Unternehmen sowie entwickelte Regionen sind zur partnerschaftlichen Unterstützung herangezogen worden. Finanzmittel sind bereitgestellt worden. Die arme Bevölkerung ist in unternehmerischen Fähigkeiten gefördert worden. Gleichzeitig hat China Experten nach Usbekistan geschickt, um das Land bei der Entwicklung von Armutsbekämpfungsplänen für jedes Dorf bzw. jeden Haushalt zu unterstützen.

中亚国家乌兹别克斯坦全面学习中国扶贫经验：派遣扶贫专员驻村、企业和富裕地区对口帮扶、提供财政支持、培养贫困人口的创业致富能力等。中国则派出专家帮助乌兹别克斯坦为每村每户设计扶贫方案。❶

Das Dorf Xianglom in Laos ist Empfänger der Entwicklungshilfe im Rahmen eines von China geförderten Projekts für die Armutsbekämpfung bzw. den Aufbau infrastruktureller Einrichtungen in ländlichen Gebieten in Laos. In diesem Dorf machten die armen Haushalte (mit einem jährlichen Pro-Kopf-Einkommen von weniger als 700 USD) 52% aller Haushalte aus. Die Lebens- und Arbeitsbedingungen dort waren schlecht. Die Infrastruktur dort war veraltet. Das Dorf war für den Verkehr schwer zugänglich. Die Trinkwasserversorgung war unzureichend. Landwirtschaftliche Bewässerungseinrichtungen waren kaum vorhanden.

老挝象龙村是中国援助老挝农村扶贫设施建设项目对象，该村贫困户（年人均纯收入不足 700 美元）占全村总户数的 52%，生产生活条件差、基础设施落后、行路难、饮水难、缺少农业灌溉设施。❷

❶ 乌兹别克斯坦积极学习中国扶贫经验，2022 年 2 月 24 日，http://uz.mofcom.gov.cn/article/jmxw/202202/20220203282569.shtml，访问日期：2024 年 1 月 31 日。

❷ 吕紫烟等：《全球贫困治理中的中国智慧：以中挝版索村与象龙村合作治贫项目为例》，载李媛主编《中国参与国际事务案例集：气候环境治理和消除贫困》，MBV 出版社，2023，第 189-214 页。

Chinesische Experten haben Chinas Erfahrungen mit der Armutsbekämpfung auf dieses Projekt angewandt (siehe Abbildung 7-2). Sie haben ihre laotischen Kollegen bei Hausbesuchen beraten und ihnen geholfen, Archive zur Armutsbekämpfung für die armen Haushalte zu entwickeln bzw. zu optimieren. Chinesische landwirtschaftliche Unternehmen sind in örtliche landwirtschaftliche Entwicklungsprojekte mit einbezogen worden. „Blutbildende" Armutsbekämpfungspläne sind entwickelt worden. Straßen und Brücken sind gebaut worden. Schulen und Gewächshäuser sind errichtet worden. Die laotischen Fachkräfte sind nach China eingeladen worden, um moderne landwirtschaftliche Technik und praktische Erfahrungen bei der Tourismusentwicklung zu erlernen.

中国减贫专家将中国减贫的实践经验运用到该项目中（见图7-2）：中国专家指导老挝项目管理人员入户访谈，建立并完善农户贫困信息档案；介绍中国农业企业参与农业项目开发；制定"造血式"扶贫计划，建设道路、桥梁、学校和大棚；邀请老挝方面来中国学习先进的农业技术和旅游开发经验。

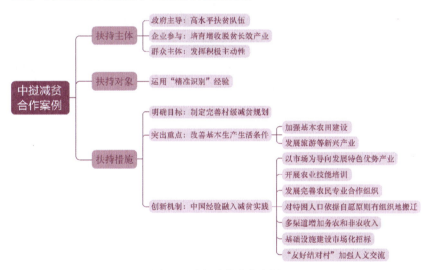

图 7-2　中挝减贫合作案例

Nach drei Jahren harter Arbeit hat dieses Dorf weitgehend die Armut überwunden. Mit der Fertigstellung der China-Laos Railway haben die von Dorfbewohnern handgefertigten Stoffe und andere landwirtschaftliche Produkte auf dem chinesischen Markt guten Absatz gefunden. Das Dorf hat also gute Aussichten für seine weitere Entwicklung.

经过三年努力，这个村庄基本脱贫。随着中国修建的中国—老挞快速铁路建成，村民生产的手工布等农产品还在中国找到了市场，未来发展前景光明。

Bei Chinas Auslandshilfe bei der Armutsbekämpfung wird großer Wert auf die „blutbildende" Funktion gelegt, die nicht nur auf die Verbesserung der materiellen Bedingungen vor Ort abzielt, sondern auch auf die Stärkung der eigenen Arbeitsfähigkeiten der lokalen Bauern. Gleichzeitig respektiert China die zentrale Rolle der lokalen Einwohner, fördert ihren Sinn für Eigenverantwortung und verbessert die Managementkompetenz der Fachkräfte in den Empfängerländern.

中国对外扶贫注重"造血式"扶贫，不仅要改善当地的物质条件，还旨在提高当地农民的自身能力。同时中国尊重受援方的主体地位，激励其主人翁责任感，培养和提升受援国人员的管理能力。

In Afrika hatte China nicht in großem Umfang Lebensmittelhilfe geleistet, weshalb viele lokale Einwohner anfangs dachten, die Chinesen seien geizig. Nachdem sie sich später besser informiert haben, haben sie jedoch festgestellt, dass das Gegenteil der Fall ist. Die chinesische Regierung und die chinesischen Unternehmen haben in verschiedenen afrikanischen Ländern, darunter Nigeria und Angola, Ödland kultiviert, Ackerland errichtet, lokale Einwohner angestellt und den Landwirten in diesen Ländern den Anbau von Reis, Mais und Gemüse von Hand beigebracht. Naturkatastrophen, wie Überschwemmungen, Dürren, Heuschreckenplagen und Kriegswirren sowie von Menschen verursachte Verwüstungen hatten oft zu Ernteausfällen geführt. Doch die chinesischen Experten haben die lokalen Einwohner dazu gebracht, trotz aller Schwierigkeiten beharrlich und unverdrossen zu bleiben, sodass sie schließlich gute Ernten erzielt haben, was die Einwohner in Afrika bewusst gemacht hat, dass sie mit ihren eigenen Händen genug zu essen haben können. Nur durch einen unbeugsamen Willen und eigene fleißige Arbeit können sie sich aus der Armut befreien, zu Wohlstand gelangen und echte Würde und Selbstvertrauen erlangen. So werden sie sich nie wieder auf die faule Haut legen.

在非洲，中国没有大量捐助粮食，所以早期一些当地人认为中国人小气。但是，当他们了解情况后，发现并非如此。中国政府和企业在尼日利亚、安哥拉等多个非洲国家开垦荒地、开辟农场、招聘本地人工作，手把手教会他们种植大米、玉米和蔬菜。水灾、旱灾、蝗灾、战乱，这些天灾人祸常常令农场颗粒无收，中国专家带领当地人百折不挠，最终获得丰收，让非洲人民认识到靠自己的双手也能吃饱饭。只有不屈不挠，通过自己的汗水和工作摆脱贫穷走向富裕，才能真正让穷人享有尊严和自信，让他们从此不再"躺平"。

2015 hat China das „Fernsehprojekt für zehntausend Dörfer" in Afrika gestartet, bei dem 10 000 Dörfern in mehr als 30 afrikanischen Ländern Zugang zu Digitalfernsehen über Satelliten ermöglicht worden ist. Zudem sind insgesamt 200 000 afrikanischen Haushalten Satellitenempfänger gespendet worden. Dazu hat China extra Rundfunk- und Fernsehsatelliten gestartet und Solarstromanlagen sowie Satellitenempfangsantennen installiert, wodurch viele in einfachsten Verhältnissen lebende und von der Außenwelt abgeschottete einheimische Stämme dort zum ersten Mal Informationen von außen erhalten können und ihnen damit eine technische Grundausbildung ermöglicht worden ist.

2015 年起，中国在非洲开启"万村通"项目，为非洲 30 多个国家的 1 万个村落接入卫星数字电视信号，并向 20 万个非洲家庭捐赠机顶盒。为此，中国发射广播电视卫星，安装太阳能发电设备、卫星接收天线，让许多原始封闭的部落第一次接触到外界信息，让技术培训成为可能。❶

In dem Buch *Case Studies in China's Participation in International Affairs: Climate Environmental Governance and Poverty Eradication* finden Sie viele Fallbeispiele und -analysen der Mitwirkung Chinas bei der internationalen Armutsbekämpfung. Im Internet sind auch viele kurze Videos über Chinas Hilfe beim Anbau von Reis, Mais und Sojabohnen in Afrika zu finden. Anhand dieser Fallbeispiele können Sie den Inhalt Ihrer Rede erheblich bereichern, die Authentizität Ihrer Reden erhöhen und die Überzeugungs- und Ausstrahlungskraft steigern.

同学们可以在《中国参与国际事务案例集：气候环境治理和消除贫困》❷一书中找到很多中国参与国际扶贫的案例及分析。网上也有很多关于中国在非洲帮助当地人种大米、玉米、大豆的视频，这些都能极大丰富演说的内容，提升真实性，增强说服力和感染力。

❶ "我看到了世界"——中国"万村通"项目让非洲人民"通世界"，2020 年 11 月 28 日，http://www.xinhuanet.com/world/ 2020-11/28/c_1210908088.htm，访问日期：2024 年 8 月 21 日。

❷ 李媛主编：《中国参与国际事务案例集：气候环境治理和消除贫困》，MBV 出版社，2023。

7-5 "一带一路" 倡议的
背景

# 5 Hintergrund von der Initiative „Ein Gürtel und eine Straße"
## "一带一路" 倡议的背景

In dem von Ferdinand von Richthofen im Jahr 1877 verfassten Buch *China – Ergebnisse eigener Reisen und darauf gegründeter Studien* wurde der Verkehrsweg zwischen China, Asien und Afrika, der vom Seidenhandel geprägt war, als die „Seidenstraße" bezeichnet.

1877 年，德国地质地理学家李希霍芬在他的《中国：亲身旅行的成果及在此基础上的研究》一书中，把古代中国与亚洲、非洲之间以丝绸贸易为代表的交通道路命名为 "丝绸之路"。

Historisch gesehen war dieser Weg zum Austausch zwischen östlichen und westlichen Zivilisationen nicht immer frei. Aufgrund von technischen Beschränkungen, extremen Umwelteinflüssen und Kriegswirren war der Verkehr auf der Seidenstraße von Zeit zu Zeit unterbrochen, jedoch versiegte der Handel nie gänzlich. Auch als die Landroute der Seidenstraße in der späten Tang-Dynastie wegen Kriegswirren schon blockiert war, trat die maritime Seidenstraße an ihre Stelle.

历史上这条东西方文明的交流渠道并不是一直畅通的。由于技术、环境、战乱等，丝绸之路时断时续，但涓涓细流从未断绝——即便唐朝末期陆上丝绸之路因为战乱断绝，也有海上丝绸之路承担其交流功能。

Im Herbst 2013 hat Staatspräsident XI Jinping bei seinem Besuch in Kasachstan und Indonesien die Initiative zum gemeinsamen Aufbau „des Wirtschaftsgürtels Seidenstraße" bzw. „der maritimen Seidenstraße des 21. Jahrhunderts" vorgeschlagen, also die Initiative „Ein Gürtel und eine Straße". Ziel der Initiative ist es, im Geiste der symbolträchtigen alten Seidenstraße, mit Hilfe der bestehenden bilateralen und multilateralen Mechanismen sowie vorhandenen regionalen Kooperationsplattformen und unter Mitwirkung aller beteiligten Länder eine Interessen-, Schicksals- und Verantwortungsgemeinschaft aufzubauen, die von gegenseitigem Vertrauen, wirtschaftlicher Integration und kultureller Inklusivität geprägt ist.

2013 年秋天，习近平主席在哈萨克斯坦和印度尼西亚提出共建 "丝绸之路经济带" 和 "21 世纪海上丝绸之路"，即 "一带一路" 倡议。<sup>❶</sup>这一倡议旨在借用古代丝绸之路的历史符号，依靠现有的双边和多边机制，借助既有的区域合作平台，共同打造政治互信、经济融合、文化包容的利益共同体、命运共同体和责任共同体。<sup>❷</sup>

❶ 共建通向共同繁荣的机遇之路——习近平总书记谋划推动共建"一带一路"述评，2021 年 11 月 19 日，https://www.gov.cn/xinwen/2021-11/19/content_5651805.htm，访问日期：2024 年 8 月 21 日。

❷ "一带一路"简明知识手册，知识点必备，2019 年 4 月 22 日，https://www.yidaiyilu.gov.cn/p/86670.html?eqid=b7133f40000544f80000000056489ca84，访问日期：2024 年 1 月 31 日。

Die Haltung der USA und europäischen Länder zur Initiative „Ein Gürtel und eine Straße" ist unterschiedlich, unbeständig und widersprüchlich. Sie werfen China vor, dass die Initiative „Ein Gürtel und eine Straße" eine Form des „Neokolonialismus" sei, der zur Verschuldung sowie Umweltverschmutzung der beteiligten Länder führe und diese in Absatzmärkte für chinesische Produkte umwandle, sodass sich diese Volkswirtschaften durch China erpressbar und kontrollierbar machen würden. Diese Vorwürfe sind eigentlich eine bewusste Fehlinterpretation der Initiative „Ein Gürtel und eine Straße".

美国和欧洲国家对"一带一路"倡议的态度是多样、多变和矛盾的。他们指责中国"一带一路"倡议是"新殖民主义"，造成了相关国家债务负担、环境污染；使参与国沦为中国产品的倾销地，经济被中国胁迫和控制，等等。这些都是他们对中国"一带一路"倡议的有意曲解。

China hat die Initiative „Ein Gürtel und eine Straße" vorgeschlagen und enorme Ressourcen investiert, natürlich auch mit Berücksichtigung der eigenen Interessen. Wir müssen es nicht verheimlichen, wenn wir der Welt von der Initiative „Ein Gürtel und eine Straße" erzählen. Nur wenn wir ein wahres, multidimensionales und umfassendes Bild von China zeigen, können wir China vertrauenswürdig, liebenswert und respektabel machen.

中国发起"一带一路"倡议并为此投入大量资源，当然也有中国国家利益的考虑，我们毋庸讳言。在向世界讲述中国"一带一路"的时候，我们应该展示真实、立体和全面的中国，才能让中国可信、可亲和可敬。

Die Initiative „Ein Gürtel und eine Straße" stellt eine Vertiefung der inneren Reformen und eine Erweiterung der Öffnung nach außen dar. Von 2010 bis 2022 war der Anteil Chinas industrieller Produktionsleistung an der Weltproduktion von 19,8% auf nahezu 30% angestiegen. Somit hat China seine Spitzenposition in diesem Bereich 13 Jahre in Folge gehalten, aber angesichts der unzureichenden internen und externen Nachfrage ist das Problem der

Überkapazität immer schwerwiegender geworden.

　　"一带一路"是对内改革和对外开放的深化。经过数十年的改革开放，从 2010 年到 2022 年，我国制造业占全球比重从 19.8% 提高到近 30%，连续 13 年保持世界第一制造大国地位，[1] 但因内外需求不足，产能过剩问题日益突出。

Die Initiative „Ein Gürtel und eine Straße" kann Chinas Energie- und Rohstoffsicherheit erhöhen. Seitdem China zur „Werkbank der Welt" geworden ist, importiert es große Mengen an Erzen, Rohstoffen, Erdöl und Erdgas für seine Produktion. Im Jahr 2022 lag die Abhängigkeit von Erdöl- und Erdgasimporten bei 71,2% bzw. 40,2%, und die Abhängigkeit von Eisenerzimporten betrug mehr als 80%. Deswegen sind eine Diversifizierung der Energieimporte und die Gewährleistung der Importsicherheit zu wichtigen Zielen der nationalen Sicherheit geworden.

　　"一带一路"可以增强中国能源和原材料安全。中国成为"世界工厂"后，生产所需的矿石、原材料和石油、天然气均需大量从国外进口。2022 年我国石油和天然气对外依存度分别达到 71.2% 和 40.2%[2]，铁矿石进口依存度高于 80%[3]。因此，能源进口多元化、保障进口安全成为国家安全的重要目标。

Die Initiative „Ein Gürtel und eine Straße" kann auch die Sicherheit der Außenhandelswege Chinas stärken. Im Jahr 2013, als die Initiative „Ein Gürtel und eine Straße" vorgeschlagen wurde, betrug Chinas Abhängigkeit vom Außenhandel etwa 46%. Obwohl diese im Jahr 2022 auf 34,8% sank, überstieg der Import- und Exportumfang Chinas im selben Jahr erstmals 40 Billionen RMB. Damit hat China seine Position als weltgrößter Warenhändler sechs Jahre in Folge behauptet. China ist bereits der wichtigste Handelspartner von mehr als 140 Ländern und Regionen und die wichtigste Investitionsquelle für immer mehr Länder geworden. Deswegen bilden die Außenhandelswege die Lebensader der chinesischen Wirtschaft.

　　"一带一路"也可以增强中国对外贸易通道的安全。提出"一带一路"倡议的 2013 年，中国的对外贸易依存度约为 46%[4]，2022 年虽降为 34.8%，但同年中国进出口规模首次突破 40 万亿元。中国连续 6 年保持世界第一货物贸易国地位[5]，已经是 140 多个国家和地区的主要贸易伙伴，是越来越多国家的主要投资来源国。[6] 因此，对

❶ "一带一路"这十年，2023 年 10 月 31 日，https://www.ceweekly.cn/cewsel/2023/1031/428294.html，访问日期：2024 年 8 月 21 日。

❷ 中国石油戴厚良：奋进高质量发展加快建设世界一流企业，2023 年 2 月 28 日，http://www.sasac.gov.cn/n2588025/n16303206/c27340835/content.html，访问日期：2025 年 2 月 11 日。

❸ 陈观秋：铁矿石行业供需分析：中国铁矿石对外依存度长期保持在 80% 左右，2023 年 8 月 22 日，https://www.chinairn.com/hyzx/20230822/104932228.shtml，访问日期：2024 年 1 月 31 日。

❹ 孙法臣：《陕西国家统计调查专题研究集萃》，陕西人民出版社，2016，第 144 页。

❺ 我国进出口规模首次突破 40 万亿元 连续 6 年保持世界第一货物贸易国地位，2023 年 1 月 14 日，https://www.gov.cn/xinwen/2023-01/14/content_5736849.htm，访问日期：2024 年 1 月 31 日。

❻ 习近平：中国已是 140 多个国家和地区的主要贸易伙伴，2023 年 10 月 18 日，https://www.thepaper.cn/newsDetail_forward_24971313，访问日期：2024 年 8 月 21 日。

外贸易通道是中国经济的生命线。

Die Initiative „Ein Gürtel und eine Straße" hat die Transportwege der eurasischen Kontinentalbrücke wiederbelebt, und der „China-Europe Railway Express" bietet nicht nur eine neue Alternative für den effizienten, schnellen und kostengünstigen Handel zwischen China und Europa, sondern hat auch beim starken Preisanstieg für Seetransporte während der COVID-19-Pandemie einen funktionierenden Weltwirtschaftskreislauf garantiert.

"一带一路"重开了欧亚大陆桥运输通道，中欧班列不仅使中欧贸易有了高效快捷廉价的新选择，而且在新冠疫情暴发时海上运输价格飞涨的情况下，为世界经济保持循环起到了保障作用。

Die Initiative „Ein Gürtel und eine Straße" bietet neue Chancen für die Entwicklung der zentralen und westlichen Regionen Chinas und beschleunigt den Fortschritt bei der Armutsbekämpfung. Früher mussten die Exportprodukte aus diesen Regionen an die Ostküstenhäfen transportiert werden, und diese Regionen in West- und Zentralchina befanden sich deswegen ganz am Ende der Informations-, Technologie- und Politikübertragungen. Durch die Initiative „Ein Gürtel und eine Straße" haben sich diese Regionen zu Vorposten für den Außenhandel und die Öffnung nach außen entwickelt. Dies hat die Neuansiedlung einer großen Anzahl von Industrien und Investitionsprojekten in diesen Regionen gefördert und neue Perspektiven für die Reform und Öffnung Chinas eröffnet.

"一带一路"倡议为中国中西部地区的发展提供了新机遇，加快了中国扶贫脱贫的步伐。原先中西部地区的产品需要运输到东部沿海港口才能出口，中西部地区也因此处于各种信息、技术和政策传导的末端。"一带一路"使得中西部地区变成对外贸易与开放的前沿，吸引大量产业和投资落户，为中国改革开放打开了新的局面。

第三讲 不畏浮云遮望眼

7-6 "一带一路" 倡议
不是 "马歇尔计划"

## 6 Die Initiative „Ein Gürtel und eine Straße" ist nicht der „Marshallplan".

### "一带一路" 倡议不是 "马歇尔计划"

Die meisten von Ihnen müssten im Geschichtsunterricht von dem „Marshallplan" gehört haben. Der Marshallplan half den europäischen Ländern, sich nach dem Zweiten Weltkrieg aus den Trümmern zu erheben, verstärkte jedoch die wirtschaftliche Kontrolle durch die USA und die Dominanz des US-Dollars. Durch zusätzliche politische Bedingungen wurden geopolitische Konflikte verschärft. Der US-amerikanische Historiker Leften Stavros Stavrianos (1913–2004) betrachtete den Marshallplan in seinem Werk *A Global History:From Prehistory to the 21st Century* als den letzten Schritt auf dem Weg zum Kalten Krieg.

　　大家应该都在历史课上学过"马歇尔计划"。马歇尔计划帮助欧洲国家从二战后的废墟中复苏，但也加强了美国的经济控制和美元霸权，并通过附加的政治条款激化了地缘政治矛盾。美国历史学家斯塔夫里阿诺斯（1913—2004）在其著作《全球通史：从史前史到21世纪》中指出，"马歇尔计划是走向冷战的最后一步"❶。

❶ 斯塔夫里阿诺斯：《全球通史：从史前史到21世纪》，吴象婴等译，北京大学出版社，2012，第756页。

Die Initiative „Ein Gürtel und eine Straße" ist nicht der „Marshallplan", sondern eine Fortsetzung des Chinesischen Traums. Sie stellt eine konkrete Maßnahme zum Aufbau einer Schicksalsgemeinschaft der Menschheit dar. Sie ist auch ein wichtiger Weg zur Verbesserung des globalen Entwicklungsmodells und der Global Governance sowie zur Förderung einer gesunden Entwicklung der wirtschaftlichen Globalisierung. Durch die Initiative „Ein Gürtel und eine Straße" möchte China seine erfolgreichen Erfahrungen an mehr Länder weitergeben, damit mehr Länder von Chinas wirtschaftlicher Entwicklung profitieren und mehr Völker den Chinesischen Traum teilen können.

　　"一带一路"倡议不是"马歇尔计划"，而是中国梦的延续，是构建人类命运共同体的具体举措，是完善全球发展模式和全球治理、推进经济全球化健康发展的重要途径。通过"一带一路"倡议，中国希望将自己的成功经验带给更多的国家，让更多的国家分享中国经济发展的红利，让更多国家的人民分享中国梦。

Heutzutage setzen viele Leute in westlichen Ländern die Initiative „Ein Gürtel und eine Straße" mit dem „Marshallplan" nach dem Zweiten Weltkrieg gleich und sehen darin den Versuch Chinas, globale wirtschaftliche und politische Vorherrschaft zu erlangen. So edel die Tat von China ist, so gemein ist die Gesinnung von diesen Leuten.

如今，西方国家许多人把"一带一路"倡议类比为二战后的"马歇尔计划"，认为这是中国谋求全球经济和政治霸权的企图。他们这样是以小人之心度君子之腹。

China hat den teilnehmenden Ländern der Initiative „Ein Gürtel und eine Straße" eine große Menge von Krediten über den Seidenstraßenfonds, große staatliche Banken und die Asiatische Infrastruktur-Investmentbank zur Verfügung gestellt (siehe Abbildung 7-3), jedoch sind diese Kredite gar nicht dazu gedacht, diese Länder zu bloßen Absatzmärkten für chinesische Waren zu machen. In der Tat hilft China diesen Ländern beim Bau von Eisenbahnen, Straßen, Brücken, Kraftwerken, Stauseen, Stromübertragungsleitungen und anderen infrastrukturellen Einrichtungen, um sie bei der Wiederherstellung ihrer „blutbildenden" Funktion zu unterstützen.

中国通过丝路基金、各大国有银行、亚洲基础设施开发银行等，为共建"一带一路"国家提供了大量贷款（见图7-3），但这些贷款并不是为了让这些国家成为中国商品的倾销地。中国帮助它们建造铁路、公路、桥梁、电站、水库、输电线路等基础设施，帮助这些国家恢复"造血"机能。

图 7-3　2015 年以来丝路基金历年累计签约项目数和承诺投资金额❶

❶《共建"一带一路"：构建人类命运共同体的重大实践》白皮书（全文），2023 年 10 月 10 日，http://www.scio.gov.cn/zfbps/zfbps_2279/202310/t20231010_773682.html，访问日期：2024 年 1 月 31 日。

❶ 高质量共建"一带一路"，为世界现代化注入强大动力——学习《习近平谈"一带一路"（2023 年版）》，中国一带一路网，2024 年 4 月 30 日，https://www.yidaiyilu.gov.cn/p/0B5U5PAL.html，访问日期：2024 年 9 月 23 日。

In den letzten zehn Jahren sind durch die Umsetzung der Initiative „Ein Gürtel und eine Straße" das Wirtschaftswachstum und die Verbesserung der Lebensbedingungen in den teilnehmenden Ländern stark gefördert worden. Finanzmittel in Höhe von nahezu einer Billion USD für Investitionen sind mobilisiert worden. Über 3 000 Kooperationsprojekte sind ins Leben gerufen worden. 420 000 Arbeitsplätze sind geschaffen worden. Fast 40 Millionen Menschen sind aus der Armut befreit worden：

近 10 年来，"一带一路"倡议有力推动了各国的经济发展和民生改善，拉动近万亿美元规模投资，形成 3000 多个合作项目，创造 42 万个工作岗位，使将近 4000 万人摆脱贫困：❶

- Mit mehr als 150 Ländern und mehr als 30 internationalen Organisationen sind Kooperationsabkommen im Rahmen der Initiative „Ein Gürtel und eine Straße" unterzeichnet worden.
- Multilateraler Dialog- und Kooperationsmechanismen auf mehr als 20 Fachgebieten sind im Rahmen der Initiative „Ein Gürtel und eine Straße" ins Leben gerufen worden.
- China hat mehr als 70 Industrieparks gemeinsam mit den teilnehmenden Ländern in Asien, Afrika und Osteuropa errichtet.
- 2022 betrug das gesamte Import- und Exportvolumen zwischen China und den teilnehmenden Ländern fast 2,9 Billionen USD, was 45,4% des gesamten Außenhandelswertes Chinas im gleichen Zeitraum ausmachte.
- Die Routen der „maritimen Seidenstraße" erreichen bereits 117 Häfen in 43 Ländern weltweit.
- Die Bahnstrecken vom „China-Europa Railway Express" erreichen bereits mehr als 200 Städte in 25 europäischen Ländern.
- In Asien, Afrika und Europa sind zahlreiche Eisenbahnen, Kraftwerke, Stromübertragungsleitungen, Ölpipelines, Häfen, Flughäfen und andere infrastrukturelle Einrichtungen gebaut worden.
- „International Coalition for Green Development on the Belt and Road" sind ins Leben gerufen worden.
- Mehr als 2 000 Agrarexperten und Techniker sind in mehr als 70 Länder und Regionen entsandt worden, um mehr als 1 500 Agrartechnologien wie Juncao und Hybridreis zu vermitteln.
- Insgesamt sind fast 50 000 Jugendliche aus mehr als 100 teilnehmenden

Ländern zu einer Studienreise nach China eingeladen worden.

- Nach Schätzungen der Weltbank werden bis 2030 durch Investitionen in die teilnehmenden Länder im Zusammenhang mit dem gemeinsamen Bau der „Ein Gürtel und eine Straße" voraussichtlich 7,6 Millionen Menschen aus extremer Armut und 32 Millionen Menschen aus mittelschwerer Armut befreit worden sein.

- 与 150 多个国家、30 多个国际组织签署"一带一路"合作文件；
- 发起成立了 20 余个专业领域多边对话合作机制；
- 中国与亚洲、非洲、东欧"一带一路"国家建成 70 多个合作产业园区；
- 2022 年中国与共建国家进出口总额近 2.9 万亿美元，占同期中国外贸总值的 45.4%；
- "丝路海运"航线通达全球 43 个国家的 117 个港口；
- 中欧班列已联通欧洲 25 个国家的 200 多个城市；
- 在亚洲、非洲、欧洲建成大批铁路、发电站、输电线路、输油管道、港口、机场等基础设施；
- 建立"一带一路"绿色发展国际联盟；
- 向 70 多个国家和地区派出 2000 多名农业专家和技术人员，推广示范菌草、杂交水稻等 1500 多项农业技术；
- 累计邀请 100 余个共建国家的近 5 万名青少年来华访学；
- 世界银行预测，到 2030 年，共建"一带一路"相关投资有望使共建国家 760 万人摆脱极端贫困、3200 万人摆脱中度贫困。

„Gemeinsame Beratung, gemeinsamer Aufbau und gemeinsamer Nutzen", diese sind die Grundprinzipien der Initiative „Ein Gürtel und eine Straße". Und sie ist deshalb als Initiative bezeichnet, weil sie eine Plattform für die internationale Zusammenarbeit zur Koordinierung und Angleichung der Entwicklungspolitiken verschiedener Länder darstellt. China ist der Initiator, spielt eine aktive Rolle und trägt nach besten Kräften dazu bei, wird aber anderen Ländern nicht seine technischen Standards oder Anforderungen aufzwingen.

　　坚持共商共建共享是"一带一路"倡议的原则。"一带一路"之所以被称为倡议，因为这是一个各国发展政策协调、对接的国际合作平台。中国是首倡者，发挥积极的作用，尽其所能做出贡献，但不会把中国的技术标准或要求强加给其它国家。

Bei der Umsetzung der Projekte im Rahmen der Initiative „Ein Gürtel und eine Straße" hat China eine neue Form der internationalen Zusammenarbeit – die Drittmarktkooperation – eingeführt, bei der Unternehmen verschiedener beteiliger Länder gemeinsam eine wirtschaftliche und technologische Zusammenarbeit auf dem Drittmarkt durchführen, um westlichen Ländern zum Zugang zu den Märkten von Ländern der Dritten Welt zu verhelfen. Erfolgreiche Beispiele sind das Maputo-Brückenprojekt in Mosambik und das Wasserkraftwerkprojekt von Gilgel Gibe III in Äthiopien. Im ersteren Fall wurde das Projekt von chinesischen Unternehmen durchgeführt, während deutsche Unternehmen Bauaufsicht und Beratungsdienste leisteten. Im letzteren Fall übernahmen chinesische Unternehmen die Lieferung von kompletten Ausrüstungen und Dienstleistungen, während italienische Unternehmen den Bau ausführten. Im Juni 2015 gaben China und Frankreich die „Gemeinsame Erklärung zwischen China und Frankreich zur Zusammenarbeit auf Drittmärkten" heraus und im Jahr 2018 unterzeichneten die China Development Bank und die französische Entwicklungsagentur eine Vereinbarung über die Zusammenarbeit mit Drittländern, um gemeinsam Projekte zur Bekämpfung der globalen Erwärmung in afrikanischen Ländern zu unterstützen.

"一带一路"倡议各具体项目实施中，中国首创国际合作新模式——第三方市场合作，与有关国家企业共同在第三方市场开展经济、技术合作，帮助西方国家进入第三世界国家市场。比如，莫桑比克马普托大桥项目、埃塞俄比亚的吉布三水电站项目就是第三方市场合作的成功案例。前者由中国公司承建，聘请德国公司提供监理咨询服务；后者由中国公司承担设备成套供货与项目服务，意大利公司承担土建。❶ 2015 年 6 月，中国和法国发布《中法关于第三方市场合作的联合声明》，2018 年中国国家开发银行与法国开发署签订第三方合作协议，共同支持非洲国家对抗全球变暖的项目。

In Text 2 der Lektion 9 des Lehrbuchs *Öffentliches Reden*: ❷ *Wie die Initiative der neuen Seidenstraße der Europäischen Integration hilft* hat der Autor ausführlich dargelegt, dass die Initiative „Ein Gürtel und eine Straße" dazu beiträgt, die Qualität der chinesisch-europäischen Zusammenarbeit zu verbessern und die Weiterentwicklung der Europäischen Integration zu fördern.

❶ 郑永年：西方唱衰中国经济和"一带一路"，是出于将内部问题外部化，2023 年 10 月 17 日，http://www.xinhuanet.com/ silkroad/ 2023-10/17/c_1212289919.htm，访问日期：2024 年 9 月 23 日。

❷ 李媛等编：《德语演讲教程》（"理解当代中国"德语系列教材），外语教学与研究出版社，2022，第 181-183 页。

Außerdem hat sie eine stabile äußere Umgebung für die Europäische Integration geschaffen und stellt eine nützliche Ergänzung für den Aufbau von Infrastruktur in Europa dar. Nicht zuletzt sind dadurch viele europäische Unternehmen in die betreffenden Projekte mit einbezogen worden.

在《德语演讲教程》第九单元的课文 2《"一带一路"如何助力欧洲一体化》中，作者详细阐述了"一带一路"倡议有助于提升中欧合作水平、推动欧洲一体化进程、为欧洲一体化创造了稳定的外部环境，为欧洲基础设施建设做了有益补充并吸引了众多欧洲企业。

Allerdings haben einige westliche Länder Missverständnisse dazu und verleumden sogar China. Der US-Kongress hat 2021 das „Strategic Competition Act of 2021" verabschiedet und wollte jedes Jahr 300 Millionen USD ausgeben, um weltweit anti-chinesische Stimmung zu schüren, insbesondere um die Initiative „Ein Gürtel und eine Straße" zu verteufeln. In den letzten Jahren haben die USA und Europa Infrastrukturpläne wie „Build Back Better World" (B3W) und „Global Gateway" (GG) vorgelegt, von denen China ausgeschlossen sind. Die Absicht, die Initiative „Ein Gürtel und eine Straße" ins Visier zu nehmen, ist ganz offensichtlich. Vor diesem Hintergrund sind Länder wie Italien und Australien aus der Initiative „Ein Gürtel und eine Straße" ausgetreten. Erfreulicherweise nehmen jedoch immer mehr Länder daran teil.

然而，一些西方国家却对此存在误解，甚至刻意抹黑。美国国会在 2021 年通过"2021 年战略竞争法案"，每年花 3 亿美元在全世界制造反华舆论，尤其是抹黑"一带一路"倡议。❶ 近几年美国和欧洲相继提出了"重建美好世界"（B3W）和"全球门户"（GG）的基础设施建设计划，都将中国排除在外，针对"一带一路"倡议的意图非常明显。意大利、澳大利亚等国因而退出倡议，但更多国家被吸引过来。

❶ 每年花 3 亿美金抹黑中国！这次连"遮羞布"也不要了，2021 年 4 月 23 日，https://www.ccdi.gov.cn/pl/202104/t20210424_240778_m.html，访问日期：2024 年 9 月 23 日。

Staatspräsident XI Jinping hat in seiner Rede am 14. Mai 2017❷ (Text 3 der Lektion 9) gesagt, „Ein chinesisches Sprichwort lautet: ‚Pfirsiche und Pflaumen sprechen nicht, aber sie sind so attraktiv, dass sich unter den Bäumen ein Pfad bildet.' Seit vier Jahren beteiligen sich weltweit über 100 Länder und internationale Organisationen an der Umsetzung der Initiative [...] Dank unserer gemeinsamen Bemühungen wird die Initiative zu einer Realität und trägt reiche Früchte." Seiner Rede sind die Errungenschaften im Bereich der politischen

❷ 李媛等编：《德语演讲教程》（"理解当代中国"德语系列教材），外语教学与研究出版社，2022，第 185 页。

Koordinierung, infrastrukturellen Konnektivität, Handelsverbindungen, finanziellen Integration und der Völkerfreundschaft zu entnehmen.

2017 年 5 月 14 日，习近平主席在演讲（第九单元课文 3）中说：" '桃李不言，下自成蹊。' 4 年来，全球 100 多个国家和国际组织积极支持和参与 '一带一路' 建设……'一带一路' 建设逐渐从理念转化为行动，从愿景转变为现实，建设成果丰硕"❶。演讲中具体列出了政策沟通、设施联通、贸易畅通、资金融通和民心相通五个方面的成就。

❶ 习近平在"一带一路"国际合作高峰论坛开幕式上的演讲，2017 年 5 月 14 日，https://news.cctv.com/2017/05/14/ARTIlKFOqbrYI3dYDoks74sO170514.shtml，访问日期：2024 年 2 月 2 日。

Am 18. Oktober 2023 wurde in Beijing „the third Belt and Road Forum for International Cooperation" eröffnet. Bei der Eröffnungszeremonie hielt Staatspräsident XI Jinping eine Grundsatzrede zum Thema „Aufbau einer offenen, inklusiven, vernetzten und gemeinsam entwicklten Welt": „Die Belt-and-Road-Kooperation basiert auf dem Prinzip „Gemeinsame Beratung, gemeinsamer Aufbau und gemeinsamer Nutzen". Sie geht über die Unterschiede zwischen Zivilisationen, Kulturen, sozialen Systemen und Entwicklungsstadien hinaus. Sie hat einen neuen Weg für den Austausch zwischen Ländern eröffnet und einen neuen Rahmen für die internationale Zusammenarbeit geschaffen. Die Initiative „Ein Gürtel und eine Straße" steht in der Tat für das gemeinsame Streben der Menschheit nach Entwicklung für alle. [...] Die Modernisierung, die wir anstreben, ist nicht für China allein gedacht, sondern für alle Länder der Welt, insbesondere die Entwicklungsländer, und diese globale Modernisierung sollten auch durch gemeinsame Anstrengungen von allen Ländern verwirklicht werden."

2023 年 10 月 18 日第三届"一带一路"国际合作高峰论坛在北京开幕，开幕式上习近平主席作了"建设开放包容、互联互通、共同发展的世界"的主旨演讲："共建 '一带一路' 坚持共商共建共享，跨越不同文明、文化、社会制度、发展阶段差异，开辟了各国交往的新路径，搭建起国际合作的新框架，汇集着人类共同发展的最大公约数。……我们追求的不是中国独善其身的现代化，而是期待同广大发展中国家在内的各国一道，共同实现现代化。"❷

❷ 习近平在第三届"一带一路"国际合作高峰论坛开幕式上的主旨演讲（全文），2023 年 10 月 18 日，https://www.gov.cn/yaowen/liebiao/202310/content_6909882.htm，访问日期：2024 年 8 月 21 日。

# 7 Zusammenfassung
## 总结

7-7 总结

Am 14. Februar 1990, war die 1977 gestartete Raumsonde Voyager 1 seit 23 Jahren allein unterwegs gewesen und befand sich 6,4 Milliarden Kilometer von der Erde entfernt. An diesem Tag war sie im Begriff, das Sonnensystem zu verlassen. Um den Energieverbrauch der Raumsonde zu senken, beschloss die NASA, ihre Kameras dauerhaft abzuschalten. Bevor die Kameras abgeschaltet wurden, drehte sich Voyager 1 um und machte ein Bild von der Erde, die nur ein 0,12 Pixel kleiner blauer Punkt war.

　　1990 年 2 月 14 日，发射于 1977 年的"旅行者一号"探测器已经孤独地飞行了 23 年，距离地球 64 亿公里，马上要离开太阳系。为了节省探测器的能耗，美国国家航空航天局（NASA）决定永久关闭其摄像头。在关闭摄像头之前，"旅行者一号"回头为地球拍摄了一张照片，照片上地球只是一个 0.12 像素的暗淡蓝点。

Der amerikanische Astronom Carl Sagan (1934–1996) erklärte: „Es gibt nichts, was besser zeigt, wie töricht die Einbildung der Menschheit ist, als dieses Bild unseres kleinen Planeten, das aus den Weiten des Weltraums aufgenommen wurde [...] Es erinnert uns auch daran, welche Verantwortung wir tragen: uns gegenseitig freundlicher zu behandeln, diesen dunkelblauen Punkt zu bewahren und zu pflegen – Er ist die einzige gemeinsame Heimat, die wir derzeit kennen."

　　美国天文学家卡尔·萨根（1934—1996）说："没有什么能比从遥远太空拍摄到我们微小世界的这张照片，更能展示人类的自负有多愚蠢。……这也是在提醒我们，我们的责任是：互相间更加和善地对待彼此、维护和珍惜这颗暗蓝色的小点——这个我们目前所知唯一共同的家园。"❶

❶ Sagan, Carl (1994): Pale Blue Dot: A Vision of the Human Future in Space. New York: Random House, 第 6-7 页。

Angesichts globaler Katastrophen wie Erdbeben, Epidemien, Hungersnöte, Klimawandel und Kriege gibt es keinen Grund für die Menschen, die diesen kleinen blauen Punkt bewohnen, sich nicht für ein gemeinsames Schicksal zusammenzuschließen. „Wir sollten eine Welt aufbauen, die durch dauerhaften Frieden, allgemeine Sicherheit, gemeinsamen Wohlstand sowie Offenheit und Inklusivität gekennzeichnet ist und sauber und schön ist". So hat Staatspräsident XI Jinping betont: „Kein Land und keine Nation darf auf dem Weg des

Strebens der Menschheit nach Glück fehlen." Das ist eben der wahre Sinn der Schicksalsgemeinschaft der Menschheit.

在地震、疫情、饥荒、气候变化和战争等全球灾难面前，居住在这个小小蓝点上的渺小人类没有理由不为共同的命运团结一致，"建设持久和平、普遍安全、共同繁荣、开放包容、清洁美丽的世界"。习近平主席强调，"在人类追求幸福的道路上，一个国家、一个民族也不能少"。❶ 这就是人类命运共同体的真义。

❶ 习近平:《加强政党合作共谋人民幸福》，载《当代世界》2021年第7期，第4-9页。

Auf dem Tian'anmen-Platz strahlt die Abendsonne auf das Denkmal für die Helden des Volkes und das Mausoleum von Vorsitzendem MAO Zedong. Sie beleuchtet auch den golden funkelnden Leitspruch an dem Torturm des Tian'anmen. Er lautet: „Es lebe die Vereinigung aller Völker der Welt!" Ziel der jahrhundertelangen Kämpfe und Opfer des chinesischen Volkes ist es, den Chinesischen Traum und auch den Traum der ganzen Welt von Frieden und Entwicklung zu verwirklichen.

天安门广场上，夕阳照耀着人民英雄纪念碑，照耀着毛主席纪念堂，也照亮了天安门城楼上金光闪闪的标语：世界人民大团结万岁。中国人民数百年来的奋斗和牺牲，一切都为了实现中国梦，也为了世界和平发展的天下梦。

Der Wind zeigt die Stärke des Grases, und die Zeit das wahre Herz der Menschen, so hieß es in China. Unsere ursprünglichen Zielvorstellungen haben sich nie geändert und die Welt wird sich durch unsere Bemühungen verändern.

疾风知劲草，日久见人心。我们的初心从未改变，世界将因为我们的努力而改变。

Aufgrund kultureller, politischer und ideologischer Unterschiede hat es immer Missverständnisse, Kritik, Verleumdungen und Oppositionen gegenüber der Initiative „Ein Gürtel und eine Straße" und der „Schicksalsgemeinschaft der Menschheit" gegeben. Im Oktober 2023 hat das dritte internationale Kooperationsgipfeltreffen zur Initiative „Ein Gürtel und eine Straße" stattgefunden. Ähnlich wie um die Olympischen Spiele 2008 und die Olympischen Winterspiele 2022 haben die Verleumdungen und Angriffe vieler westlicher Medien auf die Initiative „Ein Gürtel und eine Straße" während der Veranstaltung wieder mal einen Höhepunkt erreicht. Vor diesem Hintergrund ergibt sich für China die anspruchsvolle Aufgabe, wie wir der Welt, insbesondere der westlichen Welt, unsere chinesischen Geschichten besser erzählen sollen. Wenn Sie durch die Beschäftigung mit dieser Lektion chinesische Geschichten besser erzählen und „möglichst viele Unterstützer gewinnen und sich möglichst wenig Feind machen" können, dann werden Sie Ihren eigenen Beitrag zum Aufbau einer Schicksalsgemeinschaft der Menschheit geleistet haben.

由于文化、政治和意识形态等因素，对"一带一路"倡议和人类命运共同体的误解、批评、抹黑和反对从未间断。2023 年 10 月，第三届"一带一路"国际合作高峰论坛召开，与 2008 年奥运会、2022 年冬奥会前后的情况类似，西方舆论对"一带一路"的抹黑和攻击又达到了新的高潮。中国面临向世界，特别是西方国家讲好我们中国故事的挑战。通过本单元的学习，如果同学们能更好地讲述中国故事，"把拥护我们的人搞得多多的，把反对我们的人搞得少少的"❶，那就是为人类命运共同体做出了自己的贡献。

❶ 叶厚荣：《使命》，百花文艺出版社，2004，第 180 页。

## 8 Redestrategie
## 演讲策略

7-8 演讲策略
非言语策略

Die Redestrategie der Lektion 9 des Lehrbuchs *Öffentliches Reden*❷ besteht darin, in den öffentlichen Reden Gestik und Mimik geschickt einzusetzen. Aussprache, Intonation, Sprechmelodie, Gestik und Mimik sind die anschaulichsten Ausdrucksformen in einer Rede. Für die gute Wirkung einer Rede sind sie genauso wichtig wie der Redeinhalt an sich. Ein angemessener Einsatz der Sprechmelodie kann die Sprache wirksam verschönern, den Gedankenaustausch fördern und die Aussagen verdeutlichen. Eine korrekte Aussprache und eine passende Sprechgeschwindigkeit können die Zuhörer schnell in Stimmung bringen.

❷ 李媛等编：《德语演讲教程》（"理解当代中国"德语系列教材），外语教学与研究出版社，2022 年，第 189 页。

《德语演讲教程》教材第九单元的演讲策略是善用手势和面部表情。语音、语调、音调和手势表情作为演讲最直观的表现，对演讲的效果起着与文本同等重要的效果。恰当地运用音调，能有效地润色语言，促进思想沟通，使语言表达更加清晰明确。正确的发音、合适的语速能迅速将听众带入情绪。

Das Lehrbuch *Phonetik Integrativ* (zweite Auflage) ist nach einer wissenschaftlich fundierten und umfassenden Analyse der Schwierigkeiten chinesischer Deutschlerner beim Lernen der deutschen Phonetik verfasst. Neben dem üblichen Aussprachetraining werden noch Silbentrennung, Wort- und Satzakzent, Sprechpausen, Sprechmelodien usw. behandelt. Auch fortgeschrittene Deutschlerner können sich mithilfe dieses Lehrbuchs in der deutschen Aussprache und Intonation verbessern bzw. vervollkommnen.

❶ 李媛，赵蔚婕：《德语语音教程》（第 2 版），上海外语教育出版社，2023。

　　《德语语音教程》（第 2 版）❶ 是在对中国德语学习者德语语音学习的重点与难点进行了科学全面的分析后编写的。书中除了有传统的语音教学以外，还增加了音节划分、词重音、句重音、停顿、音调等内容。中、高级德语学习者同样可以通过此书纠正和改善自身的德语语音语调。

Körpersprache umfasst Körperhaltung, Gesichtsausdruck, Handbewegungen, Haltung und Blick. Sie kann auch viele Informationen und Emotionen vermitteln. Zum Beispiel kann das Aufrichten des Körpers und das Anheben des Kopfes während einer Rede dem Publikum das Gefühl vermitteln, dass der Redner sehr selbstbewusst in Bezug auf den Inhalt ist. Wenn der Redner dagegen die Arme verschränkt, den Kopf senkt und die Füße zusammenlegt, wirkt er nervös und unbehaglich und die Zuhörer werden hinter den Thesen ein Fragezeichen setzen. Während einer Rede sollten wir natürliche und entspannte Gesichtsausdrücke beibehalten und uns möglichst sympathisch präsentieren. In anderen Fällen wiederum sollten wir jedoch ernsthaft auftreten. Unterschiedliche Anlässe, Inhalte und Gesichtsausdrücke erzeugen verschiedene Wirkungen in einer Rede.

　　身体语言是一个人的姿态，包括面部表情、手部动作、姿势和目光等，同样也能传递很多信息和情感。例如当我们在演讲时站直身体，挺胸抬头，会让听众感到我们对演讲内容非常有信心；反之，当演讲者环抱双臂，低着头，双脚并在一起，就会显得紧张和不自在，听众也对演讲论点打上了问号。在演讲中我们应该保持自然和放松的面部表情，尽量以友好的方式展示自己。但在某些情况下，我们应该保持严肃的态度。不同的场合、不同的内容、不同的表情，会带来不同的演说效果。

Während einer Rede sollte man nicht die ganze Zeit auf das Redemanuskript starren und auch nicht umherblicken oder über das Publikum wegschauen, sondern den richtigen Zeitpunkt wählen, um den Blick auf das Publikum zu richten. Es wird empfohlen, während 60 bis 70% der Redezeit den Blickkontakt mit dem gesamten Publikum zu halten. Wenn manche Zuhörerinnen und Zuhörer aufmerksam und freundlich erscheinen, sollten wir verstärkten Augenkontakt mit ihnen halten. Ein leichtes Nicken oder ein schwaches Lächeln kann das Publikum unbewusst dazu bringen, dem Inhalt der Rede zuzustimmen. Jedoch sollte der Blickkontakt jedes Mal auf weniger als 3 Sekunden begrenzt sein, um Unannehmlichkeiten oder Unbehagen zu vermeiden.

　　在演讲过程中，眼神不要一直盯着演讲稿，也不能眼神全场游移，应选择恰当的时机将目光投向观众。建议60%—70%的演说时间都要与全场受众保持目光接触。如果发现有些听众专注且友善，我们应该重点与他们保持眼神交流，一个微微的点头或淡淡的微笑，能让他们不自觉赞同演说的观点。但每次目光接触应在3秒以内，以避免给对方造成不适或不安的感觉。

Wenn Sie sich Reden der Persönlichkeiten aus dem In- und Ausland ansehen, werden Sie feststellen, dass Gesten ebenfalls eine wichtige Form der Körpersprache sind. Adäquate Bewegungen können die Haltung und Emotionen ausdrücken. In den 1950er Jahren entdeckte der Pionier der Körpersprachforschung, Albert Mehrabian, dass die gesamte Wirkung von einer Botschaft zu 7% von der verbalen Kommunikation (Sprache an sich), zu 38% von der paraverbalen Kommunikation (Intonation, Tonhöhe, Akzent usw.) und zu 55% von der nonverbalen Kommunikation (Körpersprache) ausgeht.

　　如果大家看过中外名人的演讲，可以发现手势也是一种重要的身体语言。适当的动作可以表达姿态和情绪。20世纪50年代，研究肢体语言的先锋人物阿尔伯特·麦拉宾发现：一条信息所产生的全部影响力中7%来自言语交际（语言本身），38%源于副言语交际（语调、音高、重音等），剩下的55%则来自非言语交际（肢体语言）。❶

> ❶ 亚伦·皮斯，芭芭拉·皮斯著；王甜甜，黄佼译. 身体语言密码. 北京：中国城市出版社，2014，第3页。

Zum Beispiel können wir den Daumen ausstrecken, um das Publikum zu motivieren, die Handfläche öffnen, um Offenheit oder Resignation auszudrücken, die Hand von oben nach unten fuchteln, um Entschlossenheit zu zeigen, und die Faust ballen, um Ermutigung oder Ansporn zu vermitteln. Es ist jedoch zu beachten, dass Gestik und Mimik in interkulturellen Kommunikationen aufgrund unterschiedlicher Interpretation durch verschiedene Kulturkreise zu Missverständnissen führen könnten. Daher sollten Sie bei öffentlichen Reden sorgfältig analysieren, wer Ihr Publikum ist, und dann entscheiden, ob und welche Gesten verwendet werden sollten, um die beste Wirkung zu erzielen. Darüber hinaus sollten Körperhaltung und Gesichtsausdruck jedoch angemessen und natürlich sein und zum Inhalt der Rede passen. Übermäßige oder übertriebene Bewegungen und Gesichtsausdrücke können hetzerisch vorkommen und bewirken genau das Gegenteil.

比如我们可以伸出大拇指来激励观众，用张开的手掌表达开放或无奈，把手从上向下劈是一种决心，而握紧拳头代表鼓舞或激励。不过，手势和表情在跨文化交流中也会因文化赋予的不同意义而产生误解，所以大家演讲时还是要首先分析受众，再决定是否采用以及采用哪些手势帮助自己达到更好的演讲效果。此外，身体姿势和表情可以吸引观众的注意力，但要得体恰当、表现自然，与演讲内容匹配，过多、过于夸张的动作和表情会给人以煽动的印象，效果适得其反。

# 9 Schlussbemerkung
## 写在最后的话

Unser Kurs geht nun zwar zu Ende, aber man lernt nie aus. Chinas Entwicklung ist nämlich im ständigen Wandel und unser Wissen muss dementsprechend immer auf den neuesten Stand gebracht werden. Wir hoffen, dass Sie mit unseren Analyseperspektiven und Auffassungen nützliche Anregungen gewinnen und durch die Beschäftigung mit dem vorliegenden Lehrbuch Chinas Vergangenheit, Gegenwart und Zukunft besser verstehen können. Darüber hinaus hoffen wir sehr, dass Sie in Zukunft Fach- und Führungskräfte werden können, die mit allen Fasern ihres Herzens in ihrer Heimat China verwurzelt sind und gleichzeitig über eine globale Vision verfügen. Damit werden Sie in der Lage sein, chinesische Geschichten gut zu erzählen, Chinas Stimme gut zu verbreiten und dazu beizutragen, eine friedvollere Welt aufzubauen.

我们的课程到这里就全部结束了，但学习永不会结束。中国的发展日新月异，我们的知识也要常学常新。希望我们的视角和观点能给同学们带来一些反思和启发，希望我们的教材能帮助同学们更加深刻地了解中国的过去、现在和未来，成为有中国灵魂、有世界胸怀、替中国发声、为世界解忧的青年人才。

Liebe Studentinnen und Studenten, erkunden wir weiterhin neue Wege durch öffentliches Reden! Bringen wir Sprache und Gedanken gemeinsam voran!

同学们，让我们一直勇探新路，让我们语言思想共同进步！

## 10 Meine Rede
### 演讲实践

Sie sind zu einem internationalen Gipfel eingeladen. Bereiten Sie eine Rede vor und erklären Sie den deutschsprachigen Teilnehmerinnen und Teilnehmern die Initiative „Ein Gürtel und eine Straße" und die Schicksalsgemeinschaft der Menschheit sowie die Maßnahmen, die China umgesetzt hat.

您应邀参加一个国际峰会，请准备一个演讲，向德语国家听众讲述"一带一路"倡议与人类命运共同体，以及中国的行动和措施。

## 11 Reflexionsaufgaben
### 课后思考

（1）如何从中华文化历史中认识人类命运共同体是自古以来的中国梦？

（2）天下大同与人类命运共同体有什么渊源？

（3）"一带一路"倡议与人类命运共同体的关系是什么？

（4）中国为全球贫困治理做出了哪些贡献？

（5）如何通过非言语交际策略增强演讲的感染力？

## 第四讲　圆桌点评

7-9 学生演讲实例

7-10 演讲点评

— ○ **演讲学生：** 俞子墨（浙江大学）、李世炜（浙江大学）
— ○ **点评教师：** 李媛（浙江大学）、练斐（浙江大学）

**李　媛：** 大家看到了我们两位同学的精彩演讲，现在让我们一起来回顾一下吧！子墨同学，你对自己刚才的演讲有什么体会呢？

**俞子墨：** 好的！我在构思这篇演讲的时候，决定向大家介绍我的家乡上海实践人类命运共同体这一理念的案例。因为我觉得选取一个比较熟悉的主题，写演讲稿时可以挖掘更多生动的细节，在演讲的时候也更有表现力。不过我觉得在演讲过程中也有一些需要改进的地方，比如我介绍自贸区的时候偏向于平铺直叙，缺少亮点，可能没能让听众更深刻地感受到自贸区的创新之处，以及它对于人类命运共同体概念的贡献。这是我在之后希望改进的地方。

**李　媛：** 世炜，你刚才也听了子墨的演讲，你有什么感受呢？

**李世炜：** 我也认为子墨同学的演讲非常棒，尤其在数据的处理上。如果我们单单说销售额达到了多少人民币，可能并不能给听众带来很直观的感受，但是如果说销售额达到了某个城市一整年的生产总值，可能就会给听众带来震撼。如果子墨同学的演讲能够使用更多的例证，说明各个国家如何通过进博会赋能自己的经济增长，那么演讲将更加有说服力。

**李　媛：** 确实，我觉得有道理，练老师您觉得呢？

**练　斐：** 我们平常都说做研究要有问题意识，我觉得俞子墨同学的演讲其实也有问题意识。她在开篇就提到了各国人民都比较熟悉的"地球村"概念，在地球村当中并不是一直和平的，也存在着冲突，这就影响和阻碍了人类的共同发展。那这个问题难道是不可解决、不可避免的吗？她在后面，通过生活中观察到的两个小例子给出了自己的思考：一个例子是自贸区，另一个是进博会。我觉得这就代表了对人类命运共同体的双向度思考，包括"走出去"和"引进来"。在"引进来"的这个例子当中，我还注意到子墨同学用了自己在进博会当志愿者时遇到阿富汗客商阿里的例子。中国的快速发展、"一带一路"倡议都给他的生活带去了巨大的变化，这也说明中国的发展并不只是满足于自己发展，同时也在为世界各国人民造福。

李　媛：确实我也是感同身受。子墨从演讲一开始就提出 global village（地球村）的概念，这个概念是麦克·卢汉提出来的。从这样一个西方人熟知的概念入手无形间就跟听众拉近了距离。

众所周知，子墨的家乡上海是中国改革开放的一个非常典型的代表，也是改革开放的窗口。如果进行改革开放相关的演讲，选上海作为例子我觉得就特别合适。我们现在的演讲主题则要考虑"一带一路"倡议，考虑人类命运共同体。"一带一路"强调的是互联互通，在互联互通方面我觉得自贸区似乎不是特别典型。但是进博会就是一个非常典型的案例。尤其是你讲到的进博会上有一个例子让人印象深刻，那就是阿富汗的地毯。这个例子让我想起，我们在课上也举过一个跟阿富汗相关的例子，就是中国对阿富汗的帮助和援建。阿富汗盛产松子却没有销路，中国就派出专机把他们的松子运到中国来，通过电商平台把它们很快地销售出去。这样，一方面使阿富汗人民觉得自己的劳动是有价值的，通过自己的劳动获得了生存的基础；另一方面，他们也切切实实地感受到了中国是真正在帮助自己。互联互通、"一带一路"倡议、人类命运共同体理念通过这些小故事就可以体现得非常真切。我觉得阿富汗地毯的例子是不是也可以再进一步地挖掘一下呢？

子墨是从自己家乡的故事讲起，从自己做志愿者的经历讲起的，世炜同学的演讲与她不同：从时政新闻这个角度开启了他的演讲，讲述世界上发生的一件重要的时事。世炜，来谈谈你的体会吧！

李世炜：好的。因为演讲主题是人类命运共同体，我要在演讲中向德语区的听众讲述我们中国为了建设人类命运共同体采取了什么样的做法。我在刚开始准备时是想着援引大量中国援助第三世界国家的数据、事实等等，但是后来我觉得这样可能并不能给听众留下很深刻的印象。于是我采取了对比的方法，通过对比中国和某些西方国家对于非洲截然不同的态度来加深听众的印象，从而让听众更切实地感受到，我们中国在为建设人类命运共同体扎扎实实地做出贡献。当然从演讲技巧上来说，我觉得还是有点不足，需要调整改进，比如采用更多的设问等手段来加强演讲的互动性，拉近和听众的距离。

俞子墨：作为一个听众，我对于李同学的演讲有两处印象特别深刻。一处是在开头提到了加蓬的政变，我觉得能很好地引起情感共鸣。另一处是在结尾，阐释了"天下"的概念，这恰好说明人类命运共同体是根植于中华传统文化中的。我觉得这两处引用涵盖了古今和中外，构思特别巧妙。当然我也有一点小小的建议，就是假如时间和篇幅允许的话，或许可以加入一些你作为演讲者和人类命运共同体有关的故事，这样能让听众觉得更加亲近，也更加受到触动。

练　斐：我觉得世炜同学的演讲和我们前面听到大部分同学的演讲风格是不太一样的。大部分同学都会从身边挖掘一些素材，从小处入手，世炜同学则从时事新闻入手。如果说子墨同学是立足中国、放眼世界，那世炜同学就是紧跟国际热点，从中找到了自己的演讲主题，由此可以看到你的大格局和深入思考。我觉得各位同学平时也可以多关注时事新闻，在时事新闻中我们也可以找到很多演讲素材。在拿到一个主题的时候，可能你苦于没有想法，这是因为我们的思路还不够开阔。但是如果进入到更大、更广阔的一个维度中，或许就能找到新的演讲思路。

我们之前也说，不能为了讲故事而讲故事，而要让你找到的素材服务于想表达的观点。世炜同学从非洲的政变入手，逐步引入中国对待非洲和西方对待非洲之间的差别，从中引出自己对于人类命运共同体的思考，然后引入"天下"的概念，也就是从我们中华传统文化中去寻找人类命运共同体的思想根源，我觉得也是一个非常好的尝试，值得欣赏。

李　媛：是的，就如刚才练老师所说，我也觉得世炜的演讲令人耳目一新，也体现出世炜的大格局，视野非常宽广。把世界局势、时事新闻作为切入点，也为我们提供了一个新的开篇可能。演讲开篇时，我们既可以从自己身边的经历讲起，也可以从全球相关时事讲起。

两位同学今天的演讲都是立足中国、走向世界，是让世界更好地了解中国、让中国更好地走向世界的绝佳的演讲案例，非常感谢你们！

如果世炜的演讲还要进一步提高的话，我觉得可以考虑更深入地去对比。你演讲中运用的对比策略非常好，但还是有点浅表。我们可以以农业为例：中国支持非洲发展农业，西方国家也支持，是共同点。不同之处是什么呢？就是西方国家让非洲人种咖啡、可可等经济作物，然后他们享受成品。[1] 非洲国家当地人民只生产经济作物，不生产粮食，他们还要从俄罗斯、乌克兰进口。这样的农业并没有从根本上解决非洲的温饱问题。而我们中国采取了一个不同的策略：我们向非洲派出了大量的援非农业人员，帮助他们，教他们学会怎么种水稻、种庄稼，让非洲国家因此不依赖于外部世界，能自行解决温饱问题。

我们还可以做一个对比：法国人从非洲国家尼日尔购买铀矿。我们看到在尼日尔最近发生政变后，和法国的铀矿交易发生了变化。据报道，国际市场铀矿的价格为 200 欧元/公斤，而政变之前法国人仅仅向尼日尔支付 0.8 欧元/公斤的价格。大家看看这中间有多大的利润空间呢？之前法国从非洲的矿产上赚了多少钱？中国也去非洲国家购买矿产，但一方面我们按国际价格公平交易，另一方面我们帮助他们建港口、铁路等基础设施，带动他们发展。这样对比后，我想演讲的效果和思考维度可能会更加好一些。

世炜在讲了世界局势之后，回到中国的天下观，我觉得这样的结合非常好。其实无论是"一带一路"倡议，还是前面讲到的全球治理、中国特色的大国外交，还是我们现在学习的人类命运共同体，内核都是"天下大同"，这与我们传统文化理念，跟我们老祖宗几千年来的理念是一致的。我们要让西方国家的人、让我们的受众明白这一点：无论是中国梦还是人类命运共同体，最终我们希望全世界的

[1] 中国非洲问题研究会：《非洲经济发展战略》，时事出版社，1986年，第88页。

人都能够和平、幸福，能够过上可持续发展的生活。这样可以更有效地让听众产生认同感或者是共鸣。

今天是我们的最后一讲。在过去的十几周时间内，我们邀请了许多同学参与到演讲实践以及反思中。我们希望各位同学不枉此行，跟着我们语言思想共进步，不仅更多地了解中国，也了解世界；不仅了解中国的现在，也了解中国的过去，也就是了解中国的历史、现状和未来。今后，我们向来自德语国家朋友讲述中国故事时，就会更加有自信、更加有思想，也就能达到更好的演讲效果。希望这门课能够帮助培养一批又一批具有中国灵魂、世界胸怀，替中国发声、为世界解忧的青年人才！谢谢大家！